中国电子信息产业统计年鉴
（软件篇）

2017

工业和信息化部运行监测协调局

電子工業出版社
Publishing House of Electronics Industry
北京 · BEIJING

图书在版编目（CIP）数据

中国电子信息产业统计年鉴. 2017. 软件篇 / 工业和信息化部运行监测协调局编. —北京：电子工业出版社，2018.12

ISBN 978-7-121-35291-1

Ⅰ. ①中… Ⅱ. ①工… Ⅲ. ①电子信息产业－统计资料－中国－2017－年鉴 ②软件－电子计算机工业－统计资料－中国－2017－年鉴 Ⅳ. ①F49-66②F426.67-66

中国版本图书馆 CIP 数据核字（2018）第 242542 号

责任编辑：徐蕾薇
印　　刷：天津画中画印刷有限公司
装　　订：天津画中画印刷有限公司
出版发行：电子工业出版社
　　　　　北京市海淀区万寿路 173 信箱　邮编：100036
开　　本：787×1 092　1/16　印张：17.75　字数：455 千字　彩插：4
版　　次：2018 年 12 月第 1 版
印　　次：2018 年 12 月第 1 次印刷
定　　价：368.00 元

ISBN 978-7-121-35291-1

凡所购买电子工业出版社图书有缺损问题，请向购买书店调换。若书店售缺，请与本社发行部联系，联系及邮购电话：（010）88254888，88258888。

质量投诉请发邮件至 zlts@phei.com.cn，盗版侵权举报请发邮件至 dbqq@phei.com.cn。

本书咨询联系方式：xuqw@phei.com.cn。

编辑委员会

编 辑 说 明

1.《中国电子信息产业统计年鉴（软件篇）2017》（以下简称本年鉴）是全面记载2017年度中国软件和信息技术服务业发展情况的综合性统计资料，汇集了中国各地区软件和信息技术服务业的发展情况及对产业发展细分领域的分析论述，系统反映了中国软件和信息技术服务业在2017年取得的成就、存在的问题和发展趋势。

2. 本年鉴分为综述、综合统计、三资企业统计、内资企业统计4个部分。

3.“综述”部分的内容：一是中国软件和信息技术服务业综合发展指数报告；二是中国软件业务收入前百家企业、世界软件产业及软件和信息技术服务业税收政策等方面的概况；三是主要省、直辖市、自治区2017年软件和信息技术服务业发展概况。

4. 本年鉴统计范围：一是在我国境内注册（不包括中国港、澳、台地区，下同），主要从事软件研发、系统集成及相关信息技术服务等业务，且主营业务年收入500万元以上，具有独立法人资格的软件企业；二是在我国境内注册，主营业务年收入1000万元以上，并有软件研发、系统集成服务及相关信息技术服务收入，且该收入占本企业主营业务30%以上的独立法人单位；三是在我国境内注册，主要从事集成电路设计的企业或其集成电路设计和测试的收入占本企业主营业务60%以上，且主营业务年收入500万元以上的独立法人单位。

5. 本年鉴统计数据来源于工业和信息化部统计年报，其中西藏自治区暂无统计数据。

6. 本年鉴统计数据不包括中国港、澳、台地区。

7. 本年鉴中涉及的部分行业内企业名称，采用企业简称。

8. 本年鉴由工业和信息化部运行监测协调局组织编写，并得到部内有关司局、省（直辖市、自治区）工业和信息化主管部门、部直属单位、有关协会、企业及专家的大力支持，在此谨表谢意。

目　　录

I 综　　述

II 综合统计

III 三资企业统计

IV　内资企业统计

I 综　　述

2017 年我国软件和信息技术服务业主要指标完成情况

指 标 名 称	单　位	本年完成	指 标 名 称	单　位	本年完成
企业个数	个	34895	年末所有者权益	亿元	43692
软件业务收入	亿元	55103	年初所有者权益	亿元	38083
其中：1．软件产品收入	亿元	16983	应交所得税	亿元	1142
2．信息技术服务收入	亿元	30604	应交增值税	亿元	1577
3．嵌入式系统软件收入	亿元	7516	出口已退税额	亿元	195
软件业务出口额	亿美元	541	研发经费	亿元	5622
其中：软件外包服务出口额	亿美元	113	固定资产投资额	亿元	1788
嵌入式系统软件出口额	亿美元	225	本年折旧	亿元	1093
主营业务成本	亿元	48036	从业人员年末人数	万人	617.5
主营业务税金及附加	亿元	1031	其中：软件研发人员	万人	237
利润总额	亿元	8755	管理人员	万人	92.5
流动资产平均余额	亿元	48386	其中：硕士及以上	万人	64.5
资产合计	亿元	96966	大本	万人	335
应收账款	亿元	14597	大专及以下	万人	218
负债合计	亿元	53277	从业人员年平均人数	万人	616.5
应付账款	亿元	10646	本年应付职工薪酬	亿元	8401

2017年我国软件和信息技术服务业统计概况图表

软件和信息技术服务业完成收入情况

单位：亿元

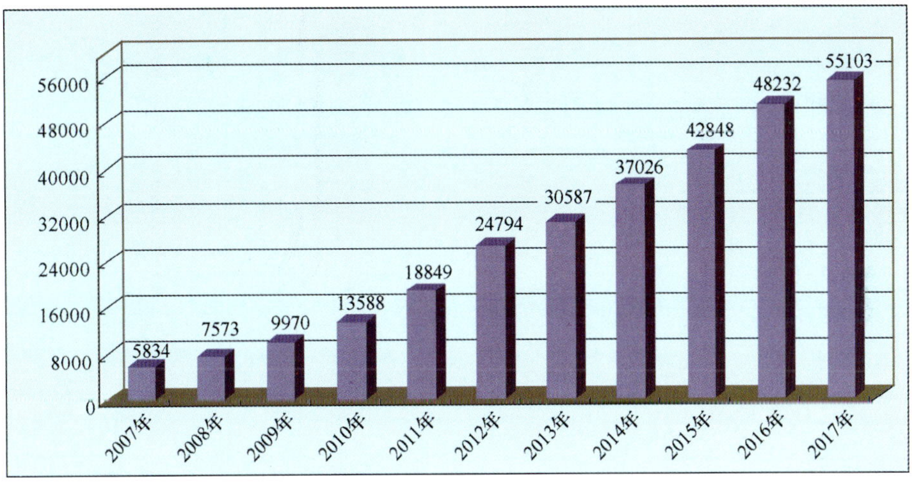

软件和信息技术服务业实现利润情况

单位：亿元

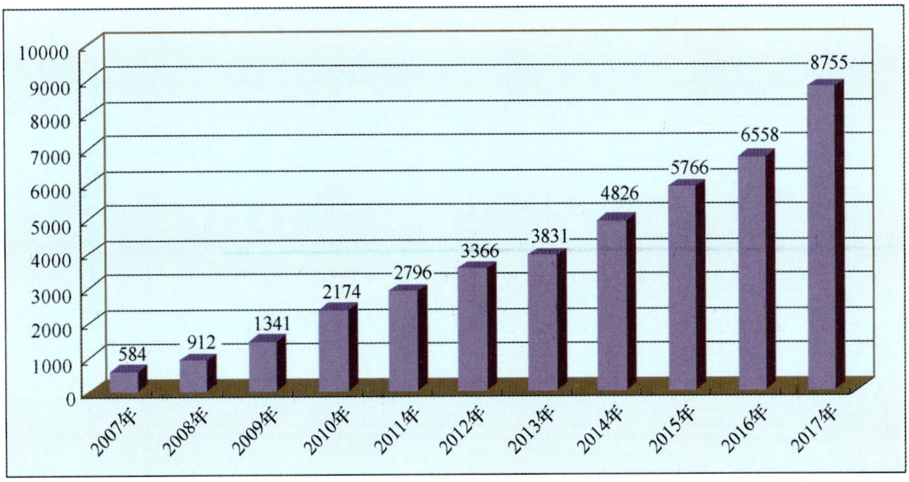

软件收入构成变化情况

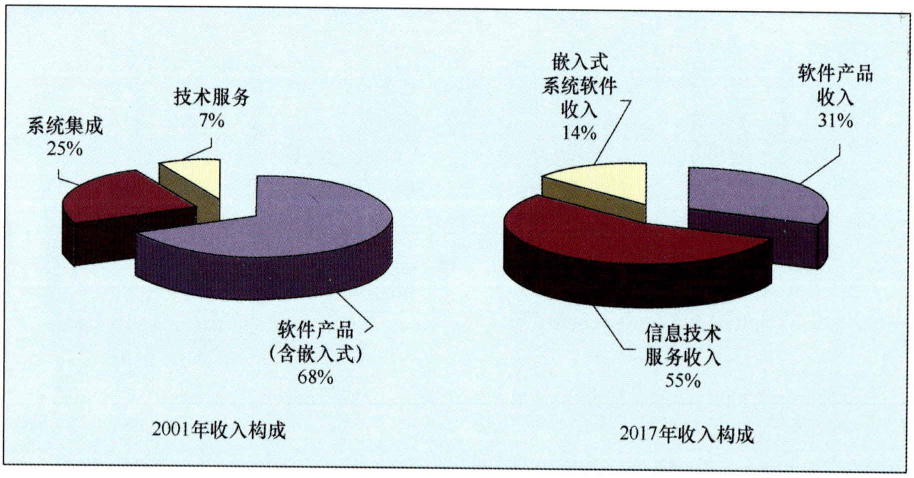

软件和信息技术服务业实现销售利润率、人均利税情况

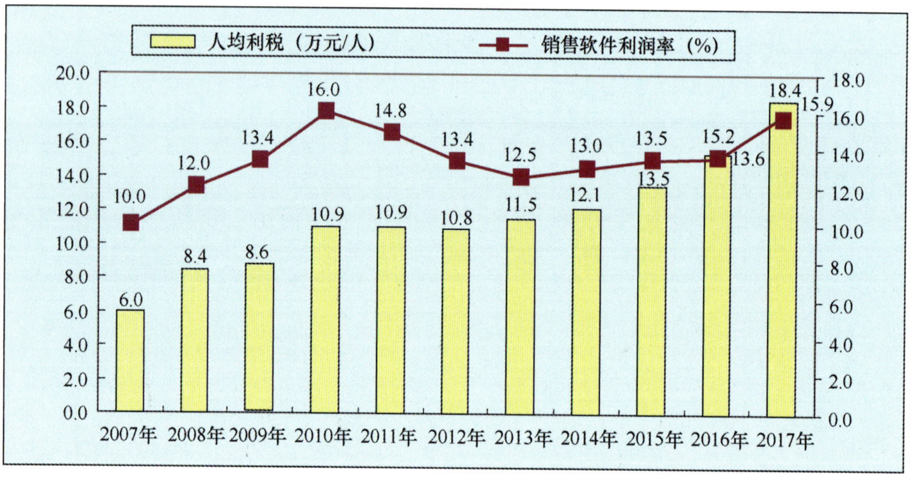

软件出口情况

单位：亿美元

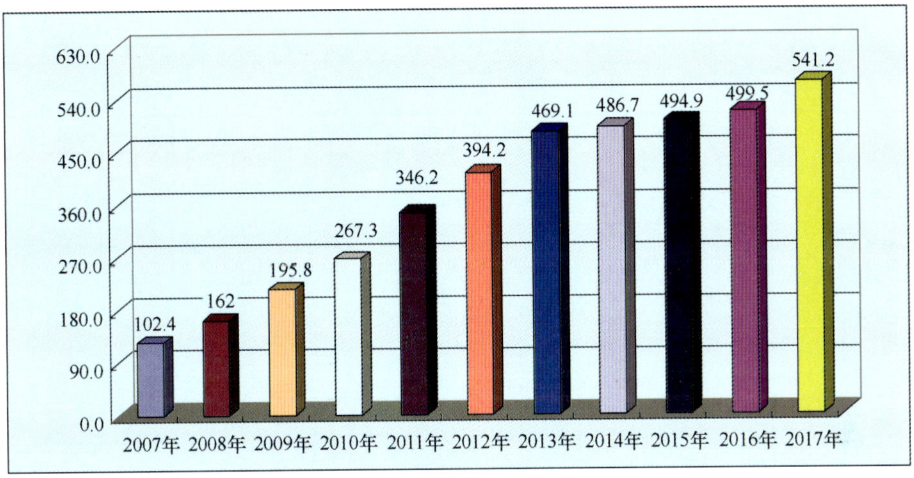

软件出口主要国家（地区）情况

单位：亿美元

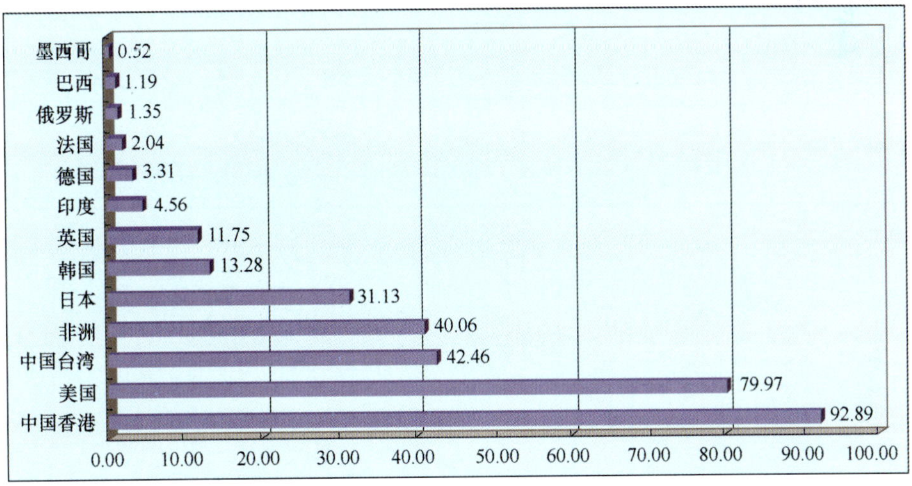

软件和信息技术服务企业规模构成情况

单位：个

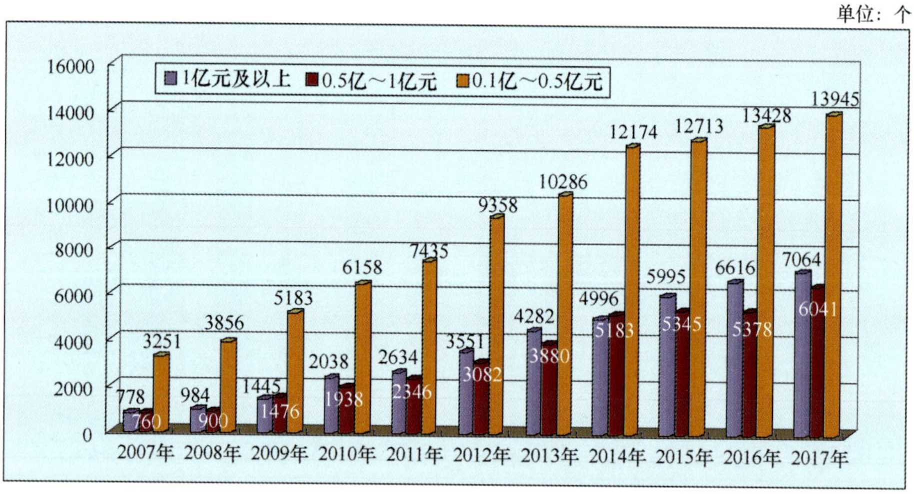

软件和信息技术服务企业按规模分布情况

单位：个

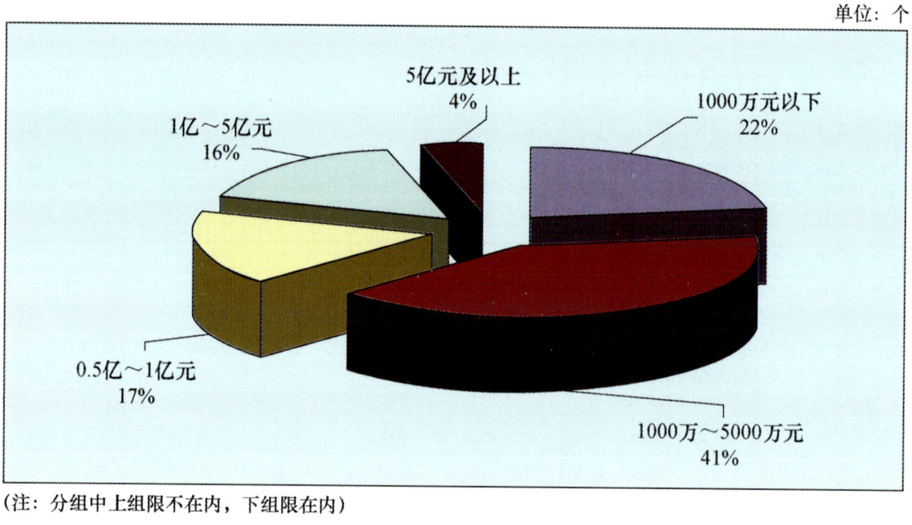

（注：分组中上组限不在内，下组限在内）

软件产品收入构成情况

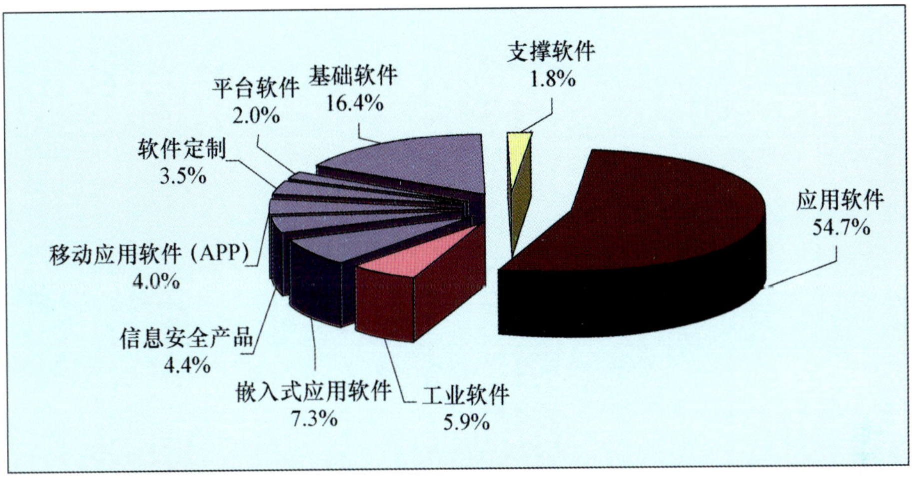

各控股类型软件和信息技术服务企业收入构成情况

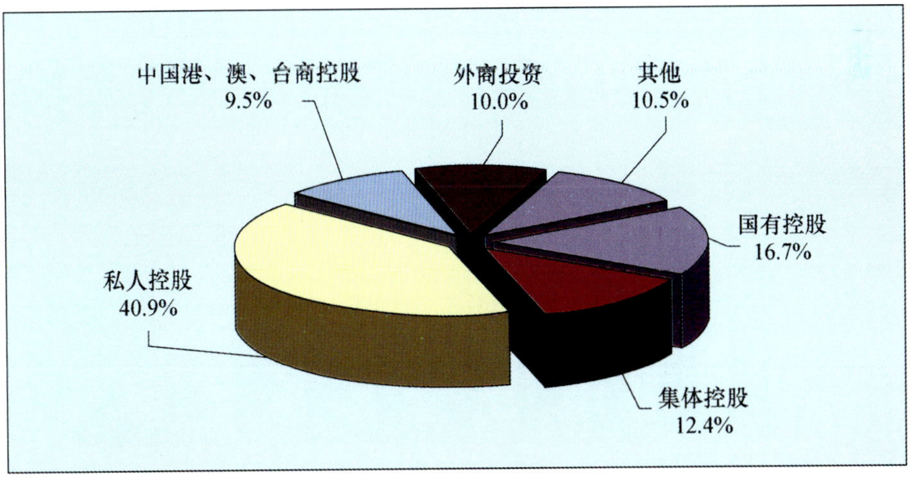

不同规模软件和信息技术服务企业收入构成情况

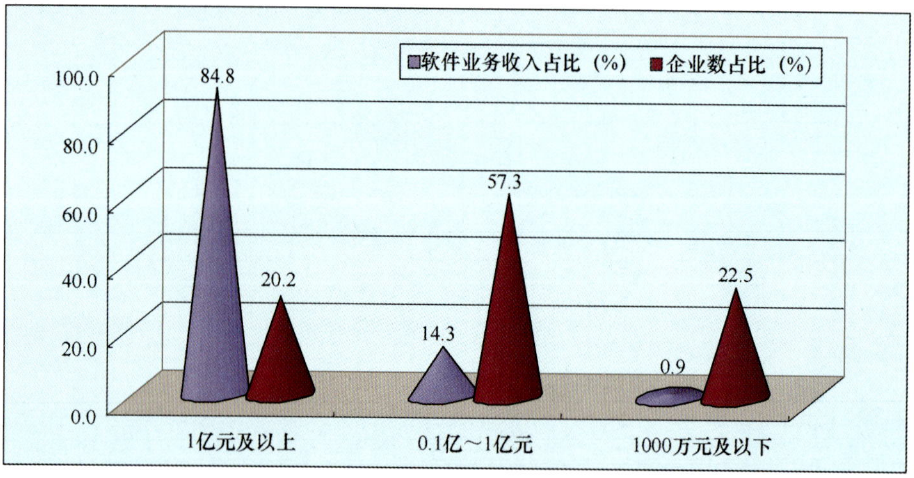

软件收入前十名省市情况

单位：亿元

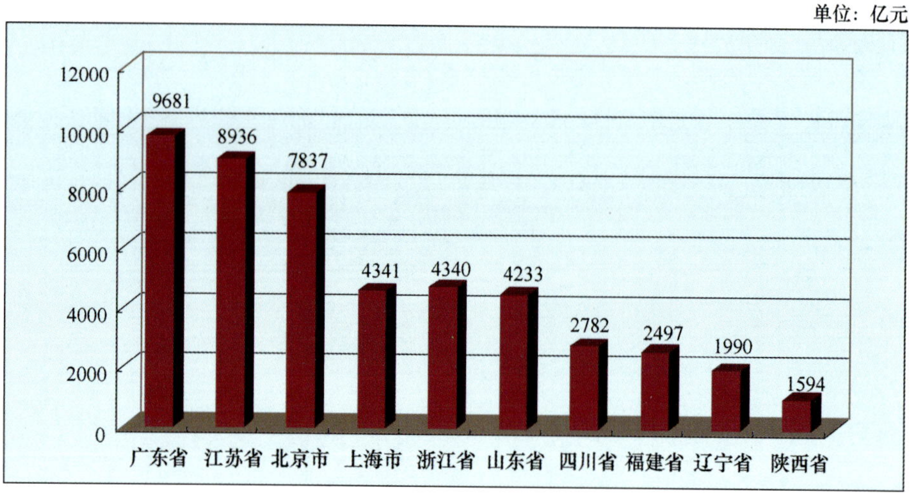

软件和信息技术服务业从业人员构成情况

单位：万人

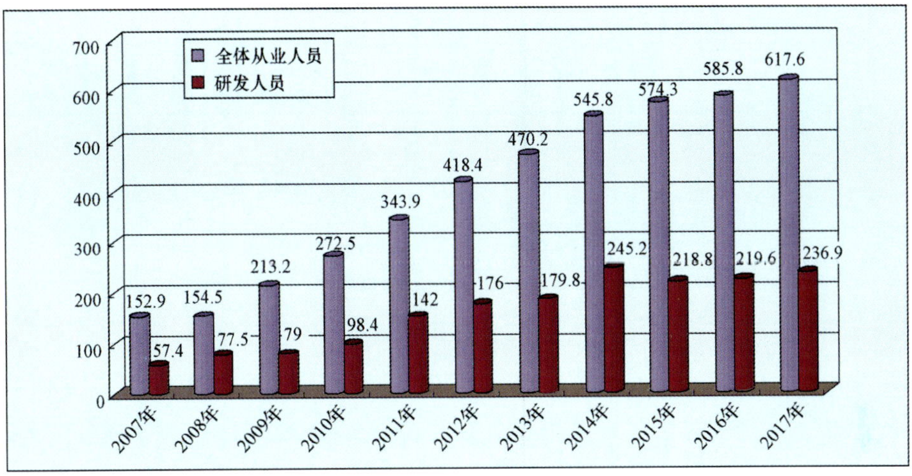

软件和信息技术服务业从业人员学历构成情况

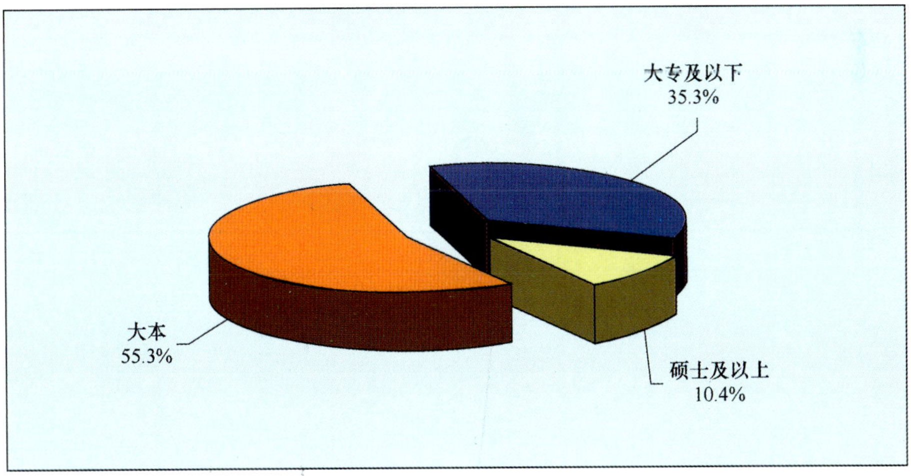

2018年（第2届）中国软件和信息技术服务业综合发展指数报告

最新的中国软件和信息技术服务业综合发展指数显示，我国软件产业呈蓬勃发展态势，产业规模效益明显提升，新业态、新模式大量涌现，技术迭代更新加快，应用领域持续拓宽，对国民经济的发展支撑作用增强。

2018年（第2届）中国软件和信息技术服务业综合发展指数延续2017年（第1届）的指标体系，共设置4个一级指标、14个二级指标和19个三级指标，其中，4个一级指标分别为规模效益、服务支撑、成长创新和发展环境。综合发展指数体系由全国、分行业、分地区3个发展指数组成。该综合发展指数体系依据掌握的权威数据，创新统计监测方法，从定量的角度综合勾画出产业发展图景，通过对比分析展示产业发展亮点，寻找发展短板，对引导产业提质增效和提升产业发展形象具有重要意义。本报告中数据除特别标注外，均来自工业和信息化部及地方工业和信息化主管部门，以2017年软件和信息技术服务业统计年报数据为基础。

一、全国软件和信息技术服务业发展指数

全国软件和信息技术服务业发展指数采用定基计算方法，选取2014年为基期，设定2014年发展指数为100，随着产业发展，近几年指数得分均在100分以上，通过纵向比较，反映全国软件和信息技术服务业年度综合变化情况与发展趋势。

本届软件和信息技术服务业全国发展指数为154.6，比2016年提升18.7，指数提升幅度较2016年扩大5.1，显示出我国软件和信息技术服务业呈现持续向好发展态势（见图1）。其中，在4个一级指标中，规模效益与成长创新两项指标对全国发展指数的贡献与拉动作用突出（见表1）。

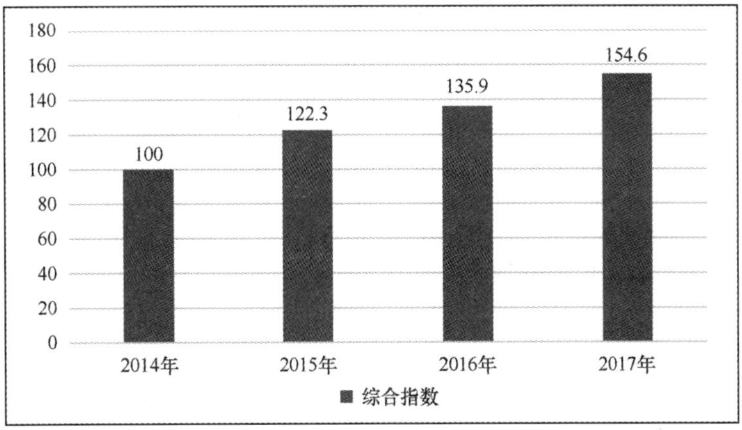

图1　2014—2017年我国软件和信息技术服务业全国发展指数

表 1　4 个一级指标指数

	本届指数	指数比 2016 年增幅	指数增长贡献率
规模效益	136.5	17.3	27.6%
服务支撑	181.2	7.6	9.6%
成长创新	172.3	39.4	58.7%
发展环境	123.2	4.2	4.1%

根据全国软件和信息技术服务业发展指数计算结果，2017 年我国软件和信息技术服务业发展呈现以下亮点。

（一）规模效益指数实现较快增长，产业提质增效进程加快

本届软件和信息技术服务业规模效益指数为 136.5，比 2016 年提升了 17.3，提升幅度较 2016 年扩大了 6.8，对全国发展指数增长的贡献率为 27.6%。受益于云计算、大数据、移动互联网、物联网等的快速发展和融合创新，先进计算、高端存储、人工智能、虚拟现实等新技术加速突破，软件和信息技术服务业市场需求持续释放，新技术、新产品、新模式、新业态日益成熟，有力地推动了产业的蓬勃发展，加速了产业提质增效。2017 年，我国软件和信息技术服务业实现业务收入 5.5 万亿元，同比增长 14.2%；主营业务利润率为 11.9%，较 2016 年提高了 1.5 个百分点，为 2012 年以来的最高水平（见图 2）；企业人均利润（企业利润总额/企业总从业人数）为 14.2 万元，较 2016 年提高了 2.4 万元，是 2012 年企业人均利润的近 2 倍。产业规模持续扩大，企业盈利水平和人均盈利能力快速跃升，带动规模效益指数增长。

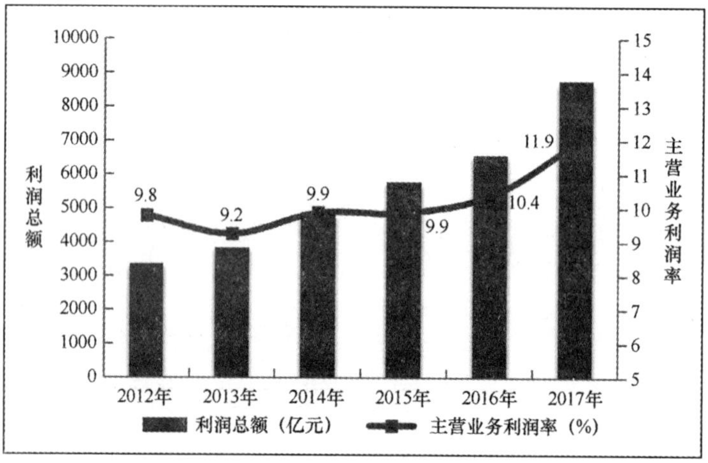

图 2　2012—2017 年我国软件和信息技术服务业效益情况

（二）成长创新指数大幅提升，产业发展的内生动力强劲

本届软件和信息技术服务业成长创新指数为 172.3，比 2016 年提升了 39.4，提升幅度较 2016 年扩大了 38.5，对全国发展指数增长的贡献率为 58.7%。从研发投入来看，2017 年软件和信息技术服务业研发投入达 5622 亿元，占软件业务收入的比重为 10.2%，比 2016 年提高了 0.8 个百分点。从创新产出来看，2017 年全国共完成软件著作权登记 74.5 万件，同比大幅增长 82.8%，增速为近 5 年来年均增速的 3 倍①（见图 3）。从新业态发展来看，云服务、大

① 数据来源：中国版权保护中心。

数据服务、人工智能、区块链等新兴业态已经成为产业新的增长点，2017 年软件产业新业态相关收入增速约为 37.0%，比 2016 年提高了 18.1 个百分点。从技术成就来看，我国在机器强化学习技术、人脸识别技术等领域取得重要进展，这两项技术入选《麻省理工科技评论》（*MIT Technology Review*）“2017 年全球十大突破性技术”榜单。

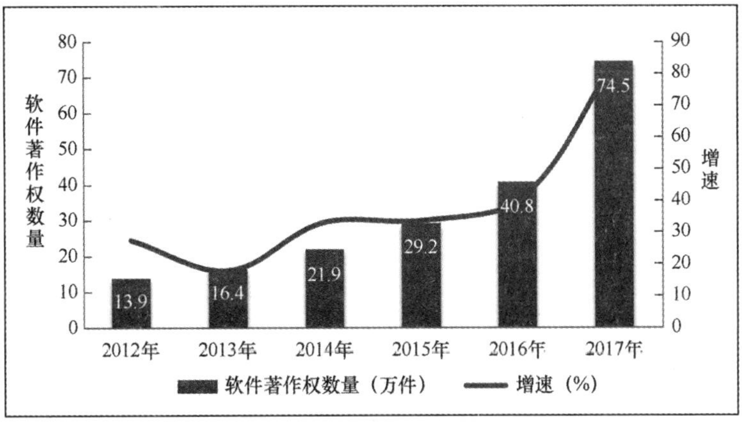

图 3　2012—2017 年我国软件著作权登记情况

（三）服务支撑指数高位、平稳增长，产业对工业转型升级及社会发展的引领作用凸显

本届软件和信息技术服务业服务支撑指数为 181.2，在 4 个一级指标中数值最高，比 2016 年提升了 7.6，对全国发展指数增长的贡献率为 9.6%。随着两化融合的深入推进，传统制造业智能化转型进程加快，工业软件、装备自动控制系统等成为引领工业转型升级、延长产业链条的关键要素。2017 年，我国工业软件收入同比增长 19.5%，高于软件产业平均水平 5.3 个百分点；装备自动控制系统收入同比增长 21.3%，高于软件产业平均水平 7.1 个百分点。随着社会领域信息化需求的提升，行业应用软件的重要作用进一步凸显，2017 年，我国教育软件收入同比增长 54.7%，交通运输软件收入同比增长 42.5%，有力地支撑了教育信息化、交通信息化等社会领域的发展。

（四）发展环境指数稳步提高，产业发展的外生动力持续增强

本届软件和信息技术服务业发展环境指数为 123.2，比 2016 年提升了 4.2，指数提升幅度与 2016 年基本持平，对全国发展指数增长的贡献率为 4.1%。从政策环境来看，2017 年国家进一步加大了对软件产业相关政策的支持力度，出台了《新一代人工智能发展规划》《关于进一步扩大和升级信息消费 持续释放内需潜力的指导意见》《云计算发展三年行动计划（2017—2019 年）》等文件。从公共服务体系来看，与软件产业相关的国家及省级公共服务平台数量超过 300 家，成为向软件产业提供法规标准、技术创新、创业辅导、市场开拓等公共服务的重要载体。从网络基础设施来看，2017 年我国互联网宽带接入端口数量达 7.78 亿个，比 2014 年净增 3.73 亿个，年均增长率高达 24.3%。从人才环境来看，产业人才结构不断优化，2017 年硕士以上从业人员占比达 10.4%；产业人才供给逐年增加，2017 年软件产业相关毕业生人数超过 35 万人。

二、细分行业发展指数

细分行业发展指数也采用定基计算方法，以 2014 年为基期进行计算，但与全国发展指数相比，在指标体系整体架构不变的基础上，根据不同行业的特点对三级指标进行了微调。设定 2014 年 3 个细分行业发展指数分别为 100，近几年的指数得分均在 100 分以上，通过纵向比较，反映细分行业年度的变化情况和发展趋势。

本届软件产品、信息技术服务、嵌入式系统软件 3 个细分行业发展指数分别为 143.6、167.1、128.1，分别比 2016 年提高了 6.6、25.4、11.6（见表 2）。

表 2　3 个细分行业发展指数

	本届指数	指数比 2016 年增幅
软件产品行业	143.6	6.6
信息技术服务行业	167.1	25.4
嵌入式系统软件行业	128.1	11.6

根据细分行业发展指数情况，2017 年软件和信息技术服务业 3 个细分行业发展呈现以下特点。

（一）综合实力稳步增强，行业发展各具特色

本届 3 个细分行业发展指数均有不同程度的提高，说明行业发展的综合实力稳步增强，其中，信息技术服务业指数增长最为迅速，增幅达 25.4，是软件产业发展的中坚力量。从 4 个一级指标指数来看，细分行业发展各具特色，软件产品行业规模效益和成长创新指数带动作用明显，2017 年行业主营业务利润率为 17.4%，研发投入强度为 10.1%，在 3 个细分行业中居首位；信息技术服务行业的服务支撑作用凸显，2017 年服务支撑指数为 242.2，比 2016 年大幅提高 39.7；嵌入式系统软件行业受益于智能制造、工业互联网、工业技术软件化等一系列政策的推动，发展环境不断完善，2017 年发展环境指数为 151.0，比 2016 年提高了 43.4。

（二）产业结构优化升级，产业链协同发展水平不断提升

从 3 个细分行业构成来看，2017 年分别实现软件产品、信息技术服务及嵌入式系统软件收入 1.7 万亿元、3.1 万亿元和 0.7 万亿元，占全部软件产业收入的比重分别为 30.8%、55.5% 和 13.7%（见图 4），其中，信息技术服务行业收入占比较 2016 年提高了 1.4 个百分点，技术的去产品化、软件产品的云化及项目集成服务化成为产业结构转型的主要方向，带动信息技术服务行业在软件产业中的比重不断提升。从细分行业来看，产业链各环节不断成熟，协同发展水平稳步提升。在软件产品行业中，信息安全软件规模不断扩大，近 5 年来年均增速超过 19%；在信息技术服务行业中，信息技术咨询设计、运行维护服务等环节进一步发展成熟，近 5 年年均增速接近 16%，均高于软件产业平均水平。

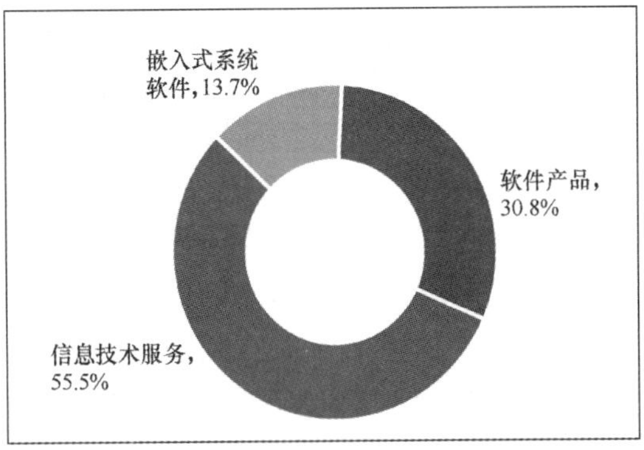

图 4　2017 年软件和信息技术服务业产业结构

三、分地区软件和信息技术服务业发展指数

分地区发展指数与全国发展指数相比，指标体系保持一致，计算方法有所区别，通过灰色关联评价模型进行计算。设定 2020 年（“十三五”末）发展指数目标值为 100，近几年各地区的指数得分均在 100 分以内，由此反映各地区产业当前发展水平与目标之间的差距，并可对各地区综合发展水平进行横向比较。

本届分地区软件和信息技术服务业发展指数最高为 79.6，最低为 62.4，分别比 2016 年提高了 2.9 和 0.8。广东省、北京市、浙江省、江苏省、山东省分列指数排名前 5 位，产业发展优势明显。指数均值为 67.0，比 2016 年提高了 1.2，均值以上省市 10 个，与 2016 年持平，均值以上省市指数情况如图 5 所示。

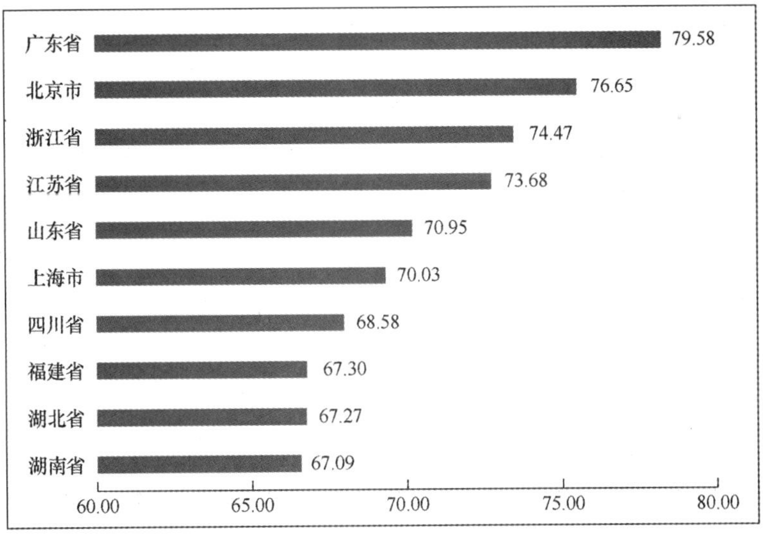

图 5　软件和信息技术服务业发展指数均值以上省市排名

根据分地区发展指数情况，2017 年软件和信息技术服务业发展呈现以下特点。

（一）产业梯次发展格局相对稳定，东部地区省市发展优势持续扩大

本届分地区发展指数均有不同程度提高，产业从东到西梯次格局保持稳定。东部地区指数均值为 70.6，高于全国平均水平 3.6，比 2016 年提高了 1.6（见表 3），东部地区与中部地

区、西部地区和东北部地区指数差值，比 2016 年分别扩大 0.3、0.4 和 1.4，产业优势地位进一步凸显。东部地区省市以其雄厚的经济实力，密集的高端专业人才资源，旺盛、活跃的市场，为软件和信息技术服务业的发展打下了坚实的基础，创造了广阔的发展空间，成为引领全国软件产业发展的高地。从产业规模来看，广东省、江苏省、北京市、上海市、浙江省等省市分列全国前 5 位，软件业务收入总和超过 3.5 万亿元，占全国软件业务收入的 63.8%；从效益水平来看，2017 年东部地区软件和信息技术服务业主营业务利润率为 13.0%，高于全行业平均水平 1.1 个百分点，企业人均利润总额为 16.8 万元，高于全行业平均水平 2.6 万元；从企业结构来看，以软件百家企业为代表的骨干龙头企业多集中于东部地区各省市，对产业发展的拉动作用明显；从技术研发实力来看，2017 年我国东部地区登记软件为近 57 万件，约占我国登记总量的 76%①，以创新高地带动和辐射周边地区创新发展的趋势正在显现。

表 3　东、中、西部地区和东北地区指数均值

	2017 年指数	指数增幅
东部地区	70.6	1.6
中部地区	66.0	1.3
西部地区	64.6	1.1
东北地区	65.8	0.2

（二）中西地区部省市发展潜力逐步释放，产业增速不断加快

本届中部地区和西部地区发展指数均值分别为 66.0 和 64.6，比 2016 年分别提高 1.3 和 1.1。指数排名上升较快的 3 个省市包括安徽省（上升 5 位）、河南省（上升 4 位）和贵州省（上升 3 位），均位于中西部地区，如表 4 所示。中西部地区省市依托企业成本低、鼓励性产业政策力度大、市场前景广阔等优势，借助新业态迅速发展、融合产业布局出现调整的发展机遇，产业发展潜力逐步释放，部分省市发展成绩较为突出。安徽省 2017 年完成软件业务收入 341.1 亿元，同比增长 31.2%，高于全国平均水平 17 个百分点，安徽省内软件业务收入超过 10 亿元的企业有 9 家，“中国声谷”作为我国唯一一个定位于人工智能领域的国家级产业基地，已形成了产业特色明显、技术领先、配套齐全、辐射全球的人工智能产业集群，智能语音技术领跑全国。河南省嵌入式系统软件涨势突出，基于物联的智慧水务及物联网终端等销量居全国首位。贵州省抢先布局大数据领域并打造贵州特色，成为全国首个国家大数据综合试验区，以及首个获批建设大数据国家技术标准创新基地的省份，CB Insights 公布的 2017 年全球科技创业公司“独角兽”榜单中有贵州省大数据企业上榜，有力地带动了贵州省内软件和信息技术服务业的发展。

表 4　部分省市指数排名变动情况

省　　市	2017 年指数排名变动情况
安徽省	上升 5 位
河南省	上升 4 位
贵州省、江西省	上升 3 位
河北省、陕西省、云南省、重庆市	上升 2 位
湖北省、湖南省、四川省	上升 1 位

① 数据来源：中国版权保护中心。

（三）重点城市产业集聚效应明显，产业发展特色突出

本届 15 个副省级城市软件和信息技术服务业发展指数最高为 75.75，最低为 63.83，均值为 67.472；均值以上城市有 5 个，深圳市、杭州市、广州市、南京市和济南市分列副省级城市指数排名前 5 位（见图 6）。15 个城市 2017 年共实现软件业务收入 3.0 万亿元，占全国软件业务收入的一半以上；平均主营业务利润率为 13.8%，高于全国平均水平 1.9 个百分点；研发经费投入为 3495 亿元，占全行业研发经费投入的 62.2%，软件和信息技术服务业在重点城市的集聚效应明显。重点城市立足区域优势、资源禀赋等条件，形成了各自的软件产业发展特色。深圳市软件产业发展的国际化水平不断提升，2017 年实现软件出口 238.2 亿美元，居全国各城市第 1 位。深圳市围绕关键核心技术和海外研发人才队伍进行的国际投资并购成效显著，重点企业海外市场占有率不断提升，部分企业海外市场收入占到全部收入的 50%以上。杭州市打造国内信息经济高地，电子商务、人工智能、云计算等蓬勃发展，2017 年电子商务平台技术服务实现收入 1478 亿元，居全国各城市第 1 位；大企业培育成效显著，2017 年规模以上软件企业平均软件业务收入超过 5 亿元，在 15 个副省级城市中排名第 1 位，进入 2017 年中国软件业务收入前百家企业榜单的杭州企业有 12 家，在副省级城市中与深圳市并列第一。

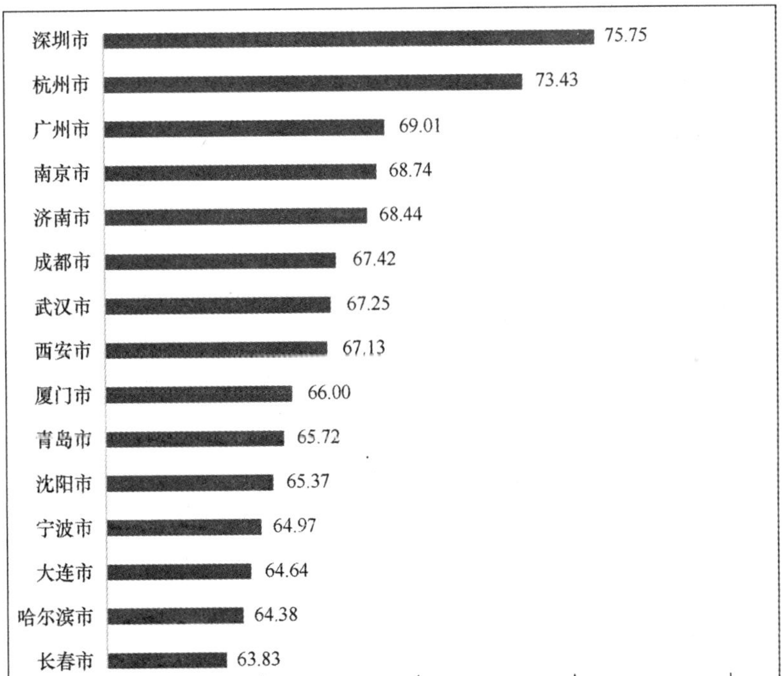

图 6　2017 年 15 个副省级城市软件和信息技术服务业发展指数

2017 年，在国内经济总体增长放缓、国际环境更趋复杂的背景下，我国软件产业发展不断取得新的成就，但也面临一些迫切需要解决的突出问题，包括基础创新能力薄弱，基础软件、核心工业软件对外依存度较大；有国际影响力的大企业缺乏，产业国际竞争能力有待进一步提升；人才结构性矛盾突出，领军型人才、跨行业的复合型人才紧缺等，需要全行业把握数字化、网络化、智能化发展契机，继续强化创新和核心技术突破，深化融合应用，加快转型升级，做大做强软件产业，助力两个强国建设。

2018年（第17届）中国软件业务收入前百家企业发展报告

根据国家统计局批准、工业和信息化部统计的 2017 年全国软件和信息技术服务业年报数据，经各地工业和信息化主管部门初步审核、工业和信息化部最终核定，2018 年（第 17 届）中国软件业务收入前百家企业（以下简称本届软件百家企业）名单揭晓。

一、本届软件百家企业基本情况

本届软件百家企业入围门槛为软件业务年收入 16.2 亿元，比上届提高 1.7 亿元，同比增长 11.9%；2017 年共完成软件业务收入 7712 亿元，比上届增长 16.5%。其中，排首位的企业是华为技术有限公司（以下简称华为），该公司已连续 17 年蝉联软件百家企业之首，中兴通讯股份有限公司（以下简称中兴）、海尔集团公司分列第 2 和第 3 名。

二、本届软件百家企业的发展特点

当前，我国经济发展进入新常态，全社会加快形成对深化供给侧结构性改革、大力实施创新驱动战略、构建全面开放新格局的共识，进一步提升信息技术对产业发展和转型升级的引领和带动作用的认识，软件和信息技术服务业进入新的发展机遇期。软件百家企业抓住机遇，强化科技创新，加快转型升级，坚持开放发展，抓好新兴领域信息技术突破，深入推进大数据、人工智能技术在传统行业和领域的应用，实现了稳中向好的发展态势。

（一）业务收入实现快速增长，规模实力迈上新台阶

本届软件百家企业整体规模继续扩大，2017 年共完成软件业务收入 7712 亿元，比上届增长 16.5%，增速同比加快 6.3 个百分点，高于全行业收入增速 2.3 个百分点，占全行业收入的比重达 14%。其中，软件业务收入超过 100 亿元的企业达 13 家，比上届增加 4 家；软件业务收入超过 40 亿元的企业达 47 家，比上届增加 9 家。本届软件百家企业较 5 年前软件百家企业的业务收入翻了一番，业务收入超过 100 亿元的企业增加了 11 家，业务收入超过 40 亿元的企业增加了 28 家。

（二）加快探索转型升级路径，部分企业实现领先发展

在本届软件百家企业中，超过 30%的企业收入增长率超过 20%；收入增长率超过 50%的企业达 9 家；在两年持续在榜企业中，排名提升超过 10 位的企业达 15 家。部分企业依靠积极转型和自主创新实现突破，如北京华胜天成科技股份有限公司实施服务转型及在云计算领域打造自主品牌“天成云”，排名提升 41 位；部分企业深入研究和推进新兴技术的应用，如北京易华录信息技术股份有限公司将大数据和人工智能技术应用于智慧城市和交通、安防领域，排名提升 29 位；部分企业推动专业领域的高端化发展和在新兴领域布局并重，如江苏润

和科技投资集团有限公司在聚焦金融信息化领域的同时，围绕物联网“芯片、平台、应用”的战略布局也初步成型，排名提升20位；部分企业如科大讯飞股份有限公司、深圳市大疆创新科技有限公司等，在新兴领域积累了独特的核心技术，连续两年排名大幅提升，2017年分别提升18位和14位；另有部分企业依托自有终端品牌优势，深耕产业链上下游，提供移动端解决方案，如广东维沃软件技术有限公司、北京小米移动软件有限公司（以下简称小米移动）、深圳市云中飞网络科技有限公司（以下简称云中飞）均实现10位以上的排名提升。

（三）企业持续发展能力增强，但盈利水平出现分化

本届软件百家企业更新率明显下降，两年都在榜企业共93家，有7家企业首次或重新进入名单，企业持续增长能力增强。本届软件百家企业2017年实现利润总额1713亿元，比上届增长15.8%，占全行业利润的19.6%；受竞争激烈、人工等成本上升较快影响，本届软件百家企业平均主营利润率为10.7%，平均总资产利润率为8.5%，分别低于上届0.8个和0.7个百分点。其中，主营利润率低于5%的企业有24家，比上届增加6家；但连续两年利润率均超过20%的企业达11家，比上届增加2家，持续盈利能力有所增强。

（四）企业研发投入保持增长，创新质量进一步提升

本届软件百家企业共投入研发经费1550亿元，占全行业研发投入的27.6%，远超收入和利润在全行业的比重，是软件业研发投入的关键主体。企业平均研发强度为9.7%（研发经费占主营业务收入的比例），高于全行业平均水平2.1个百分点；研发强度超过15%的企业15家，其中12家企业连续两年研发强度超过15%；参与研发的人员接近46万人，占软件百家企业总从业人数的46%，与上届相比增长17.9%。本届软件百家企业的著作权登记量超过3万件，比上届增长近40%；据国家知识产权局公布的2017年国内企业专利授权量排名，华为、中兴分列第2和第5名，小米移动所属的小米公司和云中飞所属的欧珀公司专利授权量也名列前茅。

（五）产业链体系不断延伸，新兴领域实现蓬勃发展

本届软件百家企业在软件产品、信息技术服务和嵌入式系统软件3个领域的收入占比分别为30%、45%和25%，与上届相比，信息技术服务领域收入占比明显上升。产业链的完整性不断提升，在传统软件开发领域，发展出“传统产品模式”和“软件服务化模式”，以满足客户个性化需求；在信息技术服务领域，从单一的系统集成服务向产业链的前后端延伸扩展，基本形成信息技术咨询服务、设计与开发服务和信息系统集成、后期运维服务齐头并进的发展格局；在新兴产业领域，充分运用大数据、移动互联网、云计算等信息技术和手段，企业实现快速迭代，催生出更多的新兴服务业态，本届软件百家企业与云服务相关的运营服务收入增长超过90%，数据处理服务收入增长1倍多。随着各项技术之间、技术与产业之间的融合加深，产业链中的分工也在进一步细化和延展，有的企业从“网”延伸到“云”，发展云数据中心、云操作系统，以及拓展大数据、人工智能等应用，有的企业从“网”延伸到“端”，从现有的固定终端向云终端、从家庭终端向企业和个人终端、从通信终端向物联网终端，以及运行于各种终端的APP方面发展，构建出软件、硬件、服务一体化的产业链体系。

（六）坚持开放发展，国际化经营稳步推进

本届软件百家企业坚持以业务国际化为增长新动能，积极拓展国际市场，强化与重要客户和战略伙伴的深入合作，谋求海外市场布局和本地化经营。本届软件百家企业 2017 年实现软件出口 257 亿美元，比上届增长 22.4%；出口主要市场由传统市场向新兴市场拓展，特别是随着“一带一路”基础设施的互联互通，以及各类国际合作的不断落地，对“一带一路”沿线国家和地区的软件出口明显上升，虽然整体规模不大，但是增势突出，对东南亚等地区的软件出口扩大了 1 倍，对非洲和印度的软件出口分别增长了 50 倍和 30 余倍；传统的主要出口和外包服务市场出现分化，对欧洲国家的出口稳步上升，对美国的出口小幅增长，对日本的出口出现下滑。本届软件百家企业跨国经营活动的深度和广度不断拓展，有 40%以上的企业持续开展跨国经营活动，有 20 家企业在境外设立了分公司或研发中心，有 18 家企业在境外设立了分支机构，在海外的本地化经营稳步推进。

（七）贡献日益提升，发展尚需努力

本届软件百家企业 2017 年上缴了全行业 30%的税金，吸纳从业人数 99.4 万人，占全行业从业人数的 16%，比上届增加了 17.4 万人，有力地支撑了经济和社会的发展。与此同时，我们也要清醒地认识到，与国际大企业相比，我国软件百家企业整体规模偏小、偏弱，技术创新能力和竞争力仍不强，核心技术自主性差，基础软件、系统软件仍掌握在欧美企业手中。除此之外，本届软件百家企业还出现了一些值得注意的问题：一是成本和费用上升较快，盈利能力和研发投入有待提高。本届软件百家企业主营业务成本同比增长 26.1%，销售费用同比增长 34.9%，管理费用同比增长 14.9%，人工成本同比增长超过 10%，均呈现较快增长势头，部分企业的主营利润率和研发强度的提高已受到影响。二是企业转型和跨界发展仍面临不少困难和障碍，很多企业仍处于转型探索过程中，主营方向与定位模式不清晰，增长受到影响；一些企业顺应技术与产业融合趋势努力跨界，推进信息技术在工业领域的融合应用，但仍面临多方面挑战。三是高端顶层设计人才和跨界型核心人才缺乏、人才流失问题持续突出，影响企业未来的发展能力。国内外环境的变化，可能会使一些问题更加凸显，这些需要我国软件企业持续深化改革创新，坚定转向高质量发展之路。

2018 年（第 17 届）中国软件业务收入前百家企业名单如表 1 所示。

表 1　2018 年（第 17 届）中国软件业务收入前百家企业名单

序号	企业名称	序号	企业名称
1	华为技术有限公司	10	航天信息股份有限公司
2	中兴通讯股份有限公司	11	北京小米移动软件有限公司
3	海尔集团公司	12	金山软件有限公司
4	中国银联股份有限公司	13	北京中软国际信息技术有限公司
5	浪潮集团有限公司	14	软通动力信息技术（集团）有限公司
6	杭州海康威视数字技术股份有限公司	15	武汉邮电科学研究院
7	南京南瑞集团公司	16	株洲中车时代电气股份有限公司
8	海信集团有限公司	17	东华软件股份公司
9	国网信息通信产业集团有限公司	18	亚信科技（中国）有限公司

续表

序号	企业名称	序号	企业名称
19	东软集团股份有限公司	60	中控科技集团有限公司
20	熊猫电子集团有限公司	61	深圳创维数字技术有限公司
21	上海华东电脑股份有限公司	62	江苏金智集团有限公司
22	大族激光科技产业集团股份有限公司	63	东方电子集团有限公司
23	浙江大华技术股份有限公司	64	恒生电子股份有限公司
24	用友网络科技股份有限公司	65	携程旅游网络技术（上海）有限公司
25	深圳市云中飞网络科技有限公司	66	浙大网新科技股份有限公司
26	文思海辉技术有限公司	67	高德信息技术有限公司
27	福建星网锐捷通讯股份有限公司	68	信雅达系统工程股份有限公司
28	同方股份有限公司	69	万达信息股份有限公司
29	新华三技术有限公司	70	江苏润和科技投资集团有限公司
30	江苏省通信服务有限公司	71	金蝶软件（中国）有限公司
31	北京京东尚科信息技术有限公司	72	北京华宇软件股份有限公司
32	科大讯飞股份有限公司	73	广联达科技股份有限公司
33	中国软件与技术服务股份有限公司	74	北京千方科技股份有限公司
34	北京华胜天成科技股份有限公司	75	天地伟业技术有限公司
35	上海宝信软件股份有限公司	76	四川九洲电器集团有限责任公司
36	福州福大自动化科技有限公司	77	启明星辰信息技术集团股份有限公司
37	国电南京自动化股份有限公司	78	博彦科技股份有限公司
38	神州数码信息服务股份有限公司	79	北京中油瑞飞信息技术有限责任公司
39	上海华讯网络系统有限公司	80	北京立思辰科技股份有限公司
40	深圳市大疆创新科技有限公司	81	广州广电运通金融电子股份有限公司
41	广州佳都集团有限公司	82	北京四维图新科技股份有限公司
42	广东维沃软件技术有限公司	83	广州海格通信集团股份有限公司
43	新大陆科技集团有限公司	84	普天信息技术研究院有限公司
44	北京全路通信信号研究设计院集团有限公司	85	南京联创科技集团股份有限公司
45	中科软科技股份有限公司	86	北京神州泰岳软件股份有限公司
46	太极计算机股份有限公司	87	海能达通信股份有限公司
47	深圳市金证科技股份有限公司	88	上海汉得信息技术股份有限公司
48	中国民航信息网络股份有限公司	89	先锋软件股份有限公司
49	中国电子科技网络信息安全有限公司	90	大连华信计算机技术股份有限公司
50	中兴软创科技股份有限公司	91	银江股份有限公司
51	曙光信息产业股份有限公司	92	云南南天电子信息产业股份有限公司
52	北明软件有限公司	93	中冶赛迪集团有限公司
53	四川省通信产业服务有限公司	94	北京和利时系统工程有限公司
54	平安科技（深圳）有限公司	95	山东中创软件工程股份有限公司
55	石化盈科信息技术有限责任公司	96	杭州士兰微电子股份有限公司
56	北京易华录信息技术股份有限公司	97	启明信息技术股份有限公司
57	浙江宇视科技有限公司	98	广州杰赛科技股份有限公司
58	深圳天源迪科信息技术股份有限公司	99	长城计算机软件与系统有限公司
59	卡斯柯信号有限公司	100	北京宇信科技集团股份有限公司

2017 年世界软件产业发展情况

一、基本情况

随着全球步入信息化时代，作为信息产业核心的软件和信息技术服务业（以下简称软件产业），已成为 21 世纪全球的第一大产业。只要抓住机遇和发展得当，软件产业就有可能成为推动一个国家经济发展的支柱产业。软件产业始于 20 世纪 50 年代，并在 20 世纪 90 年代得到迅速发展，年均增速达 15%以上。进入 21 世纪后，随着网络泡沫的破灭，世界软件产业增长速度有所下降，进入稳定发展期。软件产业发展大致可分为 4 个阶段：第一阶段为 1970—1985 年的大型主机时代；第二阶段为 1985—2000 年的客户（服务器）时代；第三阶段为 2000—2015 年的 PC 端的 SaaS 时代；第四阶段为 2015 年至今的云优先时代。此时，软件产业的用户已不仅限于最开始的政府、制造业和金融业，已基本覆盖全行业。

2014 年，世界软件产业市场规模达 4317 亿美元，同比增长 6%；2015 年，世界软件产业市场规模达 4561.1 亿美元，同比增长 5.65%，进入稳定发展期；2016 年，世界软件产业市场规模超过了 4800 亿美元，保持持续稳定增长（见图 1）。预计世界软件产业市场规模在 2017—2050 年将保持 5%的年复合增长率。

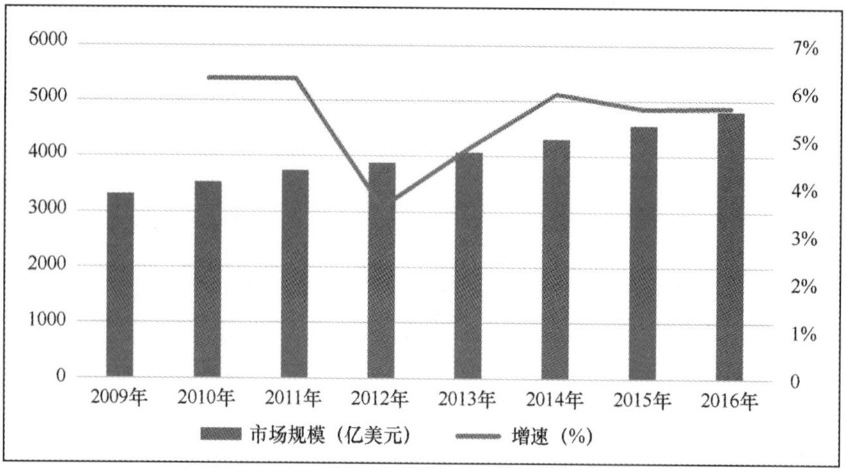

图 1　2009—2016 年世界软件产业市场规模

资料来源：前瞻产业研究院及 Wind 资讯。

（一）分领域情况

据预测，2015—2020 年结构性数据管理软件的 5 年复合增长率将达到 9.3%，是所有软件类别中最高的，这主要得益于 2015—2017 年的增速较快。数据管理软件是信息驱动经济的核心组成部分，在大数据分析的具体实施上发挥着关键作用。其中，协作应用软件是 2015

年软件行业收入增速最快的一个类别，在此类软件中，云计算产品的部署量将超过其他软件类别。

（二）分国家情况

采取什么样的模式来推进产业的发展，在很大程度上决定着产业能否健康、良性成长。不同国家的软件产业，总是根据自身的软件发展历史和具体国情来选择合适的产业发展模式。从国际软件产业发展的状况来看，目前得到公认的产业发展模式有美国模式、印度模式、爱尔兰模式、日本模式等，世界软件产业的地区分布也是以美国、欧洲、日本、印度和中国等为主。

美国软件产业为技术与服务领导型。美国在技术上处于领先地位，对国际软件行业起到了引导作用，垄断着全球超过80%的计算机系统软件、支撑软件和网络应用软件的市场。美国在全世界招聘高级的软件研发人员，开发技术含量高且通用的产品；同时在全世界构造了最大的软件销售网络，利用本国资源开发全球市场。良好的产业基础、有力的软件知识产权保护、政府推动竞争的有效措施、风险投资的发展及国家层面对基础研究的支持等诸多因素，造就了美国世界上最大的软件生产国的地位，拥有全球 1/3 的顶尖软件人才，掌握着最先进和最核心的软件技术并且拥有世界上最成熟的软件市场。在 2016 年软件企业十强中，有 6 家企业来自美国，五十强中有 33 家企业来自美国，其中包括 IBM、谷歌、微软等世界领先的软件企业。

印度软件产业为国际加工服务型。印度由于本国市场规模比较小，软件产业发展战略主要是充分利用本国企业和人才优势，以软件服务、软件出口为主，凭借低成本、高质量成为世界的软件加工基地。印度为了获取更多的国际订单，采取了 On-Site（现场）和 Out-Shore（离岸）两种软件开发模式，一方面，在印度建立了一个具有世界级水平的软件开发配套环境，让国外跨国公司与印度本国软件企业优势互补，在印度建立开发中心，推进印度软件企业的国际化进程；另一方面，印度还鼓励本国软件企业在海外设立分支机构，并把许多开发人员派送到用户的现场提供开发和服务，并通过卫星使美国和印度协同 24 小时连续工作，增强了印度软件企业在国际市场上的竞争能力。印度软件产业发展迅速，现已成为世界上仅次于美国的第二软件大国。在 2016 年软件企业十强中，有 1 家企业来自印度，三十强中有 3 家企业来自印度，数量仅次于美国。

爱尔兰软件产业为生产本地化型。爱尔兰根据欧洲地区需要 20 多种不同语言的软件市场，将自己定位为美国软件公司产品欧洲化版本的加工基地，成为美国公司进入欧洲市场的门户和集散地。爱尔兰非常强调面向国际化的软件产品的系统化服务，提供从手册、包装到 CD-ROM 制作的全方位服务。在政府政策的支持下，爱尔兰依靠产业集群优势、高度发达的电信设施、充沛的高端知识型人才及成果转化能力，在软件开发、生物工程和通信技术方面具备了一流的水准，有着“欧洲硅谷”的美誉。

日本和欧洲软件产业为嵌入式系统开发型。日本在移动通信、信息家电和汽车导航等嵌入式软件开发上独具优势。日本的软件产品与日本的电子产品相结合，使得软件成为许多有竞争能力的智能化产品的组成部分。例如，SONY 公司开发的数字化照相机、摄像机等产品，软件都是其重要组成部分。随着日本电子产品在全球市场需求规模的不断扩大，软件产业中嵌入式产品在全球占有重要份额。西欧（德国、芬兰、荷兰、瑞士）则专注于行业应用软件的开发，特别是在ERP通信和数字化医疗设备等领域具有优势。

中国软件产业自20世纪80年代步入起步期，经历了90年代的成长期，21世纪开始进入快速发展阶段。“十二五”期间，中国软件和信息技术服务业规模快速壮大，产业结构不断优化。经过30多年的发展，中国软件产业发展迈上了新的台阶，从2000年586亿元的产业规模，增长到2017年突破5.5万亿元大关，同比增长了14.2%。中国软件和信息技术服务业占电子信息产业的比重，从2000年的5.8%增至2017年占电子信息产业的1/3左右，软件产业的能力显著提升。虽然中国软件产业规模、质量和效益有了全面跃升，但产业大而不强，在核心技术、人才结构、知识产权保护等方面仍然存在短板，整体自主创新能力比较弱，在国际市场上竞争力不强，故需持续开拓市场和强化创新，培育新的增长点，推动新时代软件产业高质量发展。

二、世界软件产业的发展特点

在新知识和新技术的推动下，软件和信息技术服务业利用软件和网络通信等技术对信息进行收集、处理、存储和利用，并通过软件和信息产品为社会提供服务，正在成为优化产业结构、推动经济发展的重要动力。其中，信息技术服务贸易在信息工业的发展和全球经济迅猛发展中具有关键性作用。近几年，在技术创新及产业融合的不断推动下，软件产业持续保持高速增长，远超世界经济发展速度，并主要呈现以下四个方面的发展特点。

（一）市场规模持续增长，新模式、新业态成新增长点

随着全球经济的发展，全球软件生产规模和市场规模持续增长，新模式、新业态快速发展，将继续成为软件产业新的增长点。近几年，新兴信息技术的不断发展，推动了整个行业的转型升级。在算法创新方面，比特币的底层算法——区块链逐渐引起关注，大量前沿信息企业布局区块链，区块链技术在金融和公益等领域率先落地。在技术创新方面，以大数据、云计算和物联网为代表的新兴信息技术不断成熟，发展迅速，其中，云计算已经形成产业规模，并有望在下一阶段引领行业发展新潮流，成为新阶段的经济增长点。随着云计算应用的不断深化，发展潜力逐步释放，云计算产业也得到投资机构的青睐，成为投资的热点。近几年，世界大数据市场规模持续增长，但增速持续降低，云计算市场规模则保持持续稳定增长。世界大数据市场规模在2016年达到442亿美元，同比增长15%；2017年达到485亿美元，同比增长10%。世界云计算市场规模在2016年达到2092.4亿美元，同比增长18%；2017年达到2468.4亿美元，同比增长18%，增速与2016年持平（见图2和表1）。Gartner预测，到2020年，世界云计算市场规模将达到4114.8亿美元，同比增长约15.7%，2016—2020年的复合增长率将达到约17%。根据IDC的数据，2020年中国云计算市场规模将达到52.42亿美元，同比增速约21.5%，2014—2020年的复合增长率将达到约33.21%，由此可见，中国市场增速较快。

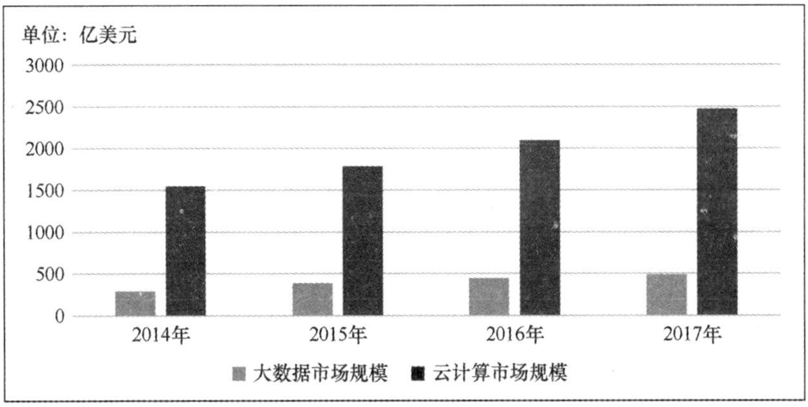

图 2　2014—2017 年世界大数据与云计算市场规模

资料来源：wind。

表 1　世界大数据与云计算规模及增长率

单位：亿美元

年　份	世界大数据市场规模	同比增长	世界云计算市场规模	同比增长
2014	284	—	1546.9	—
2015	384	35%	1780.0	15%
2016	442	15%	2092.4	18%
2017	485	10%	2468.4	18%

资料来源：wind。

（二）产业结构整体稳定，“软件即服务”势头明显

近些年，世界软件产业结构整体比较稳定，软件服务收入占软件产业总收入的 60%～70%，且软件服务收入增长快于软件产品收入增长，软件业服务化趋势越发明显。从世界 IT 支出的占比来看，近 4 年来软件服务占比保持在 60%～70%的较高水平，并保持逐渐增长状态（见表 2）。全球著名的互联网数据中心（IDC）和弗雷斯特研究公司（Forrester Research）发布报告称，由于传统 IT 不能提供未来的解决方案，到 2020 年，30%以上的 IT 厂商将不复存在。在弗雷斯特研究公司的预测中，认为主要的公共云提供商将变得更强，亚马逊、IBM 的 SoftLayer 和微软将占据更多的商业云服务市场份额。IDC 预测，到 2020 年，企业 IT 支出的 60%以上将用于第三平台技术、解决方案和服务。可以预见，软件服务将是企业 IT 服务商与高科技公司争夺的焦点。综合来看，随着软件产业的不断发展，世界软件产业结构在稳定中表现出向服务化发展的趋势，软件服务市场规模所占比重不断提高，软件产品和软件服务的界限逐渐模糊，“软件即服务”势头明显。

表 2　世界 IT 支出情况

单位：千亿美元

年份	世界 IT 支出合计	设备支出占比	企业软件支出占比	IT 服务支出占比	电信服务支出占比	数据中心支出占比
2014	37.11	18.67%	8.46%	25.73%	43.30%	3.83%
2015	34.13	19.40%	9.20%	25.37%	41.02%	5.02%

续表

年份	世界IT支出合计	设备支出占比	企业软件支出占比	IT服务支出占比	电信服务支出占比	数据中心支出占比
2016	33.96	18.55%	9.60%	26.33%	40.46%	5.01%
2017	35.08	18.93%	10.09%	26.54%	39.54%	4.93%

（三）行业重要程度凸显，多产业融合发展成趋势

软件产业是引领科技创新、驱动经济社会转型发展的核心力量，是建设制造强国和网络强国的核心支撑。建设强大的软件产业，是各国构建全球竞争新优势、抢占新工业革命制高点的必然选择。世界主要各国都在充分发挥产业的赋能、赋值和赋智作用，重点部署包括基础软件、工业软件与行业解决方案、嵌入式软件、信息安全软件与服务、信息系统集成服务、信息技术咨询服务、数字内容加工处理、新兴信息技术服务、集成电路（IC）设计、服务外包等领域。软件产业的重要性更加凸显，各国均积极拓展服务外包业务领域，重点发展软件开发、软件测试、系统租赁、系统托管等 ITO（信息技术外包），扶持基于信息技术的 BPO（业务流程外包），推动工业设计、研发服务、知识产权服务等 KPO（知识流程外包），促进业务向规模化、高端化方向发展。随着软件市场在高速发展后的不断成熟，企业竞争日益激烈，软件产业与制造业及其他产业的融合成为行业发展的新趋势，并为软件产业的发展带来了新的空间。目前，软件产业在高度分化的基础上进入高度融合阶段，在软件的技术体系越来越专业化的同时，软件与硬件、软件与网络、软件产业与其他产业的相互融合也不断深化，不仅推动软件产业不断向前发展，也促进了其他产业的信息化发展，形成了很多新兴业态和新兴模式。

（四）网络安全事件频发，威胁严重，引起高度关注

世界信息化的发展使得网络信息安全逐渐引起了大家的关注。随着大数据、云计算等新兴信息技术的应用，保障网络安全已经成为行业发展亟须解决的问题。以网络安全重要组成部分的工业信息安全来看，随着工业化和信息化的持续深入推进，以及“互联网+”“物联网”和智能制造、智慧城市、车联网等各种创新应用的不断发展，有大量的工控系统暴露在互联网上，涉及制造、钢铁、有色、化工、能源、交通、市政等多个领域，工业信息安全面临着不断扩大的风险。近年来，工业信息安全事件屡屡发生，如 2016 年 11 月，美国旧金山市地铁系统被勒索软件攻击；2017 年，美国国家航空航天局（NASA）员工应用的一个安全补丁导致某设备宕机并引发火灾，烧毁航天器硬件；同年 5 月，全球爆发大规模勒索软件“Wannacry”感染事件，能源、电力、天然气、通信、交通等多个工业相关领域遭受了攻击；同年 6 月，专门针对工业控制领域的勒索软件“Petrwrap”攻击了欧洲各地的企业，乌克兰地铁及基辅的鲍里斯皮尔机场遭到破坏、电力供应商中断，丹麦航运公司马士基的多个站点系统遭到入侵，俄罗斯石油公司的服务器也被感染。网络安全事件频发，风险程度持续加强，威胁愈加严重，全世界各国政府及企业已逐步加大对网络安全的重视程度，促进可信计算、数据安全、系统安全、网络安全等信息安全核心技术的发展。

三、中国软件产业发展面临的问题

（一）国产软件份额有限，核心技术受制于人

我国目前正大力推行国民经济与社会信息化建设，为软件产业发展带来了巨大的需求和广阔的发展空间。但是信息化的迅猛发展并未形成对国产软件的有效需求，国产软件的市场占有率仅维持在30%左右的水平。一方面，由于我国软件产业几乎全面处于全球软件产业链的中下游地位，在核心产品和关键技术的发展方面受制于人，国内市场在国际化的大环境中处于非常被动的局面；另一方面，目前的政府采购从尽量节约财政资金方面考虑得比较多，而在通过启动政府采购为国产软件创造市场空间方面考虑不够，未能充分给国产软件有力的实质性支持。在我国，国外软件产品占据了 2/3 的国内市场，其中在系统软件方面几乎没有我国自主版权软件的立足之地，国产支撑软件只是凤毛麟角，应用软件同样面临激烈竞争，缺乏基础和核心技术及具有自主知识产权的软件产品，自主创新能力弱，不仅使得大量利润流入外国企业，也严重影响了我国软件产业的积累和再循环能力，还可能严重威胁我国的信息安全。

（二）产业发展基础薄弱，人才供求矛盾凸显

我国软件产业起步较晚，从事软件开发、研制、销售、维护和服务的软件企业不仅数量有限，而且相比软件产业发达国家规模也较小。我国软件产业的特点是以中小企业为主，中小企业占据所有软件企业的90%以上。劳动生产率较低、市场竞争力不强、人才总量不足、结构不合理等因素，导致我国软件产业发展基础较为薄弱。软件产业是一个典型的人力资源密集型行业，人才的培养对于软件产业的发展有着举足轻重的作用。随着中国软件产业规模的不断扩大，以及软件产业在大数据、人工智能、区块链等领域的深入发展，中国软件人才供求出现了结构性矛盾，尤其是高素质的软件工程人才和复合型人才的严重缺乏，影响了软件产业的整体发展。在我国的软件技术人员中，绝大多数是从事程序开发、技术支持和服务的人员，软件产业发展所急需的系统分析师、架构设计师、高级工程师、项目经理和技术工人的数量十分匮乏，无法满足软件产业发展对各层次人才的需求。

（三）出口服务不够完善，国际竞争能力薄弱

虽然我国近几年软件出口和服务外包稳步增长，但“走出去”配套服务仍不完善，难以满足产业发展的需求。标准、测评、培训等产业链关键环节尚未完全实现与国际接轨，现行一些软件出口优惠政策和措施执行不到位，企业国际化战略实施过程中的维权诉讼渠道不畅通，行业协会的桥梁和服务作用并未得到充分发挥。国际化软件人才培养与产业实际不相适应，导致拥有良好教育背景、语言和文化优势，熟悉前沿技术、国际标准规范及国际化管理模式的高端人才，以及具有熟练技能的基础型人才严重缺乏。与此同时，我国软件企业在技术研发、系统集成、项目管理、工程实施、生态构建等方面的能力远低于国际领先企业，国际品牌认知度和市场占有率较低。相比之下，微软、IBM、甲骨文、惠普、谷歌、红帽、苹果等美国软件巨头企业始终占据全球市场份额的 90%以上，国际领先地位难以撼动，

Salesforce、Facebook、Uber 等高成长性企业则掌握了新兴技术的发展先机，引领世界产业发展新潮流，我国软件企业的国际竞争能力尚显不足。

四、下一步发展建议

（一）加强人才培养，提高自主创新能力

我国需要加大软件产业的教育和人才培养，鼓励多途径、多渠道培养人才。政府要提高重视程度，通过产、学、研、用相结合，培养更加适合市场需要的高素质人才及复合型人才；鼓励我国企业及高校向国际领先企业和研究机构学习培养模式及合作培养人才，为我国高级软件人才提供更多的国际交流、实践的机会，提高软件产业人才的整体素质；加强与技术原创能力强的国家和地区的产业合作，建立、完善原创技术合作与引进的渠道和机制，争取有发展前景的原创性技术在我国实现成果转化；支持与境外优势企业、科研机构等在研发创新、标准制定、品牌建设等环节开展合作，充分利用全球人才、技术、知识产权等创新资源，为我国产业技术创新提供内生动力。

（二）推进转型升级，提升国际竞争力

中国软件和信息技术服务相关主管部门要建立以政府为引导、企业为主体，科研院校、产业联盟、行业协会等利益相关者参与的协同推进体系，将企业市场扩张行为上升到国家战略层面；要推动两化融合的政策宣贯，提高重视程度，改变发展意识和发展思路，成立相关的行业协会和联盟，建立完善两化融合的管理体系；要推动传统制造业企业改革转型，设立两化融合的专项资金，对于转型升级的项目给予支持；要大力支持相关软件企业进行技术创新，推动工业软件企业的发展；要鼓励软件企业与其他行业企业、金融机构抱团出海，加强在市场、人才、资金等领域的协作，通过共同投资、联合开发、风险共担、成果共享，共同参与国际竞争。

（三）注重对接融入，促进产业国际化

要有效推进软件产业国际化，不仅要着眼于本国市场和国际市场建设，还要疏通从国内市场到国际市场的对接融入渠道。一是充分研究国际市场规则、国际惯例，以及当地政治、经济、文化、消费等方面的特征，通过实训教育、海外培训等方式，加强软件人才知识结构的持续更新，夯实产业本土化发展基础。二是发挥行业协会、商会、产业联盟、开源联盟等中介组织的作用，为产业对接融入提供专业化、社会化的技术支持、法律、会计、税务、投资、会展、咨询、知识产权、风险评估和认证等服务，打通软件产业进入国际市场的各种通道。三是支持软件产业参与国际标准的制定，推动技术标准的国际互认，促使国际市场规则于我有利、为我所用。

［本稿件由工业和信息化部电子科学技术情报研究所提供］

我国软件和信息技术服务业税收政策研究报告

软件和信息技术服务业（以下简称软件产业）作为国民经济和社会发展的基础性、战略性、先导性产业，是新一代信息技术产业的“灵魂”，是引领科技创新、驱动经济社会转型发展的核心力量，是建设制造强国、网络强国和数字中国的关键支撑。回顾我国软件产业30多年的发展历程，不难发现，软件产业的税收优惠政策对于推动产业保持20年的高速发展起到了不可替代的重要作用。当前，我国经济社会发展进入了新时代，软件产业发展也进入了新常态，处于由中高速增长向高质量发展迈进的新阶段。本报告的主要目的是总结概括20年来我国软件产业税收优惠政策对于行业发展的激励效果，细致分析当前行业税收政策的基本特点和存在的问题，展望软件产业税收优惠的政策措施，以期为新时期促进软件产业高质量发展提供参考借鉴。

一、我国软件产业税收政策的演变历程

软件产业作为知识密集型、技术密集型和人才密集型产业，历来是各国抢占科技革命和产业变革制高点的关键选择。世界科技强国纷纷将以软件为代表的新一代信息技术产业发展作为增强核心竞争力的国家战略。通过税收政策支持产业发展是各国发展高新技术产业的主要经验。自从2000年国务院颁布支持软件产业发展的18号文件以来，税收政策激励支持成为我国软件产业持续快速增长的主线。我国软件产业税收政策的演变历程，大体可分为4个阶段。

（一）起步期

起步期的时间节点大概为1984—2000年。从世界范围来看，软件产业的发展经历了3个阶段：第一个阶段是软硬一体化阶段，从1946年第一台电子计算机诞生到20世纪70年代中期，这个阶段的特点是软件没有自己独立的位置，作为硬件附属品而存在。第二个阶段是软件产业化阶段，从1975年到1995年，以微软和Oracle诞生为标志，软件开始脱离硬件以独立的产品形态存在，软件作为一个完整的产业形态由此发端。第三个阶段是软件的服务化、网络化发展阶段，从1995年开始，一直持续到现在。互联网、移动互联网的普及应用使得软件由单机环境向网络环境延伸，催生了“软件即服务”、云计算、APP等软件新的应用模式和业态。

中国的软件产业发展大体与世界软件产业发展同步。特别是1984年中国软件行业协会的成立，标志着我国软件产业作为独立的产业形态正式登上历史舞台。1986年，《关于建立和发展我国软件产业的报告》发布，这是国家层面首次规划软件产业发展的顶层设计。1987年，国务院在“七五”规划中明确对软件等4种产品实行免征所得税、减半征收所得税、重大引进工程项目免征进口税等优惠措施。1999年8月，国家税务总局对位于中关村高科技园区的软件企业销售自行开发的计算机软件产品按照6%的税率征收增值税；同年11月，财政部、国家税务总局出台文件（财税字〔1999〕273号），对自行开发生产的软件产品实际税负超过6%的部分即征即退，对依法转让著作权、所有权的软件产品按5%的税率征收营业税。

纵观2000年之前的软件产业税收扶持措施，不难发现，这时候的软件税收优惠政策还不系统、不完善，惠税范围以流转环节的增值税为主，没有针对所得税方面的优惠措施；优

惠力度较小，对软件产品实际税负超过6%的部分即征即退，远不如后来的对超过3%的部分实行即征即退优惠力度大；没有针对软件产业出台系统性的政策文件，关于软件产业的优惠措施分散在不同层级的政策措施中。

（二）形成期

2000 年，《鼓励软件产业和集成电路产业发展的若干政策》（国发〔2000〕18 号，以下简称 18 号文件）的发布，正式奠定了软件产业税收政策的基石和基本框架，是指导我国软件产业发展的纲领性文件，在中国软件产业发展史上具有划时代的意义。自此之后，我国软件产业发展步入了快车道，迈入了产业发展的黄金十年。工业和信息化部运行监测协调局统计数据显示，2010 年，我国软件产业完成业务收入 13588 亿元，产业规模是 2000 年的 24 倍，年均复合增长率为 37.56%。同时，据《中国税务年鉴》披露的数据，2010 年我国软件产业贡献税收 362 亿元，产业规模是 2003 年①的 5.8 倍，年均复合增长率为 28.67%。

18 号文件确立了我国软件税收优惠政策的框架体系，包括软件产品增值税即征即退、新创办软件企业所得税“两免三减半”、国家规划布局内重点软件企业减按 10%的税率征收企业所得税、软件进口设备免征关税和进口环节增值税、软件从业人员薪酬和培训费用可税前列支等，分别从增值税、所得税和关税角度给予软件产业以特殊优惠。自此之后，无论是新的 4 号文件，还是财政部、国家税务总局发布的配套实施细则，大致都没有超出 18 号文件建立的税收优惠的基本框架。

18 号文件发布之后，财政部、国家税务总局、原信息产业部、原国家计委（国家发改委）、原外经贸部（商务部）、海关总署等为落实 18 号文件的税收政策，相继制定了一系列配套措施和实施细则（见表 1），为税收政策的落地奠定了扎实的基础。

表 1　软件产业税收政策（2000.6.24—2011.1.27）

序号	发文号	文件名称	发文单位	主要内容	效力
1	国发〔2000〕18 号	鼓励软件产业和集成电路产业发展的若干政策	国务院	软件产业增值税、企业所得税和关税	与 4 号文件不冲突的有效
2	财税〔2000〕25 号	关于鼓励软件产业和集成电路产业发展有关税收政策问题的通知	财政部、国家税务总局、海关总署	软件产业增值税、企业所得税和关税	失效
3	国办函〔2001〕51 号	国务院办公厅关于进一步完善软件产业和集成电路产业发展政策有关问题的复函	国务院办公厅	风险投资基金、出口、人才	失效
4	财税〔2005〕165 号	关于增值税若干政策的通知	财政部、国家税务总局	嵌入式软件增值税	部分失效
5	财税〔2006〕174 号	关于嵌入式软件增值税政策问题的通知	财政部、国家税务总局	嵌入式软件增值税	失效
6	财税〔2008〕1 号	关于企业所得税若干优惠政策的通知	财政部、国家税务总局	软件企业所得税	失效
7	财税〔2008〕92 号	关于嵌入式软件增值税政策的通知	财政部、国家税务总局	嵌入式软件增值税	失效

① 我国税收从 2003 年开始将软件产业列入信息传输、计算机服务和软件产业的一个子类，在此之前并没有单独的软件税收的统计数据，故软件企业的纳税情况从 2003 年始有准确的数据资料。

（三）成熟期

18 号文件颁布实施之后，我国软件产业虽然在规模、质量和效益方面取得了较大提升，研发创新能力进一步增强，税收贡献度进一步提高，但产业基础薄弱、关键核心技术受制于人、产业生态体系不健全等问题仍然突出，亟须出台新的软件产业政策来破解上述难题。鉴于此，国务院于 2011 年 1 月 28 日印发了《关于进一步鼓励软件产业和集成电路产业发展若干政策的通知》（国发〔2011〕4 号，以下简称 4 号文件），在财税政策上给予软件产业以更大的鼓励和扶持。为贯彻 4 号文件，财政部、国家税务总局根据国务院指示精神，总结执行 18 号文件的实践经验，相继下发了财税〔2012〕27 号文件、财税〔2011〕100 号文件、财税〔2016〕49 号文件等，进一步明确了新时期推动软件产业发展的企业所得税和软件产品增值税优惠政策。

4 号文件基本延续了 18 号文件的税收优惠种类、内容及方式，但又增加了新的内容，在管理方式上也更加严格、规范。这主要表现在：①新增营业税优惠，对软件企业从事开发与测试、信息系统集成、咨询和运营维护等业务免征营业税；②软件企业进口料件可享受保税政策；③取消再投资退税，原对投资者从被投资企业取得的税后利润再投资该类企业的退税政策不再延续；④明确了不征税收入，将软件产品增值税即征即退款定性为不征税收入，解决了长期以来对于增值税退税款的性质不明问题；⑤软件从业人员的薪酬不再享受税前列支的优惠，并对职工培训费用列支提出了单独核算的严格要求；⑥取消进口环节增值税免征优惠，软件企业进口所需自用设备需要照章征收进口环节增值税。

（四）调整期

2015 年，国务院下发《关于取消和调整一批行政审批项目等事项的决定》（国发〔2015〕11 号）和《关于取消非行政许可审批事项的决定》（国发〔2015〕27 号），软件企业、软件产品认定和国家规划布局内重点软件认定作为非行政许可审批事项被取消。至此，18 号文件确立、并由 4 号文件延续的软件企业认定制度在完成了其历史性使命之后正式终结。

为延续落实软件企业所得税优惠政策的衔接措施，2016 年 5 月，财政部、国家税务总局联合工业和信息化部、发展改革委等部门印发了《关于软件和集成电路产业企业所得税优惠政策有关问题的通知》（财税〔2016〕49 号）（以下简称财税 49 号文件），确立了“企业自主申报，监管部门事后核查”的制度，以落实软件企业所得税优惠政策。财税 49 号文件降低了部分企业特别是重点软件企业享受优惠政策的条件和门槛，扩大了政策受惠面，进一步简化了企业惠税申报备案流程。例如，国家规划布局内重点软件企业由于采用门槛制和取消总量控制，惠税重点企业增长明显。2016 年，享受重点软件企业优惠的企业数量约 360 家，比“重点软件企业认定”取消前增长 20%，如四川省“重点软件企业认定”取消后享受优惠的重点软件企业数量由每年的 4～5 家增长到 2016 年的 13 家。

从 2011 年 1 月 28 日至今的软件产业税收政策如表 2 所示。

表 2　软件产业税收政策（2011.1.28 至今）

序号	发文号	文件名称	发文单位	主要内容	效力
1	国发〔2011〕4 号	关于进一步鼓励软件产业和集成电路产业发展若干政策的通知	国务院	软件产品增值税、软件企业所得税	有效
2	财税〔2011〕100 号	关于软件产品增值税政策的通知	财政部、国家税务总局	软件产品增值税	有效
3	财税〔2012〕27 号	关于进一步鼓励软件产业和集成电路产业发展企业所得税政策的通知	财政部、国家税务总局	软件企业所得税	有效
4	海关总署公告 2011 年第 30 号	关于对海关支持软件产业和集成电路产业发展的有关政策规定和措施	海关总署	关税、保税	有效
5	国家税务总局公告2013年第 43 号	关于执行软件企业所得税优惠政策有关问题的公告	国家税务总局	软件企业所得税	有效
6	财税〔2016〕49 号	关于软件和集成电路产业企业所得税优惠政策有关问题的通知	财政部、国家税务总局	软件企业所得税	有效

二、软件产业税收政策效果分析

自 18 号文件颁布以来，我国软件产业发展取得了显著成效。从产业规模来看，2000 年我国软件产业规模为 560 亿元，2017 年实现软件产业务收入 55103 亿元，产业规模是 2000 年的 98 倍，复合增长率为 31%。而同期，2000 年我国国内生产总值为 100280 亿元，2017 年国内生产总值为 827122 亿元，复合增长率为 13%（见图 1）。

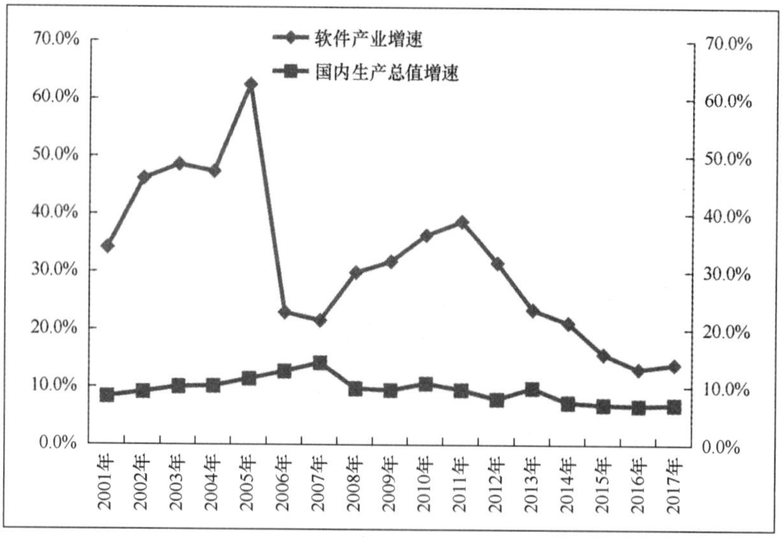

图 1　2001—2017 年软件产业与国内生产总值增速

软件产业利润由 2001 年的 143 亿元增加到 2017 年的 8755 亿元，增长了 60 倍。软件产业占电子信息产业的比重由 2000 年的 5.7%上升到 2017 年的 29.1%，软件出口额由 2000 年的 4.7 亿美元上升到 2017 年的 541 亿美元，增长了 114 倍。

从企业实力来看，我国软件企业从 2000 年的不到 5000 家发展到 2017 年的近 3.5 万家，从 2001 年到 2015 年 3 月（软件企业认定取消前）累计认定软件企业数量为 58103 家，累计认定重点软件企业 2034 家。规模超过 1 亿元的软件企业从 2001 年的 97 家增长至 2016 年的 7155 家，增长了 73 倍。2017 年（第 16 届）中国软件业务收入前百家企业实现业务收入 6620 亿元，是第 1 届的 14.4 倍；入围门槛为 14.5 亿元，是第 1 届的 14 倍。

从人员规模来看，我国软件产业从业人员从 2001 年的 29 万人，增长至 2017 年的超过 600 万人，增长了 19.7 倍。以高等院校软件专业为主体，以职业学院、社会培训机构和企业培训部门为补充的生态化人才培训体系已初步形成，全国设置计算机类、电子信息类、软件工程类等软件相关专业的院校有 1000 多所。2016 年，全国软件类专业毕业生总数约为 36 万人，再加上软件相关专业的毕业生，毕业生总量超过了 120 万人。

从企业税收来看，软件产业通过所得税减免、产品退税、低税率优惠、加计扣除、增值税零税率等税收优惠措施，减轻了企业税收负担，增加了企业利润和现金流，推动了行业的快速发展和产业规模的急剧扩张，进一步扩大了软件产业税基，从而带来了税收总量的快速增长。根据《中国税务年鉴》统计数据，2003—2017 年，我国软件产业共缴纳税收超过 9000 亿元，年复合增长率为 29.2%（见图 2），同期软件产业复合增长率为 28.6%，软件产业税收增速呈现高于软件产业增速的态势。国家给予软件产业的税收优惠导致的减税效应极大地促进了软件企业加大研发投入和扩大再生产，吸引了更多的社会资源投入软件产业。软件产业税收优惠政策的增税效应远远大于减税效应，形成了软件产业惠税政策的“放水养鱼”效应。2012—2018 年软件产业增速和软件产业税收增速如图 3 所示。

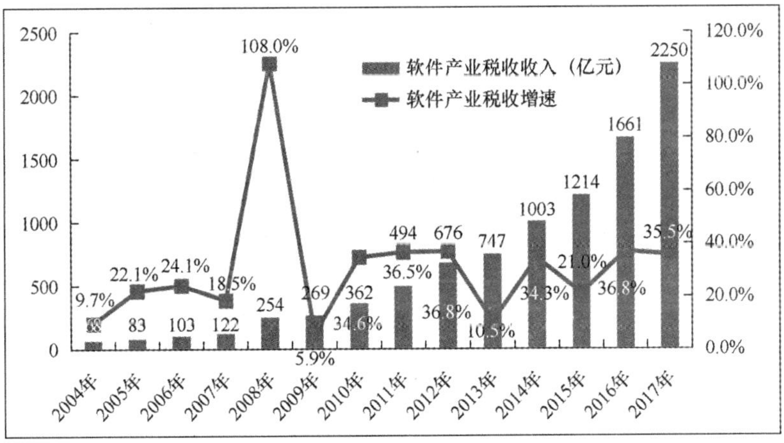

图 2　2004—2017 年软件产业税收规模

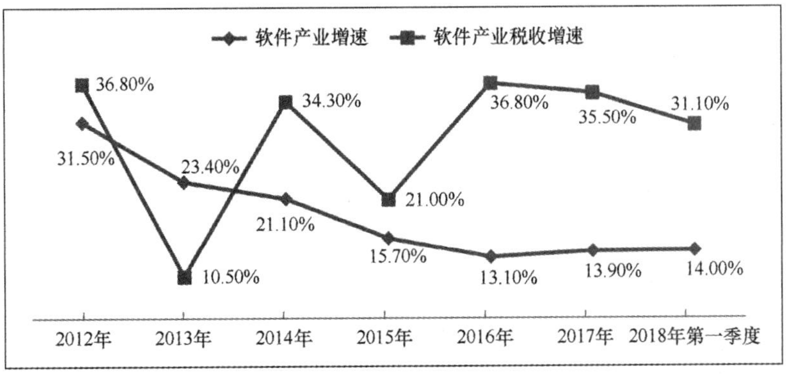

图 3　2012—2018 年软件产业增速和软件产业税收增速

三、现行软件产业税收政策的内容与特点

18 号文件、4 号文件奠定了我国软件产业税收政策的基本架构，形成了软件企业所得税、软件产品增值税和重点软件企业税率优惠三驾马车并驾齐驱的局面。与此同时，为鼓励企业加大研发投入、加强技术创新，国家针对性地出台了一系列发展高科技产业、激励研究开发的产业税收扶持措施，如高新技术企业可按照 10%征收企业所得税，新技术、新产品、新工艺的研发费用可享受 150%的加计扣除，技术转让、技术开发及与之相关的技术咨询、技术服务（以下简称“四技服务”）免征增值税，等等。作为知识密集、技术密集型的软件企业，不仅可享受专属软件产业的税收优惠政策，亦可享受国家扶持高新技术产业发展等非专属于软件产业的税收优惠。我国软件产业的税收政策呈现出多元性、复杂性、多层次性等特征。

（一）软件产业税收政策的主要内容

1. 企业所得税方面的政策

软件产业企业所得税优惠政策主要包括两类：一类是直接针对应纳所得税额的低税率优惠或减免式优惠，如“两免三减半”、重点企业减按 10%征收企业所得税等；另一类是通过缩小计税依据、减少税基的方式进行优惠，如研发费用加计扣除、职工培训费用税前扣除、外购软件折旧摊销等。

1）软件企业所得税“两免三减半”

“两免三减半”是指我国境内新办软件企业自获利年度起计算优惠期，第一年至第二年免征企业所得税，第三年至第五年按照 25%的法定税率减半征收企业所得税，并享受至期满为止。软件企业“两免三减半”政策有以下几个方面的特点。

一是享受政策的主体。在中国境内依法注册的居民企业，不管是内资企业，还是外资企业，只要注册地在中国大陆地区（不包括中国港、澳、台地区），皆可享受该项政策。居民企业的认定依据是根据企业营业执照副本（加盖法人公章）来进行。值得注意的是，由于 2015 年国务院已将软件企业认定作为非行政许可审批事项予以取消，按照财税〔2016〕49 号文件的要求，申报享受“两免三减半”税收优惠不再需要获得软件企业资质，也不需要进行软件企业认定。企业可按照《享受企业所得税优惠政策的软件和集成电路企业备案资料明细表》准备相关备案材料，直接向税务机关申报备案并享受优惠。

二是政策优惠期的计算。按照 4 号文件和财税〔2012〕27 号文件、49 号文件的规定，符合条件的软件企业应在 2017 年 12 月 31 日之前自获利年度起计算优惠期，并享受至期满为止。这里的获利年度，应是企业当年应纳税所得额大于零的纳税年度。企业减免税优惠期从企业的获利年度起开始计算，如获利年度不符合优惠条件的，应自首次符合条件的年度起，在其优惠期的剩余年限内享受相应的减免税优惠。软件企业享受定期减免税优惠的期限应当连续计算，不得因中间发生亏损或其他原因而间断。

三是人员素质要求。大专以上学历的职工人数占比不低于 40%，其中研发人员占比不低于 20%。该项要求的证明材料一般为汇算清缴年度最后一个月的企业职工社会保险缴纳证明（社会保险管理中心出具的社会保险单位参保缴费证明）和企业员工花名册（包含姓名、学历、工作岗位）。

四是研发创新能力。软件企业能够享受税收优惠政策的根本原因在于软件产业是知识密集型高技术产业，研发创新能力强是软件产业的突出特点，所以只有具备强大的研发能力的企业，才能享受政策优惠。这里的研发创新能力包括两个方面的要求：一个是拥有关键核心技术和自主知识产权；另一个是研发经费占比（研究开发费用总额占企业销售收入总额的比例）不低于 6%，其中，境内研发占比（中国境内发生的研发费用金额占研究开发费用总额的比例）不低于 60%。判断企业拥有关键核心技术和自主知识产权的依据主要是软件著作权、专利等知识产权证明材料，软件产品测试报告等也是证明企业创新能力的重要材料。研究开发费用及其在收入中的占比，需出具专项审计报告证明。软件企业研究开发费用政策口径应按照财税〔2015〕119 号文件的规定执行，也就是说，软件企业的研究开发费用归集适用应加计扣除的政策口径。

五是软件收入占比要求。即软件产品开发销售收入占企业收入总额的比例不低于 50%，但对于嵌入式软件产品和信息系统集成开发销售收入占比则要求不低于 40%。这里的软件产品开发销售收入不能按照字面意思理解为仅包括软件产品形态的收入，而是应根据 27 号文件的规定进行解释，包括软件企业从事计算机软件、信息系统或嵌入式软件等软件产品开发并销售的收入，以及信息系统集成服务、信息技术咨询服务、数据处理和存储服务等技术服务收入。企业收入总额的计算应按照国家税务总局 2013 年第 43 号公告的规定执行，也就是《企业所得税法》第六条规定的收入总额，即企业以货币形式和非货币形式从各种来源取得的收入。对于软件产品开发销售收入，需具有法定资质的中介机构的专项审计报告证明。

2）国家规划布局内重点软件企业减按 10%征收企业所得税

根据 18 号文件和 27 号文件，国家规划布局内重点软件企业，如当年未享受免税优惠的，可减按 10%的税率征收企业所得税。国家规划布局内重点软件企业在满足软件企业条件的基础上，由发展改革委、工业和信息化部、财政部、国家税务总局等部门根据国家规划布局支持领域的要求，结合企业年度软件产品开发销售收入、盈利等情况进行综合评比，实行总量控制，择优认定。

但随着 2015 年国家规划布局内重点软件企业认定作为非行政许可事项被取消，作为支撑税务部门落实国家规划布局内重点软件企业所得税优惠政策的重点软件企业认定也不再进行。为保证重点软件企业税收优惠政策的延续落实，财政部、国家税务总局出台 49 号文件，制定了重点软件企业享受优惠政策的条件和标准。

相比 27 号文件，新的重点软件企业优惠政策贯彻落实制度具有如下特点：①不再进行重点软件企业认定，由企业直接向税务机关申报备案；②条件门槛有所降低，即软件企业只要满足相应条件就可以享受重点软件企业优惠，取消对国家规划布局内重点软件企业实行总量控制；③重点软件企业符合性标准全部以定量指标为主，不再实行定性指标和定量指标相结合；④国家规划布局内重点软件企业符合性判断权下放到地方，不再由中央对重点软件企业进行国家规划布局调控。

享受企业所得税减按 10%征收的国家规划布局内重点软件企业分为以下 3 类。

第一类是规模型重点软件企业，其条件应满足：①软件产品开发销售收入不低于 2 亿元；②应纳税所得额不低于 1000 万元；③研发人员占比不低于 25%。与原有的一类重点软件企业标准相比，新的标准将软件产业务收入要求从 1.5 亿元提高到 2 亿元，研发人员占比从 20%提高到 25%。新增加应纳税所得额不低于 1000 万元的要求。

第二类是重点领域型重点软件企业，其条件应满足：①国家规定的重点软件企业领域；②软件产业开发销售收入不低于 5000 万元；③应纳税所得额不低于 250 万元；④研发人员占比不低于 25%；⑤境内研发费用占比不低于 70%。新的领域型重点软件企业标准将软件收入从原来的 3000 万元提高到 5000 万元，研发人员占比从 20%提高到 25%，境内研发费用占比从 60%提高到 70%，并新增应纳税所得额不低于 250 万元的要求。

第三类是出口型重点软件企业，其条件应满足：①软件出口收入总额不低于 800 万美元；②软件出口占比不低于 50%；③研发人员占比不低于 25%。新的出口型重点软件企业标准对于软件出口收入相较于原有的标准提高了 300 万美元，同时提出了研发人员占比不低于 25%的新要求。

3）研发费用加计扣除

根据 119 号文件的要求，企业开展研发活动中实际发生的研发费用，未形成无形资产计入当期损益的，在按规定据实扣除的基础上，按照本年度实际发生额的 50%，从本年度应纳税所得额中扣除；形成无形资产的，按照无形资产成本的 150%在税前摊销。能够享受加计扣除的研发费用主要包括研发人员人工费用、直接投入费用、折旧费用、无形资产摊销、新产品设计费及与研发活动直接相关的其他费用等。

按照 49 号文件的要求，软件企业研发费用的政策口径依据 119 号文件的规定执行，因此，能够享受软件企业所得税优惠的企业，其在软件开发活动中发生的研发费用同样可享受加计扣除优惠政策。

在加计扣除优惠政策执行的过程中，享受加计扣除的软件企业研发费用应按研发项目设置辅助账，准确归集核算各项研发费用实际发生额。在研发费用归集口径中，软件企业享受税收优惠的研发费用政策口径较会计核算口径和高新技术企业认定口径而言，范围最小、条件最严格，主要限于核心技术研发投入。

4）外购软件或固定资产加速折旧或摊销

根据 27 号文件的规定，软件企业外购的软件，符合固定资产和无形资产确认条件的，其折旧或摊销年限可以适当缩短，最短为 2 年（含）。同时，财税〔2014〕75 号文件还规定，软件企业新购进固定资产可缩短折旧年限或加速折旧。

5）职工培训费用税前扣除

27 号文件规定，符合条件的软件企业的职工培训费用应单独进行核算，可按照实际发生额在计算应纳税所得额时扣除。与 18 号文件相比，原先可税前列支的软件企业人员薪酬不再作为计算应纳税所得额扣除项。

6）高新技术企业减按 15%税率征收企业所得税

软件企业符合高新技术企业条件、取得高新技术资格证书的，可减按 15%的税率征收企业所得税。此项税收优惠属于税率式减免，只要符合高新技术企业条件就可享受，没有时间限制。大多数享受过“两免三减半”政策优惠但又不符合重点软件企业条件的企业可选择高新技术企业途径享受税收优惠。

7）技术先进型服务企业减按 15%税率征收企业所得税

从事离岸外包业务的软件企业符合技术先进型服务企业条件的，经省级科技主管部门认定，可减按 15%的税率征收企业所得税。

2. 增值税方面的优惠政策

软件产业增值税优惠政策主要有软件产品增值税即征即退、"四技"服务免征增值税、离岸服务外包业务免征增值税等类型。

1）软件产品增值税即征即退

软件产品增值税即征即退政策由 18 号文件确立、4 号文件延续并由 27 号文件落实，其内容是：对于增值税一般纳税人自行开发生产的软件产品，按 17%的税率征收增值税后，对其增值税实际税负超过 3%的部分实行即征即退政策。这里的软件产品应仅限于计算机软件产品、信息系统和嵌入式软件产品，对于信息技术咨询服务、系统集成服务等业务收入，不能享受此项增值税退税优惠。100 号文件还要求，享受增值税即征即退优惠的软件产品应同时取得由省级软件产品主管部门认可的软件检测机构出具的检测证明材料和计算机软件著作权登记证书。

软件产品增值税即征即退税额的计算方法是：软件产品销售额×17%−软件产品可抵扣进项税额−软件产品销售额×3%，对于嵌入式软件产品即征即退税额的计算方法同上述一般软件产品。但对于嵌入式软件产品销售额的计算，100 号文件要求区分嵌入式软件产品与计算机硬件、机器设备销售额。对于计算机硬件、机器设备销售额首先按照纳税人或其他纳税人最近同期同类货物的平均销售价格确定；如不能确定计算机硬件、机器设备的平均销售价格，应按照计算机硬件、机器设备的组成计税价格计算确定，计算机硬件、机器设备组成计税价格=计算机硬件、机器设备成本×1.1。100 号文件同时还要求，按照组成计税价格确定计算机硬件、机器设备销售额的，应当分别核算嵌入式软件产品与计算机硬件、机器设备部分的成本。凡未分别核算或者核算不清的，不得享受增值税即征即退优惠。

2）技术转让、技术开发、技术咨询、技术服务免征增值税

根据〔2016〕36 号文件的规定，纳税人提供"四技"服务的，可以免征增值税。软件企业申请"四技"免征增值税时，须持技术转让、开发的书面合同，到所在地省级科技主管部门进行认定，并持有关的书面合同和科技主管部门审核意见证明文件报主管税务机关备查。

软件产业税收优惠政策如表 3 所示。

表 3　软件产业税收优惠政策

税　种	序号	税收政策	优惠性质	主管部门	资格认证
企业所得税	1	符合条件的软件企业所得税"两免三减半"	定期减免	工业和信息化部	不需要
	2	国家规划布局内重点软件企业可减按 10%的税率征收企业所得税	减低税率	工业和信息化部	不需要
	3	高新技术企业减按 15%的税率征收企业所得税	减低税率	科技部	需要
	4	技术先进型服务企业减按 15%的税率征收企业所得税	减低税率	科技部	需要
	5	开发新技术、新产品、新工艺发生的研究开发费用加计扣除	加计扣除	科技部	部分需要
	6	固定资产或购入软件等可以加速折旧或摊销	加速折旧	财税部门	不需要
	7	职工培训费用抵扣	税前扣除	财税部门	不需要
增值税	1	软件企业增值税即征即退优惠	即征即退	工业和信息化部	不需要
	2	技术转让、技术开发免征增值税优惠	免征增值税	科技部	需要
	3	离岸服务外包业务免征增值税优惠	免征增值税	商务部	不需要

（二）软件产业税收优惠政策的特点

1. 专项优惠与非专项优惠并存

软件产业的税收优惠政策既有专属于软件产业的优惠政策，如“两免三减半”、软件产品增值税即征即退等，这种只有软件产业才能享受的专项税收优惠体现了国家对于特定行业的重点扶持。同时，软件产业的高技术含量、强研发创新等使得软件企业同时也可以享受国家对于高新技术企业的所得税优惠等政策。因此，分析软件产业的税收优惠政策，绝不能仅仅看到软件专项税收优惠措施，而忽略了软件企业跨界可享受的其他税收优惠，否则会低估国家对于软件产业的税收扶持力度，同时也不利于有效利用国家对于软件产业的税收支持政策。与软件产业相关的税收政策如表 4 所示。

表 4　与软件产业相关的税收政策

序号	发文号	文件名称	发文单位	主要内容	效力
1	主席令〔2017〕（64 号）	中华人民共和国企业所得税法	全国人大	第 28 条：减按 15%的税率征收企业所得税	有效
2	国家税务总局公告 2017 年第 24 号	关于实施高新技术企业所得税优惠政策有关问题的公告	国家税务总局	高新技术企业所得税优惠	有效
3	财税〔2017〕79 号	关于将技术先进型服务企业所得税政策推广到全国实施的通知	财政部、税务总局、商务部、科技部、发展改革委	企业所得税	有效
4	财税〔2015〕119 号	关于完善研究开发费用税前加计扣除政策的通知	财政部、国家税务总局、科技部	企业所得税	有效
5	财税〔2016〕36 号	关于全面推开营业税改征增值税试点的通知	财政部、国家税务总局	“四技”服务增值税、离岸外包业务零税率	有效
6	2018 年 7 月 23 日，国务院常务会议决定，2018 年至 2020 年年底，将企业研发费用加计扣除比例提高到 75%的政策支持范围由科技型中小企业扩大至所有企业				

2. 优惠税种以企业所得税和产品增值税为主

这是从税收客体角度所做的划分。增值税优惠是指软件产品对其增值税实际税负超过 3%的部分实行即征即退。软件产品增值税即征即退与出口退税、先征后退、投资退税一并属于退税的范畴，但即征即退的退税环节、操作程序、优惠力度、税收控制等优于其他退税方式，是一种特殊形式的减税政策。企业所得税优惠是指新办软件企业自获利年度起第一年至第二年免征企业所得税，第三年至第五年按照 25%的法定税率减半征收企业所得税。另外，对于国家规划布局内的重点软件企业，如当年未享受免税优惠的，可按 10%的税率减半征收企业所得税。

3. 税额式优惠和税基式优惠并列

软件产业的税收优惠有税额式优惠和税基式优惠两种，税额式优惠是指通过降低法定税率或对纳税人应纳税额的减除或免除，税基式优惠是指通过直接缩小计税依据的方式实现减免税。18 号文件、4 号文件确立的三大税收优惠政策（“两免三减半”、重点软件企业优惠和软件产品增值税即征即退）都属于税额式优惠。软件产业的税基式优惠一般包括研发费用加计扣除、固定资产加速折旧、职工培训费用税前扣除等，同时上述税基式优惠方式具有普适性，即不仅适用于软件企业，还适用于高新技术企业等国家政策导向重点扶持的行业企业。

四、完善我国软件产业税收政策的思考

2000 年 18 号文件发布之后，历经近 20 年，我国软件产业发展的形势、趋势和态势发生了巨大变化，基于原有的软件技术、产品形态和产业规模制定的软件惠税政策在新时代有必要进行重新审视与反思，研究出台适应软件新技术、新业态、新模式、新产品等发展需求的软件产业税收政策。

（一）完善软件产业税收政策的基本原则

1. 直接优惠和间接优惠相结合

发挥税额式、税率式直接优惠方式简便易行、操作性强的优点，进一步完善定期减免税制度，提高加计扣除、加速折旧、人员薪酬税前扣除等间接优惠的力度，以税收政策激励企业研发创新的积极性。

2. 企业优惠和项目优惠相结合

完善符合条件的软件企业所得税优惠政策，进一步提高所得税优惠幅度；扩大企业所得税优惠范围，对软件研发活动项目收入减征或免征企业所得税。

3. 产品优惠和服务优惠相结合

优化软件产品增值税即征即退制度，探索信息技术服务比照享受软件产品增值税优惠。

4. 大企业优惠与中小企业优惠相结合

完善国家规划布局内重点软件企业所得税优惠政策，强化重点软件企业惠税的国家规划布局属性。加大对中小软件企业税收优惠的扶持，研究鼓励促进中小企业可持续发展的政策措施。

5. 专项优惠和普遍优惠相结合

优化软件产业专属性税收优惠政策，探索出台力度更大的软件产业税收扶持措施。加大惠税政策的宣传力度，引导行业企业享受加计扣除、高新技术企业等非专属于软件产业的优惠政策。

（二）进一步完善软件产业税收政策的建议

1. 企业所得税

1）加强对成长型软件企业的扶持

针对软件企业所得税的优惠主要是“两免三减半”和重点软件企业减按 10%征收企业所得税。从政策制定的初衷来看，企业所得税优惠扶持的对象分别是初创期的中小企业和成熟期的大企业。2000 年后，从产业主管部门制定《软件企业认定标准及管理办法》直至取消软件企业认定，软件企业所得税惠税条件都只有相对指标而没有绝对指标，政策制定者扶持新设立中小软件企业的意图非常明显。如前所述，鉴于软件产业发展的瓶颈效应，企业所得税优惠政策未能有效覆盖享受完“两免三减半”而又达不到重点软件企业要求的部分软件企业。

2）增加对软件研发项目所得税的优惠

由于所得税优惠目前是以企业为对象，而不是以研发项目或研究开发活动为对象，导致只要符合软件企业条件而不管经营业务是否属于软件收入，都可以享受企业所得税优惠政策，导致一批并非主要从事软件开发的企业也能享受优惠政策，这对于真正从事软件技术研发但又不符合软件企业条件的企业来说并不公平。因此，建议在今后的税收政策完善中，比照集成电路生产企业所得税优惠政策，给予软件研究开发项目企业所得税优惠。

3）优惠对象应分类施策

现有的软件所得税政策是普惠式的，而不管行业领域或者企业规模。首先，从企业规模来看，税务数据显示，2016 年我国软件企业所得税减免约为 458 亿元，其中重点软件企业减免约 264 亿元，重点软件企业减免额占软件企业减免金额的比例为 58%。涉及减免的重点软件企业约为 360 家，惠税软件企业约为 4000 家，重点软件企业占惠税企业总数量的比例为 9%。也就是说，数量只占 9%的重点软件企业所得税减免额却占全部所得税减免额的 58%。而在重点软件企业所得税减免中，减免力度最大的往往又集中在阿里巴巴、腾讯、百度等互联网巨头企业。例如，浙江省 2016 年重点软件企业退税约为 124 亿元，约占全国重点软件企业退税额的 50%。据调研，浙江省的退税主要退给了阿里巴巴等重点企业。中国的互联网巨头由于技术模式、商业模式创新在市场竞争中抢占先机形成垄断效应并获得巨额利润，对于这种市场竞争已充分成熟的企业大鳄，国家仍然对此类企业进行扶持的合理性、必要性值得商榷。

从行业领域来看，目前除国家规划布局内的重点软件企业、重点领域对行业有硬性要求之外，其他软件企业所得税惠税领域不做强制性要求。如上所述，除通过充分市场竞争形成自然垄断的互联网巨型企业之外，银行、保险等金融行业，电信行业，能源行业等行政垄断的国有大型软件企业，以及游戏等行业企业，或者由于竞争强势，或者由于国家垄断，或者由于行业性质，是否需要通过税收政策对此予以支持，值得探讨。

4）加大对软件关键核心技术税收的扶持

对于从事关键核心技术的企业，如从事操作系统、数据库、高端工业软件、支撑软件等的软件研发企业，目前的所得税政策支持力度仍显薄弱。另外，对于云计算、大数据、人工智能、区块链等新技术、新业态、新模式、新产业，如何出台更具针对性、有效性和实操性的税收扶持政策，需要进一步探讨研究。

2. 软件产业增值税政策

当前，我国软件产品增值税即征即退政策从实施效果来看，其对于增加企业盈利能力、加大研发创新、促进产业发展起到了积极的推动作用。但同时也应看到，在政策实施过程中产生了一系列问题，主要体现在以下几个方面。

1）探索信息技术服务享受增值税优惠

随着软件等新一代信息技术产业向网络化、服务化发展，软件产品和信息技术服务的界限越来越模糊。目前，软件产品增值税即征即退之后税率为 3%，而软件技术服务的增值税税率为 6%。税率的差异要求企业对软件产品销售收入或服务收入进行区分，这种情形一方面加大了企业的税务遵从难度，带来了潜在的税务风险；另一方面，随着云计算、大数据、移动互联网、人工智能等新技术的发展，以及软件服务化趋势的日渐深入，来自信息技术服务的软件收入占企业销售收入的比重越来越大（根据工业和信息化部运行监测协调局统计的数据，软件信息技术服务收入占软件业务收入的比重为 54%）。因此，为适应软件新技术、新业态、新模式的发展需求，更好地支撑制造强国、网络强国和数字中国建设，亟须将软件服务形态的业务收入（包括软件开发与测试，信息系统集成、咨询和运营维护，集成电路设计等业务），以及云计算、大数据、人工智能等新业态、新模式所产生的收入纳入增值税减免范围。

2）即征即退难题亟待破解

当前，软件产品增值税即征即退政策实施存在的主要问题是征管手续烦琐，先征后退有可能造成企业资金压力加大。软件产品增值税退税流程复杂化、退税时间滞后化、执行力度差异化，导致软件企业资金被占用，从而影响了企业的研究开发和生产经营。现行软件退税政策实行 3 级 5 次审批，虽然有审批时限的限制，但还是有可能导致企业的退税款不能及时到位。另外，受制于地方财政实力，税务机关对软件产品征收 16%的增值税后，对于退还实际税负超过 3%的增值税款的时间、幅度和数额，各地方执行的尺度并不一致。地方财力较好、营商环境较佳的地区，一般都能够足额、及时地退还增值税退税款，而地方财力薄弱的地区，则在退税款的额度、退税时间等方面大打折扣，从而导致政策不能完全落地。

3）进一步优化增值税即征即退政策

增值税即征即退政策的目的是减轻企业税负，让软件产品实际享受 3%的增值税率。但对于城建维护建设税、教育费附加来说，计税基础是按照 17%的税率计算的增值税，而不是即征即退后 3%的增值税额。据深圳深信服公司提供的财务数据，该公司城建税、教育费附加和地方教育费附加等税费计征基数因采用即征即退前的增值税额计算，导致该公司实际增值税及附加总体税率高达 5.04%。这种计税基础的不合理性导致即征即退政策减轻企业税负的目标不能真正实现。

［本稿件由工业和信息化部电子第五研究所软件中心提供］

2017年北京市软件和信息技术服务业发展概况

2017年，北京市软件和信息技术服务业全面贯彻新发展理念，紧扣首都城市战略定位，围绕“提质增效、统筹融合、协同联动”的总基调，以软件产业转型升级和两化融合统筹推进为主线，以京津冀协同发展为契机，以大数据综合试验区为抓手，进一步巩固并提升软件和信息技术服务业在北京市经济发展中的支柱地位，信息化和工业化融合发展水平进一步提高，基本形成了与科技创新中心功能定位相适应的创新型产业发展格局，使软件和两化融合成为北京市构建高精尖经济结构的“双引擎”。

一、基本情况

2017年，北京市软件和信息技术服务业迈入“软件定义”新时代，产业持续聚焦提质增效，高质量发展取得新成效。

（一）发展质量与效益“双提升”

2017年，北京市软件和信息技术服务业实现软件业务收入7836.7亿元，同比增长19.4%。全行业实现增加值同比增长12.6%，占北京市GDP的比重为11.3%，创历史新高；增速高于第三产业5.3个百分点。产业利润总额逾3000亿元，同比增长60.8%。

（二）产业创新保持活跃

2017年，北京市软件和信息技术服务业大中型重点企业研发支出190亿元，同比增长20.7%；有效发明专利共11918件，同比增长16.3%。软件著作权登记量为125015件，同比增长49.7%，占全国的16.8%。北京市经认可的15家软件产品检测机构累计检测软件产品16691件，同比增长34.71%。天融信、数字认证等8家软件企业参与的项目荣获国家科学技术奖。

（三）投融资交易势头强劲

2017年，北京市软件和信息技术服务业共发生并购、投融资案例407件，涉及金额超过1800亿元。人工智能、云计算、智能硬件、共享经济、互联网金融等领域备受社会资本青睐。ofo创下共享单车行业单笔最高融资，商汤科技成为全球融资额最高的人工智能独角兽企业。

（四）企业竞争优势突出

百度、京东等32家企业入选“2017年中国互联网企业100强”；35家企业入选工业和信息化部“2017年中国软件业务收入前百家企业”；40家企业入选“中国软件和信息技术服务综合竞争力百强”；19家企业获得2017年度大型一级企业证书；滴滴出行、小米等27家企业入选CB Insights公布的214家“全球独角兽公司榜单”，入选数量全国排名第一。

（五）产业国际化水平不断提高

企业通过资本出海、技术出海并举的方式，不断加快国际化进程；百度、滴滴、用友等企业在海外设立研发中心，加快与国际前沿技术、顶尖人才接轨。企业还积极响应“一带一路”倡议，与一带一路沿线国家加大合作力度，在北斗导航、应用软件、网络游戏、社交软件、共享经济、跨境电商等多个领域实现突破性进展。

二、主要工作亮点

（一）出台产业政策，优化发展环境

持续推进落实《北京市“十三五”时期软件和信息技术服务业发展规划》，加快形成软件、网络与数据协同驱动创新发展的新格局。发布《北京市加快科技创新发展　软件和信息技术服务业的指导意见》，为软件产业发展谋划新布局，促进产业转型升级迈向新阶段。发布实施《北京市推进两化深度融合　推动制造业与互联网融合发展行动计划》，加快形成全社会推动两化深度融合的合力。组织编写《北京市人民政府关于进一步扩大和升级信息消费　持续释放内需潜力的实施意见》。

（二）引导转型升级，打造新引擎

积极引导骨干企业转型升级。神州数码、用友、东华软件、东方国信等传统软件企业转型初见成效。神州数码相继收购云角信息、启行教育，明确云战略转型方向，打造“云+教育”的发展模式，形成定制化公有云、智慧校园的两翼协同发展格局；东华软件积极布局“互联网+”、人工智能、区块链技术等新兴领域，实现营业收入近 11%的稳步增长；用友、东方国信投身工业互联网平台建设，赋能云时代工业企业。互联网企业加快布局人工智能、大数据等新兴领域。百度牵头筹建首个国家级的人工智能工程实验室；Apollo 推出 2.0 版本，云端服务、软件平台、参考硬件平台及参考车辆平台四大模块全部点亮，建设自动驾驶国家人工智能开放创新平台；360 获批建设两个国家级重点大数据工程实验室项目。

（三）推动项目落地，培育新动能

依托龙头企业，在云计算、大数据、自主可控、信息安全等领域，形成以百度开放云、金山云、用友大型企业互联网开放平台（iUAP）、北京可信开放高端计算系统产业化、基于滴滴大脑的新一代智能交通服务平台等为代表的重点项目库，并加速产业化应用落地。持续推进高精尖基金项目投资及新设基金工作，TOP、国科嘉和、盛世泰诺及智慧云城等基金累计完成 17 个项目投资，总投资金额约为 10.4 亿元。积极推动北京市设立大数据产业基金。

（四）加大创新中心建设，构筑创新高地

落实《北京市产业创新中心实施方案》，构建具有国际竞争力的产业创新体系，2017 年推动完成北京市人工智能专利创新中心、北京市智能社会创新中心、北京市人工智能基础创新中心、工业技术软件化（北京）创新中心的工商注册；设立北京前沿国际人工智能研究院，形成国际知名的人工智能科研和创新高地。与工业和信息化部建立联合工作机制，合作共建国家网络安全产业园区，并成功举办首届中国网络安全产业高峰论坛，共商安全产业发展问题。

（五）推进两化融合，拓展新空间

持续做好两化融合管理体系贯标工作，2017 年新增国家级贯标试点企业 30 家，市级贯标试点企业 130 家，20 家企业通过贯标评审获得证书。成功推荐服务型制造试点示范企业 4 家、制造业与互联网融合试点示范项目 11 个、制造业“双创”平台试点示范项目 14 个、两化融合管理体系贯标示范企业 3 家、智能制造试点示范项目 3 个。有效推进北京市 2000 家规模以上企业开展企业信息化及电子商务发展状况调查工作。20 家贯标试点企业获得奖励性补助，总计 600 万元。

（六）优化产业服务，增强落地效果

落实国家软件企业所得税优惠政策，2017 年完成两批共 541 家企业所得税备案材料的初审，为软件企业减免所得税总计 40.79 亿元。开展软件和信息技术服务业“走基层、下企业、强服务”调研活动，共计完成 130 家重点软件企业的调研，以便做好精准服务。与工业和信息化部成功举办第二十一届中国国际软件博览会，在形式、内容、参与度等多方面进行创新，创下多个“首次”，极大地提高了北京市软件产业在国内外的影响力。

（七）促进京津冀协同，推动共赢发展

京津冀大数据综合试验区应用感知体验中心、京津冀大数据协同处理中心建成启用，推动北京市数据中心向张北、廊坊、承德等地集中，环京大数据基础设施支撑带初具规模。京津冀北斗一体化协同发展，发布《京津冀协同推进北斗导航与位置服务产业发展行动方案（2017—2020 年）》；签署《北斗 ofo 小黄车战略合作协议》，率先在通州优化电子围栏定位技术，并逐步在京津冀地区配备北斗智能锁。统一采购 1530 万元的“京津冀工业云”服务，推动 629 家企业上云，节约成本达 1.4 亿元。

三、发展形势判断

当前产业面临较好的发展机遇，同时也面临较多的不确定因素。一方面，2017 年国家和北京市发布了软件和信息技术服务业、云计算、大数据、人工智能等领域的一系列产业规划和指导性文件，政策红利加快释放，为产业发展不断注入新活力；北京市正处于构建高精尖产业结构、创建全国科技创新中心的关键时期，为产业发展带来了新动能；同时，北京市已在基础软件、人工智能、大数据、信息安全等领域率先布局，为产业发展带来了新的增长点。另一方面，产业转型升级仍是行业发展的主要特点，或将进一步带来产业结构的重大调整。信息通信业面临较大下行压力；传统软件和信息系统集成企业在转型过程中，新业务短期内难以形成并创造大量的业务收入，企业经营压力较大；互联网行业人口红利逐渐消失，部分细分领域已呈现市场饱和趋势，行业格局加快调整；行业中新模式、新业态不断涌现，但尚处于培育期。

四、下一步工作

（一）深入落实各项政策规划

推进实施《北京市“十三五”时期软件和信息技术服务业发展规划》《北京市加快科技

创新 发展软件和信息技术服务业的指导意见》《北京市推进两化深度融合 推动制造业与互联网融合发展行动计划》。发布《北京市人民政府关于进一步扩大和升级信息消费 持续释放内需潜力的实施意见》。继续做好高精尖基金投资和新设工作。

（二）加快京津冀协同发展

加快推进京津冀大数据综合试验区建设。推进北京国际大数据交易中心建设，开展大数据交易流通试验探索。推动京津冀北斗卫星导航区域应用示范项目工作，促进北斗导航与位置服务产业联动发展。继续推进京津冀工业云服务采购。

（三）加速创新型产业集群建设

推动重大项目落地，打造自主可控、云计算、大数据、人工智能等重点创新型产业集群。组织实施祥云工程 3.0。积极推进国家网络安全产业园区、北京前沿国际人工智能研究院建设。利用好国家和北京市的资源，做好创新能力主体建设，推进软件企业技术中心建设。

（四）切实做好服务工作

进一步落实好软件企业所得税优惠政策。积极推进北斗、信息消费、ITSS 等国家试点工作。做好软件正版化工作。积极落实人才政策，做好人才服务工作，开展高端人才培训工作。做好 2018 第二十二届中国国际软件博览会的组织策划和实施工作。

（五）推进两化深度融合

制定贯标 100、“双创” 100、协同 100、新供给 100 等行动内容方案并推动其全面落地。大力推进工业互联网平台建设和工业技术软件化。建立并形成市、区两级协同工作机制，建立健全两化融合支撑体系。

2017年天津市软件和信息技术服务业发展概况

近年来，天津市全面贯彻落实党的十九大精神，深入贯彻习近平新时代中国特色社会主义思想，紧抓天津市智能科技产业发展的重大机遇，着眼于高质量发展，天津市软件和信息技术服务业整体运行呈现稳中有升的态势，企业实力逐渐增强，聚集效应日趋明显，特色领域初具规模。

一、基本情况

（一）产业规模稳定增长

2017年，天津市软件和信息技术服务业实现收入1352亿元，同比增长14.1%，其中，信息技术服务、软件产品和嵌入式软件收入分别达到952亿元、332亿元和68亿元，以云计算、大数据、互联网等新兴领域为代表的信息技术服务收入增长较快，占总收入的70%，同比增长25%。滨海新区作为软件和信息技术服务业发展的主要载体，继续保持平稳增长，实现收入996亿元，占天津市总量的73.6%。

（二）龙头企业带动效应显著

2017年，天津市软件和信息技术服务业从业人员超过6万人，本科以上学历的人员占比超过54%。系统集成资质获证企业达到184家。业务收入超过10亿元的企业有22家，业务收入超过1亿元的企业达到108家，业务收入超过1亿元的企业收入占总收入的90%以上。今日头条、奇思科技、曙光、腾讯数码、58同城、滴滴出行、汉柏、天地伟业、软通动力、合尔科技等大企业对产业的带动效应显著，招商引资成果显著。

（三）重点领域各具特色

以天河、腾讯、今日头条为代表的云计算、大数据领域核心及关联产业蓬勃发展；以飞腾、银河麒麟、南大通用、光电集团、360为代表的安全可靠产业链条日益完善；以凯发电气、恒银金融、天堰科技为代表的行业应用软件领域稳步增长。数字内容领域汇集了完美世界、乐道互动、未来电视、搜狐视频等代表性企业，产业发展后劲十足。以滴滴、摩拜单车、曹操专车、58同城为代表的互联网及共享经济领域快速发展，以唯品会、当当、美团等企业为代表的电子商务领域也日趋成熟，成为推动天津市“软”产业发展的重要力量。天津市软件和信息技术服务业逐步形成了产业集聚、区域联动、特色鲜明的产业发展新格局。

（四）创新能力显著提升

2017年，天津市软件著作权申请量超过1万件，软件研发投入同比增长38%。“天河三号”验证系统研发稳步推进，曙光“星云”计算机连续8年居中国高性能计算机市场份额首位。飞腾CPU-FT2000芯片打破了国外垄断，银河麒麟操作系统和南大通用数据库占据自主操作系统和数据库市场50%以上的份额。解放军军事科学院人工智能军民融合创新中心、科大讯飞人工智能语音识别研发中心、中科院智能识别产业技术研究院、京东智慧物流产业基地等项目相继落户天津市。

（五）政策环境不断优化

近年来，天津市相继拟定了《天津市信息服务业发展实施方案（2017—2020）》和《天津市软件和信息技术服务业三年行动方案（2018—2020）》等政策性文件，明确了发展目标、主要任务和工作重点。此外，天津市积极研究制定智能科技产业发展若干政策中软件和信息技术服务业、大数据产业的实施细则，以吸引龙头企业落户，增强产业发展后劲。同时，天津市出台了《天津市软件和集成电路产业企业所得税优惠政策备案管理办法》，切实做好软件企业所得税优惠减免工作，2017 年天津市共有 59 家软件企业享受了该政策，合计减免税 7.8 亿元，同比增长 225%。

二、存在的问题

一是产业规模偏小，整体竞争力有待提升，支撑产业发展的龙头企业和人才等核心要素缺乏，中小企业规模化发展不足；二是重点领域创新能力和动力不足，骨干企业整合发展资源的能力还需提升，带动产业链的作用不突出；三是中高端人才供给严重不足，尤其是随着大数据、人工智能等领域的深入发展，企业普遍存在高质量的软件工程人才、跨行业的复合型人才匮乏问题，人才供求的结构性矛盾突出。

三、下一步工作

一是依托天津市软件和信息技术服务业发展领导小组，加强对软件和信息技术服务业的统筹规划，研究制定推进产业发展的政策措施，形成合力，为进一步优化天津市产业结构提供支撑。

二是落实《天津市信息服务业发展实施方案（2017—2020）》《天津市软件和信息技术服务业三年行动方案（2018—2020）》《关于加快云计算和大数据发展的实施意见》等文件精神，瞄准发展目标，提升产业发展水平。

三是加大项目扶植力度，促进新兴业态发展，推动总部经济建设，打造产业生态创新体系，加快软件和信息技术服务业高质量发展。

四是夯实现有基础，继续完善滨海高新区软件园、开发区服务外包园、国家动漫产业综合示范园、武清电子商务园、中北高科技产业园、保税区空港软件园、京津中关村科技新城、滨海互联网产业园等产业聚集区建设。发挥国家级软件和信息技术服务业基地的示范作用，实现资源、人才和资金的全面整合。

五是加快成果转化和产业布局，积极承接首都外溢创新资源，进一步打造示范试点项目，带动产业生态建设，发挥龙头企业的带动作用。

六是加快打造一批本地化的工业大数据、工业互联网平台，深化大数据等信息技术在制造业的研发、生产、管理等关键环节的应用。

七是围绕天津市“全国先进制造研发基地”的定位，加大工业软件的研发力度，打造“天津市工业软件服务供给资源池”，在供给端为工业互联网提供支撑。

2017 年河北省软件和信息技术服务业发展概况

2017 年，河北省软件和信息技术服务业总体保持平稳增长，以大数据、人工智能、移动互联网、云计算（以下简称“大智移云”）为核心的网络信息技术产业呈现快速发展态势，成为产业发展的新动力。河北省把以“大智移云”为代表的新一代信息技术产业作为战略性产业优先发展，着力补齐信息化短板，发展数字经济，建设网络强省，以信息化培育新动能，用新动能推动新发展，打造新优势、树立新形象。

一、基本情况

2017 年，河北省共有规模以上软件和信息技术服务企业 218 家，比 2016 年增加 14 家。从业人员年平均人数为 3.7 万人，同比增长 13.2%。完成软件业务收入 237.9 亿元，同比增长 13.2%，占全国的比重为 0.4%。累计实现利税 55.3 亿元，同比增长 12.9%，比 2016 年下降 15.2 个百分点，其中，利润总额 41.4 亿元，同比增长 13.7%，比 2016 年下降 18.7 个百分点。

二、主要特点

（一）软件和信息技术服务业总体呈平稳增长趋势

2017 年，河北省软件和信息技术服务业总体发展态势较好，自年初低谷期后逐渐平稳回升，年底实现两位数增长。第一季度、第二季度、第三季度、第四季度末软件业务收入分别为 47.6 亿元、107.8 亿元、156.1 亿元、239.1 亿元，分别同比增长 2.9%、6.0%、5.0%、12.8%，整体增长较为平稳。

（二）产业结构持续优化升级

河北省软件和信息技术服务业积极调整转型，产业结构更趋合理。2017 年，软件产品收入、信息技术服务收入、嵌入式系统软件收入分别为 37 亿元、197.2 亿元、3.7 亿元，分别同比增长 0.5%、14.3%、145.6%，占河北省软件业务收入的比重分别为 15.8%、82.7%、1.6%。产业结构比例由 2016 年的 18∶82∶1 调整为 2017 年的 16∶83∶2，向软件服务化、融合化转型升级趋势发展。

（三）多市软件业务收入增势较好

河北省软件业务收入总量排名前 5 位的廊坊（155.0 亿元）、石家庄（50.6 亿元）、秦皇岛（17.1 亿元）、唐山（6.9 亿元）、保定（4.8 亿元），分别占河北省软件业务收入的 64.8%、21.2%、7.1%、2.9%、2.0%（累计占河北省软件业务收入的比重为 98.0%），分别同比增长 9.5%、31.1%、−1.8%、22.6%、−20.3%。对河北省软件业务收入增速拉动作用大的地级市有石家庄、唐山、邢台、沧州、衡水，分别同比增长 31.1%、22.6%、64.3%、82.5%、45.4%。秦皇岛、保定、邯郸、辛集的软件业务收入分别同比增长-1.8%、-20.3%、-25.0%、-13.0%，均低于河北省的平均水平。

（四）龙头骨干企业带动作用明显

河北省高度重视电子信息产业的发展，“引扶”并重，培育了一批优势企业。华为、浪潮、中兴、阿里巴巴等一批中国500强企业落户河北省。截至2017年年底，软件业务收入超过1亿元的软件企业有25家（软件业务收入总计200.5亿元），占河北省软件业务收入的比重为83.8%。其中，软件业务收入超过100亿元的企业有1家——华为实现软件业务收入138.3亿元，占河北省软件业务收入的比重为57.8%；软件业务收入超过10亿元的企业有2家，其中，中移全通实现软件业务收入11.6亿元。

三、存在的问题

（一）创新能力不足

河北省软件和信息技术服务业产业规模总量较小，软件业务收入占全国软件业务总收入的比重偏低，软件企业数量少、规模小，超过一半的软件企业年收入在1000万元以下。软件和信息技术服务业与第一、第二产业的融合发展水平不高，应用创新和模式创新亟待加强。

（二）缺少龙头企业

河北省软件和信息技术服务业基本处于产业链和价值链低端，绝大多数企业的主营业务是信息系统集成、应用软件开发，处于同质化低水平竞争状态，缺乏龙头企业，能提供行业解决方案、掌握前沿技术的企业寥寥无几。

（三）协调机制尚需完善

京津冀大数据综合试验区（以下简称试验区）建设协调机制还不完善，各示范区之间也缺少工作交流机制。目前，试验区协调主要依托三地工信部门建立的京津冀产业协同发展机制，但是试验区建设还涉及产业发展之外的许多其他部门，在三地部门之间、示范区和部门之间接洽相关事宜时，存在渠道不畅、沟通不顺的现象。目前，三地之间的协调机制在范围和层级上都有待进一步扩大和提升。

（四）应加大人才培养力度

在软件和信息技术服务业的发展过程中，大数据人才缺口较大。河北省软件和信息技术服务业领域经营管理人才、高层次创新型人才和高技能人才、服务型人才短缺，能力也亟待提升。

四、2018年展望与目标

“十三五”期间，河北省把以“大智移云”为代表的新一代信息技术产业作为战略性产业优先发展。2017年，河北省委、省政府出台了《关于加快发展“大智移云”的指导意见》；2018年，河北省政府出台了《关于加快推进工业转型升级　建设现代化工业体系的指导意见》《战略性新兴产业发展三年行动计划》《关于进一步扩大和升级信息消费　持续释放内需潜力实施方案的通知》《河北省大数据产业创新发展三年行动计划（2018—2020年）》等一系列政策文件，均提出要加快发展新一代信息技术产业。

五、下一步工作

当前，软件和信息技术服务业步入加速创新、快速迭代、群体突破的爆发期，加快向网络化、平台化、服务化、智能化、生态化演进。随着云计算、大数据、移动互联网、物联网等快速发展和融合创新，新技术、新产品、新模式、新业态日益成熟，加速步入质变期。产业竞争由单一技术、单一产品、单一模式加快向多技术、集成化、融合化、平台系统、生态系统的竞争转变。河北省应顺应新一代信息技术创新发展和变革的趋势，鼓励平台型企业、服务型企业加快发展，加快培育新业态和新模式，形成“平台、数据、应用、服务、安全”协同发展的格局。

（一）做好政策文件的贯彻落实工作

针对已出台的《关于进一步扩大和升级信息消费　持续释放内需潜力实施方案的通知》《河北省大数据产业创新发展三年行动计划（2018—2020年）》等系列政策文件，进一步明确产业发展方向、重点、布局、载体等，并将目标、任务进行分解，制定详细的工作推进计划，做到有分工、有节点、可操作、可考核。

（二）扎实推进京津冀大数据综合试验区建设

加强与京津的沟通联系，建立和理顺工作机制，围绕工作重点，力争在交通、环保、健康医疗、旅游、教育5个领域的大数据协同方面有所突破，指导张家口、承德、秦皇岛、廊坊、石家庄5个市做好大数据示范区建设。

（三）开展试点示范

依托河北省“大智移云”发展领导小组办公室，做好扩大和升级信息消费统筹推进和协调工作，在城市、工业、农业、物联网、交通、民生6个方面开展示范。重点支持建设10个左右的省级信息消费试点示范市、县（区），在医疗、教育、文化、商业等领域建设体验、销售、服务一体化、线上线下相结合的30个左右的信息消费试点示范体验中心，通过试点示范，抓好信息消费体验中心的建设，让公众更好地了解信息消费实现的形式，以及为生产、生活带来的便利。围绕大数据、物联网、移动互联网、北斗导航与位置服务、现代通信、新型显示、集成电路等新一代信息技术在工业、现代农业、交通、健康养老、教育、能源、环保等领域的应用示范，滚动实施新一代信息技术应用示范，对技术优势明显、产业发展带动作用较强的项目给予重点支持。

（四）加大企业引进培育的力度

深化与中国电子信息行业联合会、中国电子学会、深圳市电子行业协会等国家和地方重点协（学）会的战略合作，发挥其资源优势，实施联合招商、产业链招商、精准招商。加强与世界500强、中国软件百强企业的深度对接合作，引进一批国内外知名软件企业。支持龙头企业通过兼并重组、股权投资等方式，开展产业链上下游垂直整合和跨领域产业链横向拓展；加大“专、精、特、新”中小企业培育力度，支持特色企业专注行业细分市场，围绕技术协作研发、产业链配套、市场开拓等与行业龙头企业开展多种形式的合作，培育一批细分行业的“隐形冠军”。

（五）大力推进大项目建设

围绕行业发展重点和区域优势，依托工业聚集区、新型产业示范区等建设，强化项目谋划储备，加大产业扶持力度，完善延伸产业链，夯实产业基础，带动相关产业发展。支持企业科技创新、做大做强，积极争取国家和省级资金支持，力争重大项目早日投产达效。

（六）切实抓好经济运行

加强行业基础管理。以现行软件产业统计报表制度为依据，加强行业管理，做到软件产业统计工作应统尽统，摸清本区域企业底数，确保行业统计数据能够全面、准确地反映行业全貌。加强运行分析能力，支持行业协会做好深度分析。加强与信息情报机构的联系，及时为企业提供市场需求、先进技术产业化、资本市场等要素供给变化的实用信息，保障企业集中精力抓好各项工作，为企业发展创造良好的发展环境。

（七）充分发挥好河北省物联网产业联盟的作用

充分发挥好河北省物联网产业联盟的作用，搭建产业发展与推广应用平台，形成产、学、研、用互动的良好局面，推动物联网产业发展。

（八）推进智慧健康养老试点示范工作

与河北省民政厅、卫计委加强工作联系，建立工作沟通机制，谋划开展智慧健康养老产品体验周活动，营造以应用带动产业发展的氛围。

2017年山西省软件和信息技术服务业发展概况

在习近平新时代中国特色社会主义思想的指引下，按照山西省委“一个指引、两手硬”的思路和要求，山西省软件和信息技术服务业转型发展的趋势性、转折性、结构性变化明显增多，攻坚克难、砥砺前行，产业发展进入新时代、开启新征程。

一、基本情况

2017 年，山西省实现软件业务收入 298862 万元，同比增长 29.4%。其中，软件产品收入 124380 万元，同比增长 24.2%；信息技术服务收入 150155 万元，同比增长 23.2%；嵌入式系统软件收入 24327 万元，同比增长 183%。在企业经营方面，主营业务税金及附加共 2652 万元，同比下降 18.8%；利润总额 50524 万元，同比增长 79.5%；应缴增值税 17070 万元，同比增长 45.4%。从业人员年末数为 8050 人，同比增长 32.3%。

从软件和信息技术服务业细分行业来看，软件产品行业的企业有 86 家，占企业总数的 55.5%；信息技术服务业的企业有 59 家，占企业总数的 38%；嵌入式系统软件行业的企业有 10 家，企业主要以软件产品和信息技术服务为主。从企业单位控股情况来看，私人控股企业有 121 家，占企业总数的 78%；国有控股企业和集体控股企业分别有 7 家和 2 家。从单位规模来看，以中小型企业为主，小型企业共 98 家，占企业总数的 63.2%；中型企业有 32 家，占企业总数的 20.7%。在规模化、产业化等方面，非国有中小型软件企业占比较大，企业所有权和经营权高度统一，企业经营灵活，富有活力。国外基础软件主导了山西省内的基础软件市场，山西省内企业在应用软件市场有较大的竞争优势，但所有企业都未从事跨国经营活动。

二、主要特点

（一）软件和信息技术服务业收入快速增长

山西省软件和信息技术服务业收入超过 1 亿元的企业有 17 家，软件业务在量、质两方面持续提升，其中，软件产品和信息技术服务业增长明显，嵌入式软件收入更是增长比例突出。企业软件产品应用主要集中在电子商务、企业管理、交通、能源、工业控制等领域，分类相对集中在集成实施服务、运维管理服务、软件定制服务、能源控制、医疗卫生等领域，同时加速向关系国计民生的重点行业领域渗透融合，有力地支撑了金融、交通、通信、电子政务等信息化水平的提升和安全保障，有效地提高了制造企业在精益管理、风险管控、供应链协同、市场快速响应等方面的能力和水平。云计算、大数据、移动互联网等新兴业态快速兴起和发展，山西省软件企业总体利润总额较 2016 年大幅增长，有的企业更是实现了利润率的显著提高，如山西企友软件有限公司、山西智杰软件工程有限公司。

（二）软件企业创新能力大幅增强

2017 年，山西省软件企业研发强度（研发经费占主营业务收入的比例）达 9.58%，创新型企业加速发展，研发人员数量为 4674 人，占整个软件产业从业人数的 44.36%，研发实力增强，创新成果丰硕。在“第五届中国电子信息博览会创新之夜”活动中，山西省 9 家企业的参评产品获得“CITE2017 创新产品与应用奖”，其中，在软件与应用领域，共有山西精英科技股份有限公司（可视化调度系统）、山西平安谷信息技术有限公司（基于深度学习的动态人脸识别系统）、太原康祺科技发展有限公司（基于生物学原理对影像中人物潜在情绪情感分析识别检测系统）、太原罗克佳华工业有限公司（大气颗粒物网格化在线检管系统）4 家企业获奖。

（三）企业小而精，全面综合发展

山西省软件企业规模总体较小，小微企业占总企业数的 80%，但是有 46%的企业获得了系统集成资质认证，有 11%的企业获得了 CMM/CMMI 认证。通过 ITSS 运维服务能力成熟度二级认证的有山西天地科技有限公司等 5 家企业，通过 ITSS 运维服务能力成熟度三级认证的有山西能信科技有限公司等 22 家企业，通过 ITSS 运维服务能力成熟度四级认证的有山西丰科伟亿电子工程有限公司等 2 家企业。这些企业为山西省整体运维服务能力的提升奠定了坚实的基础。

三、存在的问题

必须清醒地认识到，山西省软件和信息技术服务业依然面临一些迫切需要解决的突出问题。

（一）产业核心能力较为薄弱，产品结构短板明显

相较于其他发达省份，山西省软件企业在基础软件、开源技术和前沿、核心、底层技术领域的研究投入明显偏低，行业产、学、研、用结合仍不够紧密。一方面，目前山西省软件行业的软件产品结构仍以应用型软件为主，基础软件、系统软件、工具软件和平台软件占比较低，在诸如操作系统、中间件、数据库、企业管理平台软件和数据库软件市场领域，软件企业的收益空间狭窄，企业生存空间有限，产业生态尚不完善。另一方面，云计算、大数据、移动互联网等新兴信息技术的快速发展，使操作系统、数据库、管理软件等传统软件需求端发生了巨大变化，软件的传输、主营模式也随之改变，对传统软件产品创新发展提出了新的要求和挑战。山西省软件企业的产品大多处于行业生态链中的上层应用，技术含量低、产品竞争力弱、产品增值能力和服务空间极其有限，由于基础性核心技术掌握不足，山西省软件企业在开发技术、开发工具和开发理念等方面更多地充当着产业追随者的角色而不是领导者，这对抢占未来产业发展先机有较大的不利影响。

（二）与传统产业转型升级融合效应尚未显现

在当前中国经济进入新常态的背景下，把握好信息化推动经济转型升级的机遇，可以为经济发展提供新动力，具有重要战略意义。目前，软件产业与工业、制造业等传统产业的转型升级迫在眉睫，工业 4.0、智能制造等领域尚未发挥核心驱动作用，工业软件发展缓慢拖累

工业智能化进程，这些现象存在的主要原因是制造企业内在投资动力不足、工业软件发展内在需求尚未充分激活，以及解决方案存在较大的技术挑战，传统企业的核心技术设备与先进水平差距明显，创新产业融合导向的金融服务体系尚不完善。

（三）软件产业人才结构问题突出

软件产业的竞争优势依赖于新知识的连续生产和适应快速变化环境的能力，软件产业人才开发是保证这些能力的关键。当前，随着山西省软件产业的持续发展和技术变革，人才资源短缺和结构失衡成为阻碍产业发展的“硬伤”。山西省软件人才的缺口，不仅是数量上的，更是结构上的。山西省目前的软件人才，特别是创新性、复合型、实用型的高级软件人才最为缺乏，人才的地区分布差异也比较明显，省会城市人才有供过于求的现象，而其他地市的人才则普遍匮乏，软件人才的结构性失衡矛盾突出，严重阻碍了山西省软件企业做大做强。

（四）软件企业生存压力加大

山西省软件企业规模普遍偏小，100 人以下的中小微型企业占据软件产业的主导地位，对于软件企业来说，缺乏对产品和技术的创新，缺少必要的协作与联合，企业之间的重复开发和恶性竞争时有发生，加之保护知识产权的力度不够，软件的复制盗版现象严重，企业无力参与质量竞争、品牌竞争和供应链竞争，企业的业务主要聚焦于市场存量的挖掘研发，难以企及增量市场，在残酷的竞争中处于相当不利的地位。软件企业缺少有效担保，融资渠道相对单一狭窄，融资额度偏低；在税收政策方面，智力资本投入不能计入软件产品进项成本。在上述因素的影响下，部分企业经营资金链极易断裂，将逐步消失，或被并购，或被淘汰。

四、展望

2018 年，山西省将全面贯彻党的十九大精神，以习近平新时代中国特色社会主义思想为指导，坚持稳中求进的工作总基调，坚持新发展理念，紧扣社会主要矛盾变化，按照高质量发展的要求，统筹推进“五位一体”总体布局和协调推进“四个全面”战略布局，坚持把深化供给侧结构性改革与深化转型综合配套改革试验区建设结合起来，作为经济工作的主线，充分发挥转型综合配套改革试验区建设的战略牵引作用，围绕建设“示范区”“排头兵”“新高地”，促进山西省软件业持续健康发展。

五、下一步重点工作

（一）全力构建现代产业体系，进一步加大对软件行业的支持力度

推动软件产业与其他行业的深度融合发展，为落实《中国制造 2025》和“互联网+”行动计划提供有力支撑。加强对重点领域和新兴领域的监管，在软件产品、信息系统集成、服务外包和数据服务等重点领域实施细分化管理，规范市场秩序；在云计算、大数据、物联网、移动互联网和人工智能等新兴领域加强预研预判，引导行业规范、有序发展。鼓励软件与互联网两大生态融合发展，组织开展跨界、跨领域融合发展研究，深入剖析实现跨界融合的主要模式和实现路径。加快工业软件行业解决方案及新型工业软件服务的推广应用，在能源、环保、教育等重点行业，完善行业解决方案并实现规模化应用。积极推进工业云、工业大数

据等新型工业软件服务的发展和生态体系的完善，选择典型地区和重点行业开展应用示范。

（二）加快软件企业创新发展，鼓励产业创新融合

对软件企业加强在产业政策、资金等方面的引导和支持，鼓励企业在移动智能终端操作系统、智能语音技术、云计算、大数据、移动互联网等新兴领域实现创新性突破。鼓励软件企业与农业、工业等企业跨界融合、协同创新，推动传统产业转型升级。鼓励传统软件企业加快转型调整，加大资源整合力度，通过并购、入股等方式进入新兴市场，培育一体化、集成化创新能力，向产业链价值中高端转移。引导软、硬件企业加强合作。面向云计算、物联网、移动互联网、大数据等新兴领域，鼓励互联网企业发挥在服务能力、技术及客户群方面的优势，加强与国内软、硬件企业的合作，合力推进以用户应用为核心的行业应用解决方案和技术集成解决方案的研发与产业化。

（三）强化人才支撑，构建软件人才培养体系

推动建立多层次的软件和信息技术服务人才培养体系，创新培养模式。引导发挥社会教育与培训机构的作用，鼓励企业与高等院校及培训机构合作培养人才，建立企业实习培训机制，建设实践实训基地，积极开辟海外培训渠道，加强品牌企业认证培训。制定领军人才梯队培养计划，依托中国软件名城、软件和信息技术服务业示范基地创建工作，开展领军人才滚动培养工作。加快软件和信息技术服务业海外高层次人才的引进，鼓励海外留学人员特别是海外高端人才回国就业、创业。健全高校学科专业结构优化调整机制，建好优势专业，新增急需专业，削减需求适应度低的专业。因院施策、一所一策，全面完成山西省属科研院所转企改制任务，调动科研人员创新、创业的积极性。落实高校、公立医院、科研院所等用人、职称评审、工资分配“三项自主权”。支持院士工作站、博士后工作站和流动站、专家服务基层基地等平台建设。组织实施企业家培训工程，培育高质量的专业技术人才队伍。下大力气解决人才住房问题。支持中小企业综合服务、跨境电子商务等新兴业态健康发展。

2017年内蒙古自治区软件和信息技术服务业发展概况

2017年，面对错综复杂的国内外经济环境，内蒙古自治区（以下简称内蒙古）软件和信息技术服务业认真贯彻落实党中央、国务院决策部署和自治区第十次党代会精神，迎难而上，奋发作为，行业整体运行呈现稳中有进态势，结构调整加快、创新能力提升、辐射带动增强，在内蒙古经济和社会发展中发挥了积极的引领作用。

一、基本情况

2017年，内蒙古软件和信息技术服务业实现软件业务收入15.7亿元，同比略有下降，其中，软件产品收入5亿元，信息技术服务收入9.1亿元，嵌入式系统软件收入1.6亿元。

二、主要特点和成果

（一）提升政务服务能力，打造工业大数据平台

为解决目前内蒙古电子政务外网存在的服务能力不足、安全防护薄弱、缺乏容灾备份等问题，2017年内蒙古完成了电子政务外网“一平台两中心”的规划设计，在扩容现有云平台基础设施、增加线路带宽、完善网络安全体系、建设数据资源共享交换的同时，实现外网、云平台和灾备中心的全面融合。2017年12月20日，内蒙古完成了与国家平台的“网络通”任务，14项技术指标全部通过验收，完成情况排在全国前列。同时，为指导内蒙古各级政务部门接入共享交换平台，以及各盟市完成共享交换平台建设，内蒙古编制完成了《内蒙古自治区政务信息资源共享平台目录接口规范》《内蒙古自治区政务信息资源共享平台级联接口规范》《内蒙古自治区政务部门数据接入指南》《内蒙古自治区政务信息资源共享平台盟市平台接入指南》等初稿，待论证修改后可印发各盟市和各级政务部门，确保各项工作的有序开展。

（二）大力发展云计算数据中心

目前，在内蒙古建设云计算数据中心的企业主要包括中国移动、中国电信、中国联通、华为、北京曙光、中兴能源、龙云科技等。内蒙古云计算数据中心形成了以呼和浩特、包头、鄂尔多斯、赤峰、乌兰察布等为重点的云计算产业园区建设布局，成为全国最大的（新建）云计算数据中心基地。目前，内蒙古数据中心已完成投资约100亿元，规模达107万台服务器，实际运行服务器达45万台。2020年，内蒙古云计算数据中心规模将达到300万台服务器。

（三）深化推进“互联网+”制造业

为进一步降低企业信息系统的构建成本，提高企业信息化应用水平，推动内蒙古制造业实现转型升级，2017年9月内蒙古启动了“万家企业登云”行动计划，制定并印发了《关于印

发〈内蒙古自治区经济和信息化委员会关于制造业"万家企业登云"三年行动计划（2018—2020）〉的通知》（内经信信推字〔2017〕352号）。

2017年8月，由工业和信息化部、内蒙古自治区人民政府指导，会同工业和信息化部信息中心联合主办的2017年"创客中国"互联网+创新创业大赛及双创生态高峰论坛在呼和浩特成功举办。工业和信息化部和内蒙古自治区政府领导、业内知名专家、内蒙古自治区相关委办厅局负责同志、各盟市旗县经信系统相关负责同志、各行业协会、大中小企业代表、媒体代表共计350余人参加了活动。大赛征集了全国千余个项目，并从中推选出23个优秀项目进行了现场路演，其中，蒙草集团的"内蒙古生态资源大数据平台建设项目"获一等奖。在论坛上，对内蒙古"互联网+"和"双创"相关政策措施进行了解读，发布了"万家企业登云"行动计划，与工业和信息化部信息中心，华为、西门子等企业签署了战略合作框架协议。并邀请倪光南院士等业内知名专家进行了演讲，华为、阿里云、腾讯、百度等领军企业的负责人分享了创新理念和经验，交流了各自的典型案例。此活动对进一步贯彻落实党中央、国务院关于"互联网+"和"双创"战略部署，激发内蒙古创新创业活力起到了较好的作用。

（四）探索推进信息化与工业化深度融合的路径和方法

一是两化融合贯标对标工作进展顺利。截至目前，内蒙古共有列入两化融合贯标的企业101家，其中，国家级贯标试点企业57家，全国排名第15位。2017年，内蒙古开展两化融合对标企业1929家，覆盖内蒙古规模以上企业数比例达到44%。二是建立内蒙古两化融合推进体系。组建了内蒙古两化融合服务联盟、内蒙古首席信息官（CIO）联盟，确定了联盟章程、联盟结构和理事会组成，选定了服务支撑机构，为内蒙古全面推进信息化和工业化深度融合工作提供了有力的智力支撑。三是加强两化融合培训工作。2017年，内蒙古组织各类两化融合培训2次，培训人数超过350人。

推进内蒙古网络协同制造云平台建设。为贯彻落实《中国制造2025》和"互联网+"战略，内蒙古在包头市开展了网络协同制造的试点，实施"机床数字化改造升级""数控机床设备智能联网""构建开放共享的协同设计与协同制造平台"等系列工程，通过整合工业设计与制造资源，推动数字化协同设计、制造、加工等应用，实现地区装备制造能力的跨越式提升。截至目前，内蒙古网络协同制造云平台累计完成机床数字化改造445台套，重点企业已通过局域网联网设备537台套，其中273台套已与云平台实现联网，内蒙古网络协同制造云平台聚集了数控设备895台套，收录各类产品模型、设计方案、零件库等资源8万余条；第三方服务支撑机构已达551家，其中设计机构76家；注册企业5054家。内蒙古网络协同制造云平台共发布协同订单1595笔，实现有效交易307笔，云平台承载的协同业务量达1.18亿元。内蒙古网络协同制造云平台也荣获了2017年中国双创好项目信息技术类奖。

三、存在的主要问题

内蒙古软件产业发展仍处于初期阶段，产业规模、创新能力、龙头企业数量等在国内省（直辖市、自治区）中均处于中等偏下水平，存在对外依附性较强、产业链延展性不足、技术人才缺乏、龙头企业较少、基础设施薄弱、产业配套能力较弱、软环境建设落后等问题。

四、下一步重点工作

一是加大对软件企业平台的服务力度。充分利用呼和浩特的人才、环境、基础设施优势，在如意总部基地等环境较好的地区规划建设呼和浩特软件园，采取减免租金等优惠政策，吸引内蒙古现有软件企业及国内外云计算软件企业入驻。同时，引进国内外专业的科技企业入驻，鼓励、引导区内外高校入驻园区，建立产、学、研基地，为园区发展培养后备力量。完善园区基础设施和配套环境，搭建信息共享服务平台、科技担保服务平台、股权融资交易平台等公共服务平台，打造集技术研发、成果转化、产品交易、孵化创业、设备租赁、企管助理、财务助理、教育培训、商务服务、投融资服务于一体的软件产业园区。

二是突出软件和现代信息技术服务业的战略地位。进一步优化产业结构，培育大型骨干软件企业和拳头产品，重点开发基础软件、行业应用软件、嵌入式软件、蒙古文信息处理软件等产品。加大对自主基础软件研发资金的投入力度，重点支持面向网络应用环境的数据库管理系统、中间件、办公套件和开发环境及其他基础类工具软件的开发应用，提升内蒙古基础软件的成熟度。促进蒙古文信息处理的智能化、人性化技术发展，提高面向智能蒙古文信息处理的技术及产业竞争能力。

三是大力发展电子政务、电子商务、电子医疗、电子制造和农牧区信息化、城市及社区信息化、企业信息化、物流信息化，推进国民经济和社会信息化建设。整合区内外产、学、研各界的力量，面向经济、公共管理和公众服务等领域，分期分批建设“智慧城市、数字矿山、食品安全生产溯源、设施农牧业信息系统、智能生态环境监测、智能电网、智能物流、智能交通、智能医疗、数字公共安全”10 项示范工程，努力把内蒙古建设成为物联网示范先行省区。

四是抓住国际软件和信息技术服务业转移的历史机遇，推动内蒙古软件企业开展国际合作，承接国外软件开发工作，为跨国公司提供软件服务。利用内蒙古软件企业人力成本低的优势，发展对日本、欧洲和美国等市场的软件外包业务，形成一定规模的软件外包企业群。加快建设内蒙古软件服务与外包公共支撑平台，积极打造软件服务与外包自治区公共品牌，建立健全相应的知识产权、信息安全保护体系，大力培育人才，扶持骨干软件服务与外包企业发展，做大做强软件服务与外包产业，扩大软件服务与外包产业在软件产业中的比重，优化和完善产业结构。

2017年辽宁省软件和信息技术服务业发展概况

一、基本情况

2017年，受宏观经济形势下行和市场需求不振的影响，辽宁省软件和信息技术服务业发展增速趋缓，规模以上企业软件业务收入稳步增长，软件出口小幅回暖。2017年，辽宁省软件和信息技术服务业共有规模以上（主营业务收入500万元以上）企业1957家。2017年，辽宁省实现软件业务收入1990亿元，实现出口30.7亿美元，从业人员达30万人。

二、主要工作和产业特点

（一）突出重点，大力推进新兴产业发展

推动云计算产业创新发展，培育信息产业发展新业态。2017年，全球首个软件开发云——华为大连软件开发云成功上线，大连市召开了云计算发展三年行动计划宣贯会暨云平台建设经验交流现场会，并总结出以软件开发云为重点加快推动云计算产业发展的经验，由此形成“大连模式”。

积极推动物联网产业发展，依托辽宁省物联网产业联盟，重点在全国范围内推广应用“互联网+电梯安全”产品服务，打造物联网示范应用新名片。

协同开展了人工智能发展情况摸底调研，形成了《关于人工智能发展情况有关建议的报告》，提出在智能制造、机器人、机器视觉、机器翻译等领域重点加大支持力度，扶持在这些领域已经具有自主核心技术的企业做大做强，确保辽宁省人工智能科技水平跻身全国前列。

深入贯彻《智慧健康养老产业发展行动计划（2017—2020年）》（工信部联电子〔2017〕25号），面向辽宁省内IT骨干企业，召开智慧健康养老产业座谈会，推动东软集团与辽宁省政府签订《大健康产业战略合作协议》，共同建设健康医疗国际产业园，推动医疗健康大数据产业发展，推荐东软熙康和荣科科技等企业为智慧健康养老应用试点示范企业。

（二）开拓进取，积极推进产业可持续发展

大力发展工业软件产品及智能制造整体解决方案，推动物联网、工业互联网、云计算、大数据等新一代信息技术在工业企业中的应用，组织了“2017年度国产工业软件优秀解决方案展示对接会——大连专场”，中国仿真云平台成功上线，大连华信的智能制造项目有力地提升了中车集团的信息化水平和核心竞争力。

深入推动辽宁省与华为开展合作。围绕智能制造，辽宁省与华为开展了多次研讨。推动沈阳与华为签订《华为沈阳云中心项目合作协议》，深入推动华为大连软件开发云应用推广，打造智能制造云，建设城市产业云，带动辽宁省软件产业创新发展。

深入推动辽宁省与中兴、浪潮集团开展合作。中兴计划建设智慧沈抚物联网产业示范基地，浪潮集团将在沈抚新区投资30亿元，建设浪潮大数据产业园。

按照辽宁省的统一安排和部署，积极开展与江苏省的对口合作，着力推动大连华信与中国中车南京浦镇车辆公司的合作，大连华信研发的精益物流、智能制造等软件解决方案已全面应用，企业运行效率提升了20%，生产差错降低了80%。

积极帮助企业开拓市场，组织辽宁省近百家企业参加了第五届中国电子信息博览会、第十五届中国国际软件和信息服务交易会（大连）、第二十一届中国国际软件博览会、第四届中国智慧城市创新大会（沈阳），展示了辽宁省电子信息产业发展的良好形象和独特优势。

深入推动软件企业和集成电路企业所得税优惠政策落实，1月和5月，联合省直有关部门举办了软件和集成电路产业企业所得税优惠政策解读及申报培训会，帮助企业全面了解申报流程。依据财税〔2016〕49号文件，对36家软件企业申请享受软件和集成电路产业企业所得税优惠政策情况开展了核查，使优惠政策落到实处，推动了产业的发展。

推动行业标准化，服务产业发展。在沈阳召开了信息技术服务咨询设计标准应用交流研讨会，推动信息技术服务标准（ITSS）试点；电子信息、软件和信息技术服务两个标准化技术委员会2017年先后启动了10个行业地方标准的制、修订工作；成立了20人的信息技术标准化专家队伍，为物联网、云计算、大数据等新一代信息技术产业发展提供了智力支撑。

建设人才队伍，积极、稳妥地推进计算机软件专业资格考试制度建设和改革，组织了2017年全国计算机软考工作，有近万名人员参加了考试，为产业发展提供了人才支撑；举办大数据应用能力提升专题培训班，来自辽宁省直机关及各市有关部门的共166名处级领导干部参加了培训。

三、下一步重点工作

（一）坚持创新驱动，强化自主创新能力

把握国家实施创新驱动发展、推动战略性新兴产业发展的契机，以“互联网+”和“中国制造2025”等为核心，增强科技创新能力，提升辽宁省软件和信息技术服务业的技术水平，实现从要素驱动向创新驱动转变，以技术创新支撑和推动产业结构优化升级。整合辽宁省的创新资源，完善基础平台，突破关键技术，构建以企业为主体，政、产、学、研、用共同参与的软件和信息技术服务业创新体系。以市场为牵引组建产业联盟，推进产业共性技术与核心技术的协同攻关，形成一批具有自主知识产权的关键技术、产品和标准，推动产业创新发展。

（二）培育骨干企业，提升产业发展规模

把培育龙头企业作为首要任务，综合运用政策、规划、标准、资金、项目等措施，引导优势企业跨界融合发展，积极引进海外先进适用技术，进入境内外资本市场融资，支持企业间的战略合作和跨行业、跨区域的兼并重组，持续推进海外并购活动，集中资源着力培养一批创新能力强、规模效益好、市场竞争力强的骨干龙头企业。积极推动龙头企业与中小企业协同发展，扶持一批“专、精、特、新”的中小企业，壮大产业发展规模。

（三）抓住大数据发展机遇，培育壮大新兴产业

抓住大数据发展的重要机遇，加快建设智慧辽宁，引导行业和企业在移动互联网、云计算、大数据等领域的应用创新，培育壮大新兴产业，形成新的经济增长点。吸引国内外龙头企业的云计算、大数据中心落户辽宁省，围绕电子政务、电子商务、智慧城市等领域，形成

云计算应用服务聚集区及云计算大数据应用服务产业链。

（四）以智能制造为契机，推进产业技术提升

大力发展工业软件，支持和鼓励辽宁省内 IT 企业与传统制造企业联合研发新产品，在工业设计与仿真、制造物联与服务、工业大数据处理等高端工业软件领域实现突破，支持自主可控的高端工业平台软件和重点领域应用软件开发，推进自主工业软件体系化发展和产业化应用。

（五）完善公共服务平台，促进优质资源共享

以政府提供服务为主体，引导企业、高校、科研机构等共同参与公共服务平台建设，加强对公共服务资源的汇聚与整合，按照新主体、新模式、新体制、新机制，建设一批公共服务平台，着力完善平台的公共服务性，扩大公共服务的覆盖面和受益面。

2017年吉林省软件和信息技术服务业发展概况

2017年，吉林省软件和信息技术服务业保持平稳、较快发展势头，产业规模迅速扩大，产业结构不断优化，产品种类日益增多，自主创新能力显著增强，综合竞争力明显提高，在汽车、石化、指纹识别、教育、网络安全等领域处于全国领先地位。

一、基本情况

吉林省共有规模以上软件和信息技术服务企业914家，其中，通过系统集成资质认证的企业有154家，通过信息系统工程监理资质认证的企业有4家；主营业务收入超过1亿元的企业有70家，超过5000万元的企业有98家；国家规划布局内重点软件企业1家，上市公司19家，筹备上市的企业20家，认定软件企业技术中心25家。2017年，吉林省共有通过减免税企业20家，减免税费共计1685万元。

2017年，吉林省软件业务收入达583.7亿元，同比增长14.2%，其中，软件产品收入196.1亿元，占软件业务收入的33.6%；信息技术服务收入307.2亿元，占软件业务收入的52.6%；嵌入式系统软件收入80.3亿元，占软件业务收入的13.8%。实现利润51.3亿元，同比增长14.1%，从业人员为47066人。

近年来，吉林省软件企业在研发投入、建立和完善核心技术创新体系、提高自主创新能力、扩大产业规模及丰富产品结构等方面均有较大突破，多数企业拥有自主研发的特色软件产品，市场占有率和品牌效应不断提升。

二、发展优势及特点

（一）区位优势

吉林省80%以上的软件企业都集中在长春市、吉林市和延边朝鲜族自治州，形成了以长春、吉林和延吉为核心的产业集群。3个城市各自根据其产业基础、人才情况、地理位置形成了各具特色的软件产业基地。长春软件园主要发展企业管理软件、人口信息管理软件、汽车软件、教育软件、信息安全软件；吉林软件园主要发展嵌入式软件和电力行业、石化行业大型应用软件；延边中韩软件园着重承接韩国、日本的软件外包和信息服务。

（二）科教人才优势

从人才培养的硬件设施投入来看，目前，吉林省设立了软件及相关专业的全日制大学就有40余所，其中吉林大学计算机专业是中国计算机学会常务理事单位之一。吉林省现有国家级软件学院2所，省级软件学院15所，国家级软件技术学院2所，有计算机技能培训机构50多家。从人才培养的规模和数量来看，吉林省现有计算机及相关专业在校大学生4万多人；各级软件学院及软件技术学院年培养计算机及相关专业本科毕业生、硕士毕业生分别达10000多人和2500多人；计算机技能培训机构年培训各类人才5000多人。从人才结构来看，软件工程师所占的比例较高，系统分析员和项目总设计师所占的比例较低。目前，吉林省拥有一线软件工程师近 10000 人。据统计，每年吉林省为全国各地软件及服务外包企业输送的人才就将近 20000 人。

（三）产业依存度优势

吉林省长春市是全国重要的工业生产基地，尤其在汽车、轨道客车和装备制造业方面，具备了较高水平的研发、设计、加工、生产等综合能力，拥有一汽集团、一汽大众等著名整车生产企业及十几家专用车、改装车企业，拥有全国最大的轨道客车生产基地，该基地将形成年产 900 列高速动车组的生产能力。同时，随着战略性新兴产业规划的进一步确定，新能源、新材料等诸多领域对软件和信息技术服务业的依存度和需求量不断增加，必将为吉林省软件和信息技术服务业的加快发展提供广阔的应用领域和市场空间。

（四）产业集群优势

在软件领域，长春启明信息技术股份有限公司在汽车管理软件产品研发与服务和车载信息系统研制及服务两个领域的市场份额已经居国内同行业第 1 位。吉林省一批具有自主知识产权的软件产品已遍布全国，拥有通过“双软”认证的企业 300 余家，各种应用软件都有非常活跃的市场。

（五）行业发展特点

吉林省软件和信息技术服务业的产业规模逐步扩大，产业结构服务化趋势突出，数据处理和运营服务收入增速加快，技术整合更加明显，软件已渗透到生产、生活的各个领域，推动着传统产业的发展。一批具有自主知识产权的软件产品在汽车、石化、指纹识别、教育、网络安全等领域占有一席之地，有些软件企业处于全国行业领先的地位。

吉大正元信息技术股份有限公司已成为国内信息安全行业的知名企业，是国内最大的公钥基础设施（PKI）产品供应商。公钥基础设施（PKI）领域的市场占有率在 70%以上。

长春鸿达高新技术集团有限公司在大数据量人口信息管理技术和生物特征识别技术领域都具有雄厚的技术实力和开发经验，其公安人口综合信息管理系统占有全国 60%以上的市场份额，管理着全国 7 亿人口的信息。

吉林省高升科技有限公司成立于 2006 年，是一家为互联网运营企业提供高品质 IT 基础架构建设和综合技术支持的企业。目前，该公司已与三大运营商及多家互联网企业签订了 IDC 机房合作协议，并已在长春、昆明、杭州、沈阳、石家庄等 50 多个城市积累了 70 个机房、近 4000Gbps 带宽的 IDC 资源储备。

长光卫星技术有限公司成立于 2014 年 12 月 1 日，是我国第一家商业遥感卫星公司。该公司依托“星载一体化”“机载一体化”等核心关键技术，建立了从卫星、无人机研发与生产到提供遥感信息服务的完整产业链。

三、存在的问题

近年来，吉林省软件和信息技术服务业虽然在“质”和“量”两方面都取得了突飞猛进的发展，但与国外发达国家和国内经济发达省份地区相比，依然存在差距和不足。诸如在总体规模、发展环境、产业结构、产业集聚、自主创新体制机制、政策扶持效应等方面，都存在一些亟待解决的问题。

（一）城乡差距明显，共享性较低

吉林省软件和信息技术服务业还存在总体规模偏小、比重偏轻、发展环境设施亟须改进、服务外包出口额较小、产品结构不优、核心技术缺乏、自主创新能力薄弱、产业集群效应不明显、区域发展不平衡等问题。在农村，信息化建设相对缓慢，通信覆盖率和网络利用率相对较低；在城市，软件和信息产业园区建设较快，但公共服务平台建设较缓慢。这种地区之间、城乡之间存在的“数字鸿沟”，以及基础网络和信息资源的较低共享水平在一定程度上制约了吉林省软件和信息技术服务业的快速、健康发展。

（二）政策环境有待完善

继“互联网+”纳入政府工作报告之后，政策对于软件产业的扶持力度颇大。吉林省在综合分析吉林省内软件和信息技术服务业发展现状及趋势的基础上，相继制定了《吉林省信息产业跃升计划》《吉林省信息技术服务业发展三年跨越计划》，并且提出经认定的软件企业和登记的软件产品可享受税收优惠政策等。然而，与国内其他发达省区相比，吉林省为软件和信息技术服务业发展提供的政策支持机制尚不完善，措施手段较为单一，政策供给与需求还存在结构性矛盾，并且政策的落实情况和实施效果并非十分理想。

（三）人才问题严重，制约企业长远发展

吉林省软件企业由于规模不大、创新能力不强、高端和领军人才不足，缺乏拥有自主知识产权的核心技术和关键产品，供给和市场需求存在偏差，软件企业成本明显上升，人力成本的加大导致企业利润的降低，同时人才流失和人才难招聘问题日趋突出。此外，企业在软件人才结构性方面矛盾突出，缺乏高层次的技术、管理、营销人才和复合型人才。同时，随着物价和人民生活水平的提高，人才对企业薪资待遇的要求也不断提高，吉林省软件行业的人力成本也不断提高，从而大大增加了软件企业的用人压力。

（四）低价竞争现象明显，市场环境有待完善

尽管近年来吉林省对知识产权的保护力度不断加大，但用户对软件和信息技术服务价值的认可度仍然不够，采购中对软件服务盲目压价和招标中低价择标的现象仍然突出，影响了软件企业的可持续发展；计算机系统集成企业、小企业产品和服务同质化发展，恶性竞争现象大量存在，产业安全面临潜在风险。

（五）研发创造能力和新技术应用不足

近年来，吉林省建设的物联网基地和云计算数据中心的稳定性和规模化服务依然不足。核心技术掌握得不够深入，核心基础软件、核心工业软件对外依存度大，原始创新和协同创新亟待加强。

四、下一步重点工作

（一）加强政府指引作用，确保国家政策落实

加强信息化标准建设，确保信息内容实现互联互通。强化信息产品、信息系统的安全质

量认证和管理。建立信息服务的综合评价指标体系，完善信息技术服务业法制保障体系，使信息服务的发展有章可循。加大协调力度，在政策上加大对软件企业的扶持力度，不断丰富优惠措施种类，有效调动社会资源参与软件和信息技术服务业的发展，为软件和信息技术服务业的发展奠定坚实的基础。

（二）加快信息技术服务业的国际化进程

通过合作、合资等形式，着力吸引国内外知名信息技术服务业企业到吉林省投资。培育专业性投资服务机构，鼓励龙头企业以资产、知识产权为纽带，跨地区、跨行业进行兼并重组，努力培育一批在全国同行业具有竞争优势的信息技术服务业企业集团。有步骤地进一步开放电信、外贸、商业、文化、影视、旅游、医疗、会计、审计、资产评估等领域的信息服务，扩大经济技术合作的领域、途径、方式，支持有竞争力的信息技术服务业企业进入国际市场。

（三）推进产业人才队伍建设

努力创造良好的人才环境。建立和完善信息技术服务业相关领域的人才培养、使用、交流、激励、引进政策，形成凝聚和稳定人才队伍、适应信息服务市场人才需求的良好环境。要加快复合型专业人才的培养。加快信息服务相关产业的专业人才培训体系的建设，加强国际间和高校间合作办学，强化优势资源共享和互补。建立健全人才培训体系和评价体系，完善信息技术服务业专业技术人员从业资质管理制度，全面推进职业资格证书制度和培训市场化机制。同时，强化公民信息素质教育。采取各种措施向社会公众普及信息化知识，提高其信息化意识和信息获取、应用能力。促进计算机、网络技术的大众化，使更多的社会公众具备应用计算机、互联网的能力。

（四）积极推动产业融合与创新

推动软件和信息技术服务业与传统产业的融合，加强软件和信息化领域的高新技术对传统工业发展的渗透和促进作用。在与传统产业的融合过程中，体现软件的核心价值。在具体的应用领域，结合吉林省的实际情况加快实现两化融合。例如，在推动汽车产业发展的过程中，可以通过汽车电子控制产品装置的研发，积极开拓混合动力汽车市场；在能耗较高的石化行业、建筑行业、冶金矿业中推进重点企业的节能改造；通过企业信息化的建设实现能源消耗管理与控制一体化，进而加速吉林省节能减排的进程。在信息化对传统工业改造的过程中，实现软件和信息技术服务业的技术突破和发展壮大。

（五）加快长春、吉林、延边等地区软件园区的建设

按照整体规划、合理布局、突出重点、协调发展的原则，加快长春、吉林、延边等地区软件园区的建设，建设具有国内一流水平的软件园区的基础设施，增强软件园区为企业提供配套服务的综合功能。推动园区内的高校、科研机构和企业建立多渠道、多形式的紧密合作关系，形成以企业为主体的互动创新体系。促进软件园区中的企业优势互补，自愿联合，形成产业集群。加强园区的集聚辐射和带动作用，构建信息技术公共服务平台，提供产品协同设计、网络化制造、质量检测、工艺指导、技术标准、行业数据库共享、客户关系管理、供应链管理、电子商务、人才培训、创业孵化器等不同种类的公共信息服务和技术支持，促进吉林省软件和信息技术服务业在产业规模、人才集聚、技术支撑、政策支持和配套服务等方面的综合提升。

2017 年黑龙江省软件和信息技术服务业发展概况

一、基本情况

（一）产业规模和质量

2017 年，黑龙江省软件和信息技术服务业发展平稳，总体趋势稳中有升。全年实现软件业务收入 189.6 亿元，同比增长 12.5%；利润总额 26.5 亿元，同比增长 7.7%。

黑龙江省软件和信息技术服务业在2011—2017年的8年间的利润总额和利润率呈波动起伏走势。利润总额总体呈上升趋势，2011 年实现利润总额 13.8 亿元，2017 年实现利润总额 26.5 亿元，年均增长 11.5%。利润率总体呈下降趋势，从 2011 年的 13.3%下降至 2017 年的 7.7%。

（二）产业环境

1. 人才队伍

2017 年，黑龙江省软件和信息技术服务业共有从业人员近 3 万人，同比增长 4%，这是近 3 年从业人员数量首次出现正增长。近 10 年，黑龙江省从业人员数量未有明显增长。一方面，由于地域和发展程度不均衡，人才流动率一直在 10%～15%浮动，对人才队伍的完整性和持续性产生巨大挑战；另一方面，随着软件和信息技术服务业的平台化、服务化、模块化特征越发明显，衍生了大量的自由职业者，以经验丰富的个人从业者形成的临时团队为主，均未能列入企业统计口径。

2. 企业规模

2017 年，黑龙江省软件和信息技术服务业规模以上企业总数为 495 家，同比减少 1%。黑龙江省软件和信息技术服务业企业的市场主要是满足内向需求，服务的行业客户主要覆盖能源、市政、公共事业、农业、重工业等重资产特征的传统行业，小而不强、散而不合等劣势长期困扰企业群体。在东北经济持续放缓的宏观环境下，缺少具有势能的产业制高点，无法形成井喷式的集聚效应。从总体上说，从业企业的自身适应能力较强，生命周期超过 5 年的企业数量为近 200 家，从全国范围来看，黑龙江省软件企业具有专业化、特色化的特点，一些知名度高、创办期长的企业，主要分布在公共安全、网络安全、精密机械加工、轨道交通、专网通信等细分领域。中小型从业企业大多承接二级市场的信息系统集成业务和软件开发业务的分包工作。

8 年间，黑龙江省软件和信息技术服务业企业总数量增长缓慢，由于科技型企业生命周期偏短，受到“双创”政策的激励，每年有大量新办企业成立，也有很多企业消亡，稳定性较差，无法列入统计口径，总数呈持平态势。

黑龙江省软件和信息技术服务业企业仍保持传统运营模式，体现为轻资产、重研发，很多企业研发端与运营端分离。软件即服务模式未能深入应用，客观上造成软件业务收入占主营业务收入比重持续提升。

在企业运营策略上，度过成熟期的企业（成立注册时间超过 10 年）会选择在北京、上海、广州、深圳等一线城市设立交付中心或运营分公司，而将低成本属性的研发中心、培训基地等设在黑龙江省，主营业务与新增业务分离，形成互不影响的实体，此类企业的控股性质呈形式多样化特征，其投资人通常长期居住在一线城市，职业经理人均有海外、一线城市的从业经历。此类企业产业链条较短，优劣势明显，优点是快速开发，投资回报期短，投资人意向统一；缺点是无市场主导权，产品线单一，发展空间有限。

3. 产业园区建设

2017 年，哈尔滨科技创新城、大庆服务外包园、哈南数据城等园区企业入驻率持续提高。

大庆服务外包园是国家级软件园、国家级服务外包产业园和国家级孵化器“三位一体”的综合性高技术企业园区，园区 25 栋楼 25.49 万平方米的房屋，出租率达 86.2%，园区入驻企业已达 750 家，拥有国家级高新技术企业 29 家、国家级技术先进型服务企业 5 家、国家级软件企业 26 家、服务外包企业 210 家、通过 CMMI 等资质认证的企业 5 家，这些企业累计获得软件著作权登记 560 件、国家专利 46 件。2017 年，该园区共有招商企业 206 家，到位金额 3 亿元；获批 3 个省级创新创业平台，新增软件著作权及专利 173 件。2017 年，该园区着力落实高新区的“创业六条”和“促进新兴业态发展”的相关政策，帮助企业兑现网络、电力、人才培训等补贴，为 118 家新进科技企业提供房租、IDC 机房环境等优惠措施，使企业获得了实际支持。在多渠道融资服务方面，该园区先后组织企业与工商银行、建设银行、交通银行、龙江银行及北京、深圳、上海等地投资公司接触融资；组织企业参加融资讲座和哈工大 EMBA 培训班，提高企业对资本市场的认知能力；与上市辅导公司联合帮助英辰创新、卓创多媒体、纳奇、思特传媒等企业梳理模式，推动企业编制融资方案。

4. 政策支持

黑龙江省切实落实《进一步鼓励软件产业和集成电路产业发展的若干政策》的有关优惠措施。2017 年，企业所得税减免超过 3000 万元，增值税退税 7000 万元，企业享受政策优惠额度超过 1 亿元。

为了推动传统产业转型升级，黑龙江省累计发布超过 40 项针对省内各传统行业的“互联网+”行动计划，利用软件、互联网等渗透性强的特性，逐步打通行业痛点，释放传统产业潜能。

“十三五”期间，黑龙江省已陆续颁布了《黑龙江省加快电子商务平台建设　促进电子商务加快发展的实施方案》《黑龙江省人民政府办公厅关于深化制造业与互联网融合发展的实施意见》等产业促进政策。

二、2017 年主要工作

（一）推进两化深度融合

1. 大力推进重点行业两化深度融合

围绕改造升级“老字号”，深化“大智移云”新一代信息技术在装备、食品、医药等重点行业的应用，发挥大型骨干企业的示范引领作用，促进传统制造向智能制造转型。推动哈飞、哈电等大型装备制造企业在生产过程中应用推广物理仿真、智能控制、人机交互等技术和装备，加快智能化改造，发展智能装备和智能化产品。推动飞鹤乳业开展智能工厂建设，通过应用高档数控机床、机器人、自动装箱系统等智能设备，提高智能制造规模和水平。推动哈药集团、完达山乳业开展产品质量追溯体系建设，运用物联网标识解析、大数据分析等技术构建产品智能监测监管体系，提升生产管理和产品智能化水平。

2. 开展两化融合管理体系贯标

以两化融合管理体系贯标为抓手，推动企业加快业务流程再造和组织方式变革，建立组织管理新模式。在黑龙江省范围内开展2017年度两化融合管理体系贯标试点工作，采取省、市、县（区）三级联动的方式组织企业参与国家贯标试点，哈尔滨鹏程医药包装等7家企业成为2017年度国家级贯标试点企业。依托两化融合管理体系工作平台，加强对贯标试点企业的业务指导，服务企业实现本质贯标，2017年上半年新增2家通过国家两化融合管理体系贯标评定的试点企业，分别为哈尔滨锅炉厂和珍宝岛药业。将贯标工作纳入改造升级“老字号”政策体系，加大政策引导和资金支持力度，调动企业参与贯标的积极性。目前，黑龙江省已有国家级贯标试点企业28家，通过国家贯标评定的试点企业10家。

3. 大力发展工业云服务

从公共、区域、行业3个层面深入推进工业云平台建设，大力发展面向制造企业特别是中小企业的工业云服务，引导企业通过开展工业云应用，构建新型研发、生产、管理和服务模式。推动黑龙江省工业云信息化服务平台不断丰富平台资源、提升服务能力，更好地服务黑龙江省制造企业开展“互联网+”、工业电子商务等应用。支持有条件的地市立足当地产业结构特点，打造服务优势产业、重点行业的区域工业云平台，推动佳木斯市以服务农机装备制造企业为重点，建设“三江工业云”平台，推动大庆市建设“大庆工业云”平台，服务石化产业链上下游企业开展云计算等信息技术应用。联合浪潮、华为等大型云计算企业，开展医药行业采购云、电机设计云等行业云应用平台的市场化推广，促进云计算在制造业细分行业的应用。

4. 推进大企业“双创”平台建设

推动大型骨干企业开展基于互联网的“双创”平台建设，加快制造资源、业务能力等创业创新要素的集聚整合和开放共享，提升大企业和中小企业的协同创新能力，促进大企业“双创”向纵深发展。中国一重开展了基于“双创”平台的专项产品机加装配生产车间数字化升级改造试点，综合运用物联网、大数据等信息技术监控优化生产过程，缩短研发制造周期，提高车间资源配置效率，实现关键工序质量可追溯。黑龙江省科学院自动化研究所搭建了黑龙江省智能制造协同创新平台，为制造企业提供设计、检测、新产品研发等专业技术服务。上述两个“双创”平台被工业和信息化部确定为2017年度制造业“双创”平台试点示范项目。

（二）推动“大智移云”新一代信息技术产业发展

1. 夯实产业发展基础

围绕国家和黑龙江省云计算、大数据发展规划，协调推进重点区域布局和重大产业项目建设，努力营造良好的产业发展环境。支持哈尔滨市积极争取创建国家大数据综合试验区，会同哈尔滨市有关部门就创建工作向工业和信息化部进行专题汇报，协调解决创建过程中遇到的问题。积极推动浪潮集团大数据产业园在黑龙江省落地，与浪潮集团进行多次交流协商和工作对接，共同完成了市场调研、梳理黑龙江省制造业企业信息、完善合作协议框架、明确重点领域合作意向、产业园选址等大量基础性工作。做好重点云计算项目的跟踪推进，香港名气通云数据中心（一期）已投入使用、华为大庆云数据中心已完成主体施工。

2. 制定黑龙江省大数据标准

加强与国际和国家大数据标准的配套衔接，发挥标准化对黑龙江省大数据产业的规范和引领作用，在充分借鉴国内外大数据标准化成果的基础上，指导并推动黑龙江省大数据产业联盟和黑龙江亿林网络股份有限公司研究制定了《可信数据服务协议参考框架标准》，协调黑龙江省技术监督局将该标准列入黑龙江省地方标准制定修订项目计划。目前，该标准已完成征求意见、专家论证等工作，待黑龙江省技术监督局审核后将正式颁布实施。

3. 探索云计算、大数据创新应用模式

推动大型骨干企业开展云计算、大数据应用与实践，加快业务模式、商业模式和服务模式创新，通过示范引领，促进云计算、大数据产业向高端化方向发展。黑龙江北方云大数据科技有限公司大力发展“互联网+视频+大数据”运营新模式，为各行业提供视频传输、存储、加工、处理等服务，被国家纳入重大建设项目库，获得中央预算内扶持资金3225万元。北斗天宇公司依托自主研发的智慧物流交易平台，运用互联网和大数据技术精准感知用户需求，为货主、车主、物流公司三方交互提供解决方案，提高了供应链协同需求的物流响应能力。

4. 构建协同发展的产业生态

围绕构建信息共享、多方协作、互利共赢的产业生态，在黑龙江省大数据产业联盟的基础上，协调省民政厅推动成立了黑龙江省大数据产业协会。制定并发布了《关于黑龙江省加快发展大数据产业　激发经济增长潜力问题的对策研究》等文件，组织开展了政策宣贯会、专家组项目课题会、行业标准论证会等活动，为政府有关部门决策、企业间业务对接等提供了有力支撑。

（三）推进软件和信息技术服务业发展

1. 探索建立科学、合理的软件产品评估体系

为进一步建立健全行业管理制度，提升行业发展决策支撑能力，指导黑龙江省软件和信息技术服务协会在原有软件产品登记的基础上，建立实时和动态的软件产品和项目信息系统。目前，已梳理软件产品2132件，征集新开发软件产品163件。制定并颁布《黑龙江省软件企业评估规范（试行）》和《黑龙江省软件产品评估规范（试行）》，依托黑龙江省软件和信息技术服务协会开展软件产品和软件企业评估，目前已有20余家软件企业、56件软件产品通过评估。

2. 提升行业创新发展水平

引导软件和信息技术服务企业增强新一代信息技术领域的集成实施能力，加强信息系统集成资质、信息技术服务标准（ITSS）成熟度评价的事中、事后监管，促进企业技术、产品和服务创新。目前，黑龙江省系统集成资质企业数量已近百家，资质升级企业有15家，通过项目经理登记的人数为300余人，通过信息技术服务标准运维服务能力成熟度符合性评估的企业有5家。

3. 搭建交流合作平台

围绕提升产业整体发展实力，组织开展技术交流、展示体验、应用促进等方面的活动，推动软件和信息技术服务业企业在更高层次融入产业生态圈。以大数据应用为主题，组织企

业参加第二十一届中国国际软件博览会，充分宣传了黑龙江省软件和信息技术服务业的发展成效，全面展示了各参展企业的最新成果。组织企业积极参与金蝶企业数字化转型高峰论坛、华为软件开发云高峰论坛等活动，帮助企业瞄准业界前沿动态，与国内知名企业加强技术、产品、服务、人才等领域的交流与合作，不断提升发展水平和层次。

（四）提升工业控制系统的信息安全保障能力

1. 开展工业企业信息安全培训

为提高企业工业控制信息安全防护意识和防护能力，推动企业分期分批达到国家工业控制安全防护要求，在黑龙江省范围内开展了工业领域信息安全培训。通过邀请国家层面的专家学者为企业量身定制课程、深入企业现场培训等多种方式，创新培训内容与形式，分层次、有针对性地开展培训工作，对于丰富相关人员工业控制信息安全综合知识、提升工业控制信息安全技术水平起到了积极的推动作用。2017 年共进行了 10 余场次的培训，黑龙江省内主要地市及县区工业和信息化主管部门、200 余家企业，共计 2000 余人参加了培训。

2. 开展工业控制信息安全检查

为做好黑龙江省关键信息基础设施信息安全保障工作，确保重要时期工业控制系统安全、稳定地运行，按照工业和信息化部及黑龙江省的统一部署和要求，深入黑龙江省内主要地市重点企业开展工业信息安全检查。组织有关支撑单位的专家和技术人员，抽查哈尔滨市和大庆市的石化、装备制造企业 16 家，利用专业检查设备从仪表层、网络层、应用层 3 个层面对企业进行现场检查，发现高危工业控制安全隐患共计 114 项，提出整改意见 110 项。通过检查提高了企业的工业控制安全自主防范意识，同时分析掌握了黑龙江省石化、装备制造企业的工业控制安全状况，切实加强了企业网络与信息安全管理工作。

3. 推进黑龙江省工业控制系统在线安全监测、预警及纵深防御平台建设

为提高黑龙江省工业控制信息安全在线管理水平，增强工业控制信息安全在线防御能力，联合黑龙江省电子所共同搭建了黑龙江省工业控制系统在线安全监测、预警及纵深防御平台。该平台可对黑龙江省工业企业网上工业控制设备实现在线扫描和监测，标识和梳理重要工业控制系统和设备的基本情况信息，在不影响工业控制系统正常运行的情况下，进行保护性安全检测、风险分析及风险评估等工作，及时发出风险提示、预警信息和相应的整改建议，帮助企业实现出口流量的风险清洗，形成动态的纵深安全防御能力，有效抵御来自网络的各种威胁与攻击。

4. 培育工业控制信息安全领军企业

依托大型工业控制安全企业开展工业信息安全保障试点示范，推动工业控制安全核心技术、产品和服务向产业化方向发展，不断提升黑龙江省工业控制安全产业的发展实力。支持大庆油田信息技术公司以技术合作、研发突破等形式，加大工业防火墙、工业网闸、工业网关等工业控制安全产品的研发力度，筹备国家级工业控制安全靶场、安全实验室等项目的研究和建设，加快由保密技术企业向工业控制安全企业转型。推动安天实验室哈尔滨公司发挥网络信息安全领域的技术优势，积极参与黑龙江省工业企业信息安全培训、检查等工作，牵头制定黑龙江省基础工业安全运维管理解决方案，联合工业控制安全厂商、科研院所、高等院校等筹建黑龙江省工业控制安全产业联盟，逐步构建以大型企业为主体，产、学、研、用相结合的产业发展生态。

三、下一步重点工作

2018年，黑龙江省将深入贯彻党的十九大精神及黑龙江省第十二次党代会精神，围绕做好“三篇大文章”，将“中国制造2025”“互联网+”“大数据”等国家发展战略作为行动指南，以推进两化深度融合为主线，以培育壮大“大智移云”新一代信息技术产业为重点，以强化工业控制系统信息安全为保障，全力抓好促进软件和信息技术服务业发展的各项工作。

（一）推进重点行业两化深度融合

深化“大智移云”新一代信息技术在装备、食品、医药、石化等重点行业的应用，促进传统制造向智能制造转型升级。以大企业“双创”、产品质量追溯体系建设、信息消费等为工作抓手，开展制造业与互联网融合发展应用示范。深化工业领域云计算、大数据、电子商务应用，引导制造企业发展网络协同制造、个性化定制、服务型制造等网络化生产新模式。

（二）持续推进两化融合管理体系贯标

组织开展各类宣贯和培训活动，面向企业推广普及贯标。加大政策、资金等方面的支持力度，激发企业参与贯标的动力。发挥贯标服务平台和咨询服务机构的支撑作用，通过线上与线下相结合的方式服务企业从本质上贯标。

（三）推动制造企业上云

引导互联网企业、信息技术服务企业等搭建工业云平台，大力发展面向制造企业信息技术应用的云服务。采取政策引导、购买服务等方式推动制造企业上云开展应用，加快基于工业云的业务模式创新和商业模式创新。加快行业云平台建设与推广，促进工业云在制造业细分行业的应用。

（四）培育壮大“大智移云”新一代信息技术产业

围绕国家云计算、大数据等发展规划，争取国家重大项目布局和产业集聚区创建。深化工业领域大数据、云计算等信息技术创新应用，大力培育新业态、新模式，以应用促进产业快速发展。发挥大企业的示范引领作用，推进浪潮、华为、香港名气通等大企业云计算、大数据项目的建设，带动产业链上下游企业协同发展。

（五）推动软件和信息技术服务业发展

坚持鼓励创新和规范引导相结合，推动软件和信息技术服务企业加速业务重构、流程优化和服务提升。强化软件支撑和定义制造的基础性作用，推动软件和信息技术服务企业与制造企业融合、互动发展。做好软件行业的运行统计分析工作，提升精准施策和精准服务水平。

（六）强化工业控制系统信息安全保障

开展工业控制信息安全宣贯培训，做好工业控制安全检查工作，提升企业工业控制安全防护意识和防护能力。推进黑龙江省工业控制系统在线安全监测、预警及纵深防御平台建设，逐步提升工业信息安全监测、评估、验证、应急处置等方面的能力。组织工业控制安全保障试点示范，大力培育工业控制信息安全领军企业。

2017年上海市软件和信息技术服务业发展概况

2017年，上海市软件和信息技术服务业聚焦科创中心建设，充分发挥企业的产业创新主力军作用、各区和基地园区的产业集聚主战场作用及社会组织的产业交流主桥梁作用，积极对接国家“一带一路”倡议发展要求，推动“互联网+文化”出海，以软件名城建设为抓手，推进软件产业高端化发展，成功扭转开局不利的形势，各项经济指标运行稳健，总体发展稳中有进，向好趋势显现。

一、基本情况

2017年，上海市规模以上软件和信息技术服务业实现软件业务收入4341.5亿元，其中，软件产品收入1375.1亿元，信息技术服务收入2814.8亿元，嵌入式系统软件收入151.6亿元。2017年，上海市软件出口额达36.9亿美元，出口方式以信息技术外包（ITO）为主，出口国家更加多元化。

从区域规模来看，浦东、长宁、徐汇位列前三强，这3个区的软件和信息技术服务业企业，无论在企业数量、上市公司数量上，还是在创新成果、重点企业等产业综合实力指标上，均居上海市前列，产业基础较好。3个区的软件和信息技术服务业收入占上海市总规模的比重超过50%。但随着城市外围交通等商务配套设施的不断完善，中心城区由于受其区域空间的制约，产业发展重心呈现出向外围扩散的趋势。从增长速度来看，普陀、静安、闵行和奉贤等区的软件和信息技术服务业经营收入增长速度较快，均达到18%以上，远高于上海全市的增长速度。

二、主要运行特点

（一）随着产业规模的扩大，企业实力逐步增强

2017年，上海市营业收入超过1亿元的软件企业达507家。中国银联、华东电脑、宝信软件等8家软件企业入选中国软件业务收入前百家企业（见表1），较2016年新增1家。上海市共有21家互联网企业入选2017中国互联网百强，主要分布在数字内容领域（见表2）。上海市的网信独角兽企业数量达18家，占全国网信独角兽企业的比重为23.4%，仅次于北京。截至2017年，上海市共有478家软件企业通过系统集成企业资质认证，同比增长18.6%，整体数量居全国第7位。其中，一级资质的企业有17家，二级资质的企业有69家，三级资质的企业有264家，四级资质的企业有128家。

表1　2017年上海市入选中国软件业务收入前百家企业的名单

序号	排名	企业名称	序号	排名	企业名称
1	7	中国银联	5	58	携程网络
2	26	华东电脑	6	59	卡斯柯
3	37	华讯网络	7	73	万达信息
4	39	宝信软件	8	99	贝尔软件

表 2　2017 中国互联网百强（上海部分）

序号	企业简称	排名	序号	企业简称	排名
1	携程旅行网	9	12	连尚网络	44
2	网宿科技	14	13	咪咕公司	45
3	东方明珠新媒体	16	14	波克城市	57
4	三七互娱	18	15	米哈游	63
5	饿了么	19	16	世纪佳缘	68
6	二三四五	21	17	塑米信息	71
7	钢银电商	23	18	晨之科	77
8	游族网路	30	19	沪江	87
9	找钢网	35	20	心动网络	88
10	东方财富	36	21	上海誉点	92
11	东方网	43			

（二）服务化趋势明显，产业结构向高端转型

2017 年，上海市软件和信息技术服务收入占软件业务收入的比重达 97%，比 2016 年提高了 2 个百分点，呈持续增加态势。从信息技术服务的内部构成来看，互联网金融、电子商务平台技术服务所占比重也在不断提高，其中，金融信息服务已成为信息技术服务中占比最大的细分领域，2017 年互联网金融营业收入达 709.8 亿元，比 2016 年同期增长 33.1%。同时，以云计算、大数据为代表的新型信息技术，迅速由概念兴起发展到蓬勃应用，其占软件产业的比重超过 20%。上海市工业控制类软件和系统解决方案在轨道交通信号、钢铁等领域实现稳定增长，工业互联网、智能工厂解决方案等新兴领域快速崛起。

（三）对接"一带一路"建设，助推企业走出去

目前，不少处于"一带一路"沿线的发展中国家的软件和信息技术服务业基础较弱，而软件和信息技术的通用性和互联网的联通性为上海市软件和信息技术服务业企业走出去提供了可能。上海市软件和信息技术服务业企业以此为契机，积极拓展海外市场。例如，上海软素科技、第九城市和上海凌巴迈等公司与罗马尼亚企业就新媒体行业合作、游戏行业合作及移动 APP 本地化等项目达成了合作意向。此外，上海软素科技还与加拿大企业 Dream Practice 对接，就门户网站项目达成合作意向。上海炫踪则与 Facebook、GooglePlay 等国际社交平台和游戏平台形成战略合作关系，产品覆盖美国、法国、俄罗斯等 18 个国家和地区。宝信 EMS 出口印度。迪爱斯承建肯尼亚国家应急指挥系统。

（四）人才增长趋缓，但高层次人才比重有所提高

软件和信息技术服务业是知识密集型产业，人才是产业创新发展的基础条件之一。2017 年，上海市软件和信息技术服务业从业人员达 71.7 万人。在上海市生活成本日益上涨，周边省市（如杭州、南京）推出更为优惠人才政策的双重影响下，上海市软件和信息技术服务业从业人员增幅自 2015 年开始出现明显下滑，由前 5 年的 15%下跌到近两年的 7.5%，远低于行业增长速度。但上海市软件产业人才结构有所优化，软件研发人员占软件从业人员的比重

为近 50%，本科及以上学历占软件从业人员的比重达 73.6%，其中，研究生以上学历占软件从业人员的比重达 14.1%，高学历人才正成为行业的主力军。

（五）产业创新活跃，新业态快速发展

随着虚拟现实（包括增强现实）、人工智能、云计算等新技术的不断成熟，以及行业应用的逐步渗透，推动软件和信息技术服务业实现了创新发展。

1. 虚拟现实（包括增强现实）

目前，上海市有从事虚拟现实业务的企业近 200 家，实现了全产业链覆盖，产生了一批创新性强、体验良好的虚拟现实产品和服务，并在航空、医疗、汽车等重点领域实现了示范应用，如中国商飞 C919 大飞机试飞模拟系统、中山医院 AR 医疗可视化辅助系统、上汽集团 AR 汽车智能制造解决方案等。

2. 智能软件

目前，上海市智能软件产业规模为近 100 亿元，形成了较成熟的产业技术和商业模式，并初步形成了创新活跃、开放协同的融合生态，在智能驾驶、智能机器人等领域达到了全国领先水平。同时，上海市还拥有一批技术领先智能软件企业，如依图科技、商汤科技、阅面科技、智臻智能、云知声、腾讯优图、未来伙伴机器人、寒武纪、星环信息等。

3. 云计算

2017 年，上海市与云计算相关的软件和信息技术服务业产值为 910 亿元，同比增长 15.8%，其中，云计算基础设施平台服务商（IaaS/PaaS）实现收入 74.7 亿元，同比增长 25.4%，主要产品及服务 44 件，服务企事业用户（公有云）7 万家；云计算应用平台服务商（SaaS）实现收入 55.1 元，同比增长 47.5%，主要产品及服务 82 件，服务企事业用户 4.8 万家。同时，上海拥有优刻得、浪潮云计算、万国数据等一批云计算龙头企业，其中，优刻得（UCloud）已为 5 万余家企业级客户提供服务，间接服务用户数量超过 10 亿家，部署在 UCloud 平台上的客户业务总产值逾千亿元。

三、2018 年形势分析

（一）主要挑战

随着软件和信息技术服务业发展进入新的阶段，暴露出新的矛盾和问题，产业发展宏观环境还有很大提高和改善的空间。

1. 行业从业人员增长趋缓

十几年间，上海市软件和信息技术服务业从业人员始终保持快速增长态势，支撑了产业经营收入年均 20%的增长。但是，近几年受到“高房价、高成本、落户难”等问题影响，上海市软件和信息技术服务业从业人员自 2015 年开始出现增长放缓的情况。一是城市生活成本快速上升，主要是住房成本的急速攀升，造成上海市软件和信息技术服务业从业人员向周边生活成本较低的地区转移。二是上海市综合人口政策收紧，产业人才供给减少。上海市软件和信息技术服务业从业人员中有 65%为外省市户籍员工，严控户口配额、收紧居住证审批，从客观上制约了人才在沪发展的意愿。

2. 产业发展宏观环境有待改善

上海市产业监管的优势体现在精准高效、分工明确，对信息技术服务业的监管理念和规范程度领先全国，但在为行业融合创新提供空间时，整个监管体系不够灵活，某些领域的政策“跟不上”，从客观上限制了部分业态的发展速度。另外，上海市产业政策先发优势逐步减弱。上海市由于政策制定得较早，在全国范围内具有较强的示范引领作用，一度成为长三角地区最具吸引力的创新创业高地，对于推进产业发展、吸引高端人才起到了积极的作用，有力地带动了上海市软件和信息技术服务业的发展。但是，随着各兄弟省市相继出台专项政策，上海市产业政策的先发优势已不再明显。

（二）发展机遇

1. 国际、国内宏观环境向好趋势明显

1）国际

2017 年全球经济增长速度达到 3%，这是自 2011 年以来的最快增长。当前，全球经济持续复苏回暖态势明显，主要大宗商品价格有所回升，全球贸易呈扩张态势。但全球金融环境突然恶化及地缘政治局势的日益紧张；逆全球化思潮继续发展并发挥作用；全球主要国家可能开始退出量化宽松货币政策，以及资本紧缩等都会导致相当大的金融风险，这也为 2018 年经济的增长带来一定的不确定性和不稳定性。

2）国内

2018 年是全面贯彻落实党的十九大精神的开局之年，经济社会发展具有良好的支撑基础和许多有利条件，中国经济将在新常态下保持稳中向好发展态势。同时，经济结构持续优化，新旧动能加快转换。高信贷驱动的高投资对经济增长的贡献在逐步下降，消费已经成为经济增长的最主要驱动力。消费金融的迅速发展和促进消费政策的出台，有助于推动信息消费的增长。

2. 国际、国内市场需求仍然强劲

网络基础设施的完善、宽带的普及和网速的提升，为软件和信息技术服务业发展提供了良好的平台。随着信息基础设施建设力度的不断加大，大数据、云计算等新技术的推广应用，促进了新业态的发展，拓展了新的信息消费需求。随着《中国制造 2025》及重点领域技术路线图的发布和实施，围绕智能制造的软件产品和服务市场将呈现爆发式增长。随着信息技术的快速发展，企业内新业务、新需求不断增加，业务数据不断增长，也为软件和信息技术服务业带来了新的发展机遇。随着国家“一带一路”倡议的推进，将带动跨境电子商务、通用软件、软件外包等领域的增长。

综上所述，随着上海市经济的转型升级和科创中心建设的进一步推进，软件和信息技术服务业的市场空间也将得到拓展。

四、下一步工作

2018 年，上海市软件和信息技术服务业将面向扶持新动力、培育新亮点、布局高端集群、创新服务体系四个方向，聚焦“发展三个重点、提升四种能力、打造一片新格局、强化三种作用”的主线，持续向新的发展阶段推进。

（一）贯彻落实重大战略，扶持产业发展新动力

1. 聚焦发展工业软件，全力服务制造强国战略

培育一批工业软件龙头企业，以市场化方式支持企业兼并重组或开拓国内外市场，做大规模、做精主业、做响品牌、拓展市场。鼓励制造业企业并购软件企业或进行战略合作，推动工业软件产业链上下游协同合作；聚合各方应用开发资源、第三方增值服务资源，推动拓展商业模式，探索开放、共享、平台化的发展路径，构建竞合共赢的合作模式。推动工业云平台、工业大数据等领域的创新型企业加速市场推广和产业化示范应用，带动形成一批在国内领先或有较大影响力的工业软件新业态。

2. 聚焦发展人工智能，支撑建设全球科技创新中心

支持面向人工智能应用的软件创新升级，为人工智能发展提供软件解决方案，重点建设与人工智能深度耦合的软件计算平台，突破发展服务器级操作系统和智能终端操作系统，提升发展基于人工智能技术的通用软件系统。支持百度、华为等龙头企业在沪设立人工智能孵化基地，依托龙头企业的生态体系，引进人工智能产业链上下游研发企业；支持重点企业在上海建立技术研发和产业化平台或设立重要项目研发团队；支持实施一批拥有关键技术的人工智能研发项目。推动体量较大的人工智能企业资源整合、兼并重组，促进真格资本、软银中国等社会资本和优秀创业项目开展对接。

（二）挖掘释放新兴消费需求，培育经济增长新亮点

1. 提升信息消费需求创新能力

支持举办信息消费体验周、“互联网+银发”论坛、优秀案例展示等体验活动，开展申・APP评选，举办百场申・APP社区行活动，扩大信息消费的影响力。鼓励企业利用互联网平台，深化用户在产品设计、应用场景定制、内容提供等方面的协同参与；支持企业加快建设信息消费体验中心，运用虚拟现实、增强现实、交互娱乐等技术丰富消费体验。鼓励信息消费新业态、新模式，面向商贸流通、金融、餐饮、汽车等领域，推动发展一批和国际接轨的O2O服务平台。

2. 提升云计算应用促进能力

实施“云海计划3.0”，支持建设和运营骨干云计算服务平台，培育行业龙头企业。促进优质云计算基础设施及服务企业和中小型企业对接，提升中小型企业的信息化水平。结合华为开发云项目在青浦落地，支持软件研发企业应用华为开发云研发软件产品。

3. 提升新兴技术产业带动能力

支持成立区块链相关研究机构，推动基于区块链技术的大宗商品供应链金融应用示范项目落地。组织实施虚拟现实创新示范项目，重点突破高性能建模、内容采集与智能生成等关键技术，培育虚拟现实行业应用解决方案；指导举办全球虚拟现实大会，开展行业交流、项目路演、业务接洽等活动，以聚焦模式创新和产品研发的活动品牌，吸引集聚虚拟现实优势资源落户；调研虚拟现实企业和研究机构，编制完成《上海市虚拟现实产业白皮书》。

（三）对接发展空间新需求，布局高端产业集群

依托上海市现有信息技术服务产业基地和园区，按照城市空间发展战略，着力打造“一

中四方”产业园区新格局。聚焦西部城区，支持青浦区高起点建设市西软件信息园和华为研发中心，充分发挥青浦区在上海市及长三角地区的区位优势，培育形成上海西部区域软件和信息技术服务业产业集群，实现核心产业区与配套辐射经济带的深度耦合，推动科技创新与城区融合发展。

拓展成熟园区发展空间。支持浦东软件园和市北高新、紫竹、漕河泾等成熟园区整合空间资源，通过品牌联动优化和公共服务提升，推动产业集群提能级、上台阶，提高信息技术服务产业基地单位面积产出水平。

排摸中心城区存量载体空间资源，推动老厂区、园区、车站、码头等工业用地转型，拓展软件和信息技术服务业的发展空间。支持利用中心城区的闲置用地，通过引入大型软件和信息技术服务企业总部和龙头企业，建设纵向供应链与横向服务链完善的产业园区。

（四）完善产业发展氛围，优化管理服务体系

1. 强化政策引导作用

落实《关于上海市进一步鼓励软件产业和集成电路产业发展若干政策的通知》（沪府发〔2017〕23 号）政策，开展软件和集成电路企业设计人员和核心团队专项奖励工作，落实软件企业所得税优惠工作。继续实施《上海市首版次软件产品专项支持办法（试行）》，鼓励软件企业和用户合作开展自主创新、安全可控软件产品的研发和应用，提高软件产品高端化、自主化、安全性水平。开展上海市软件和集成电路产业发展专项资金的立项管理工作。

2. 强化人才驱动作用

指导高技能人才培养基地联合行业领先企业，共建一批人才实训载体，打通企业需求和人才培养的对接瓶颈。推动软件、金融信息等领域的 HR 联盟，面向不同层次人才需求，开展政策解读、需求互动等活动。组织申报上海市重点用人扶持单位，增强企业对非上海生源应届毕业生的吸引力。编制软件和信息技术服务企业适用人才政策索引。

3. 强化经济运行分析研判作用

开展软件和信息技术服务业经济运行分析和形势研判。梳理上海市软件和信息技术服务业统计直报平台样本库，夯实统计基础。开展上海市信息技术服务业重点领域竞争力分析研究，形成研究报告和上海市重点领域优势企业名单。

2017 年江苏省软件和信息技术服务业发展概况

一、基本情况

2017 年，江苏省软件和信息技术服务业继续保持平稳增长，收入增速较 2016 年同期有所放缓，但仍保持两位数增长，产业结构处于持续调整期。在江苏省软件和信息技术服务业加快转型的背景下，传统软件企业积极把握江苏省由制造大省向制造强省演进的历史契机，以制造业的数字化、网络化、智能化转型为切入点，积极开展工业软件的研发、推广、应用，打造新的业务增长点。

二、主要特点

（一）软件业务收入增速趋缓，但仍保持两位数增长

2017 年，江苏省软件和信息技术服务业累计实现业务收入 8936 亿元，同比增长 12.6%，增速较 2016 年同期下降 1.8 个百分点；实现利润总额 1393 亿元，同比增长 9.7%，增速较 2016 年同期下降 7.1 个百分点；实现软件业务出口 99 亿美元，同比增长 6.4%，增速较 2016 年同期上升 1.5 个百分点。

（二）信息技术服务增长较快，产业结构持续调整

2017 年，江苏省软件产品实现收入 2243 亿元，同比增长 11.0%，低于全行业平均水平 1.6 个百分点；占全部软件业务收入的比重为 24.3%，比 2016 年同期下降 1.5 个百分点。信息技术服务实现收入 3873 亿元，同比增长 13.2%，高于全行业平均水平 0.6 个百分点；占全部软件业务收入的比重为 43.6%，比 2016 年同期上升 4 个百分点。嵌入式系统软件实现收入 2819 亿元，同比增长 13.0%，高于全行业平均水平 0.4 个百分点；占全部软件业务收入的比重为 32.1%，比 2016 年同期下降 2.5 个百分点。

可以看出，在三大类型产品中，信息技术服务不论是收入增速，还是全行业占比的增长率，都高于软件产品和嵌入式系统软件。其快速增长说明，随着人工智能、云计算、大数据、物联网等新一代信息技术加快落地，软件作为新一代信息技术的核心和灵魂，正加快与实体经济深度融合。

而软件产品不仅收入增长率低于全行业平均水平，且占全部软件业务收入的比重也呈下降趋势。其中，信息安全产品 2017 年收入增速仅为 0.8%，这一方面说明，业务领域偏单一的传统软件企业如不及时拓宽业务领域，创新服务模式，避免同质化竞争，就很难在激烈的市场竞争中立于不败之地；另一方面，随着生产生活的互联网化，安全问题应该引起高度重视，要重点培育江苏省有品牌、有规模的安全类软件企业。值得一提的是，江苏省 2017 年工业软件产品收入达 463 亿元，同比增长 31.3%，高于全行业平均水平 18.7 个百分点。这从一个侧面说明，江苏省内软件企业积极把握江苏省由制造大省向制造强省演进的历史契机，以

制造业的数字化、网络化、智能化转型为切入点，在工业软件的研发、推广、应用等方面取得了不俗的成绩，发展工业软件大有可为。

（三）苏南5市产业规模较大，苏中、苏北地区增速较快

2017年，江苏省苏南5市实现软件业务收入8613亿元，占江苏省业务总收入的93.3%，较2016年提高0.5个百分点，其中又以南京、苏州、无锡3市最为突出，软件业务收入分别占江苏全省总收入的42.3%、24.5%、12.7%，合计占江苏省业务总收入的79.5%；苏中3市实现软件业务收入435亿元，占江苏省业务总收入的4.7%；苏北5市实现软件业务收入182亿元，占江苏省业务总收入的2.0%。整体增速方面，苏南、苏中、苏北地区分别达到11.9%、20.2%、28.7%。可以看出，苏南地区产业集聚度最高，苏中、苏北地区增速最快。这充分说明，软件产业是支撑江苏省经济发展和产业转型的重要力量。

（四）百强企业发展平稳，转型压力依然存在

在2017年公布的第十六届中国软件业务收入前百家企业榜单中，江苏省共有8家企业入围，较上届减少2家，入围企业分别为南京南瑞集团公司（第6位）、熊猫电子集团有限公司（第13位）、江苏省通信服务有限公司（第27位）、国电南京自动化股份有限公司（第34位）、中兴软创科技股份有限公司（第45位）、江苏金智集团有限公司（第70位）、江苏润和科技投资集团有限公司（第90位）、南京联创科技集团股份有限公司（第98位），如表1所示。

表1 江苏省企业入围第十六届中国软件业务收入前百家企业榜单的情况

排位	企业名称	2016年软件业务收入（亿元）	软件业务收入增幅（%）
6（持平）	南京南瑞集团公司	115.0	9.5
13（持平）	熊猫电子集团有限公司	69.6	0.8
27（持平）	江苏省通信服务有限公司	52.5	14.8
34（↓6）	国电南京自动化股份有限公司	42.6	−0.4
45（新上榜）	中兴软创科技股份有限公司	35.2	新上榜
70（↑3）	江苏金智集团有限公司	21.7	17.2
90（↑1）	江苏润和科技投资集团有限公司	16.9	15.9
98（↓3）	南京联创科技集团股份有限公司	15.8	−1.8

上榜的8家企业2016年软件业务总收入为369.3亿元，占全国软件业务收入前百家企业软件总收入的比重为5.58%，比2015年下降0.97个百分点。与上届相比，江苏省上榜企业在总榜的位次有所变动，除3家企业位次不变、2家企业位次下降之外，2家企业位次上升，并有1家企业新晋入榜（中兴软创科技股份有限公司，第45位），上届入围的江苏集群信息产业股份有限公司、恒宝股份有限公司、江苏国光信息产业股份有限公司本次跌出榜单。此外，除江苏省通信服务有限公司、江苏金智集团有限公司、江苏润和科技投资集团有限公司这3家企业的软件业务收入增幅超过10%以外，其余5家上榜企业的软件业务收入增幅不大，甚至有2家出现负增长，可见，江苏省软件产业在稳定增长的同时，企业转型压力依然存在。

（五）知名企业纷纷落户，加快完善产业生态

2017年，多家知名软件企业纷纷落户江苏省。12月24日，南京市人民政府与中科院签

署合作协议，中科院计算所将在南京麒麟科创园打造千亿级的空天地一体化移动通信与计算产业城，引领产业发展，同时，筹建首批国家技术创新中心，形成我国科技创新支撑和引领产业化发展的示范，打造在 IT 3.0 时代具有国际影响力的南京信息科技新名片；11 月 22 日，南京市人民政府与科大讯飞签署战略合作协议，科大讯飞将在南京市江心洲设立区域中心，双方将共同推进南京市人工智能产业规模化发展，打造人工智能应用示范城市；10 月 9 日，小米科技华东总部项目落户南京建邺区，进一步带动南京市创新要素和未来产业发展，实现合作共赢；9 月 14 日，苏州市相城区与京东集团达成战略合作，共建京东智谷项目，构建“以云计算为支撑，以大数据为驱动”的智能城市生态；9 月 13 日，浪潮集团与南京市鼓楼区人民政府签署战略合作协议，浪潮集团将在鼓楼区设立浪潮江苏区域总部，携手鼓楼区共同规划和打造领先的云计算、大数据产业链；6 月 29 日，华勤通讯无锡研发中心项目正式落户无锡高新区，该项目总投资达 7 亿元，将建成全国领先的移动终端、智能产品研发基地，预计 2017—2021 年将累计实现产值约 31 亿元、贡献税收约 3.1 亿元、集聚 2500 名本科及以上学历的中高端人才；6 月 23 日，阿里巴巴集团在杭州和北京两个中心之外的首个省级总部——阿里巴巴江苏总部正式落户南京市建邺区，项目初期将入驻 3000 名阿里巴巴正式员工并带动“阿里生态圈”1.5 万人创新创业，建邺区将与阿里巴巴集团共同推进“新金融”“新技术”“新资源”“新制造”变革；5 月 18 日，腾讯云与常州科教城签约共建腾讯云基地，双方以智能制造为主攻方向，加快构建常州新型制造体系，推动产业迈向中高端；2 月 28 日，无锡市人民政府与中国电子科技集团旗下的中电海康集团签署战略合作协议，双方携手打造物联网产业高地，共建物联网产业发展生态；1 月 20 日，南通市人民政府与华为签订战略合作协议，华为云计算数据中心落户南通市，双方将围绕南通市支柱产业和战略性新兴产业，将南通市打造成云计算服务业的全国性重要节点城市，以及国内一流的云计算服务企业集群和产业高地。

三、存在的问题

（一）江苏省软件和互联网百强企业偏少

2017 年，江苏省入围中国软件百强的企业有 8 家，互联网百强企业有 6 家，明显少于北京、深圳、上海等城市。以南瑞、熊猫为代表的软件领军型企业和以苏宁、途牛为代表的互联网领军型企业在规模上依然无法与京、沪、深、杭的阿里、腾讯、百度、华为、中兴、京东、小米等龙头企业并驾齐驱，差距不小。

（二）产业投资不活跃

一是创投机构不多。江苏省专注于软件和信息技术服务业的基金不活跃，投资于天使轮的基金更少。近年来，部分外来的基金落地江苏省，投资了一些有前景的软件和互联网项目，融资到一定阶段后，有些公司也跟着机构落到外地。二是自有投资不足。软件企业是轻资产企业，普遍存在贷款难题，适合软件企业的贷款产品少。企业完全靠自己滚动投入，大手笔的投资偏少，发展太慢。

（三）企业创新没突破

一是缺少核心技术。软件产业关键核心技术大多掌握在国外公司手中。江苏省软件企业在部分环节能够有所突破，但这些技术的突破需要资金、市场和产业链的支撑，而江苏省在这些方面的支撑往往很弱。二是上市公司较少。江苏省软件企业对资本市场的重视不够，上市公司偏少，募集资金投入创新领域的很少，参与资产并购的能力不强。三是转型压力较大。软件企业普遍存在向网络化、服务化转型的趋势，江苏省软件企业进入新的业务领域的敏感性、能力都有所欠缺，面临的压力又导致其谨小慎微、不敢创新。

（四）高端人才较缺乏

随着新一代信息技术的快速发展，特别是互联网已成为基础设施、数据成为重要资源、计算成为公共服务的背景下，加快软件企业转型，对高素质人才的需求极为旺盛。但高端互联网人才往往出于发展前景、行业环境、薪酬待遇等多方面因素考量，首选北、上、广、深作为工作地点，导致江苏省软件企业在吸引稀缺的复合型、创新型人才方面还存在一些不足，并进一步影响了产业整体竞争能力的提升。此外，江苏省区域间也存在人才层次失衡的问题。与苏南5市相比，苏中、苏北地区由于软件产业整体发展水平偏低，对高端人才的吸引力不足，导致领军人才稀缺，限制了软件企业创新能力及技术水平的提高。

四、下一步工作

（一）坚持创新引领，培育发展新动能

1. 软件关键技术攻关

围绕软件与互联网、大数据产业发展的重大技术需求，以产、学、研、用协同创新为依托，发布2018年度高端软件和信息技术服务业关键共性技术攻关目录，明确技术攻关点。推动工业软件、工业大数据、工业云服务平台、人工智能软件技术等领域和区块链技术+数据安全网关、大数据治理、软硬件结合大数据处理平台、基于流式数据的处理技术、基于AI的智能化大数据分析、工业互联网安全体系建设、深度数据融合技术、深度置信网络技术等方向的关键共性技术创新，遴选项目支撑单位，对其中优选项目予以支持。

2. 创建工业大数据创新中心

组织开展工业大数据交流座谈、专题研讨和现场调研，围绕工业大数据应用的重大和共性需求，采取地方推荐和企业自愿相结合的原则，优选具备整合产业链上、下游能力的骨干企业或单位牵头，集聚工业大数据相关各方力量、资源与资金，组建市场化运作、企业化运行的省级工业大数据创新中心。

3. 培育核心信息技术产业集群

突出工业软件、基础软件、支撑软件、平台软件及云计算、大数据、信息安全等方向的高端软件，推动具备相关方向发展优势的地区和企业按照江苏全省制造业产业集群发展统筹规划，加快形成核心信息技术产业集群，支撑制造业转型升级发展。

4. 打造标准化工作高地

组建江苏省软件和信息技术服务标准化技术委员会，强化江苏省软件和信息技术服务标准工作的顶层设计与系统推动。建设江苏省软件和信息技术服务标准化公共服务平台，加快推动大数据、云计算、互联网信息技术服务、人工智能软件等重点领域的省级标准和国家标准的研制应用，持续推动ITSS等国家标准在江苏省的落地推广，对设立首席标准官的软件

和信息技术服务企业进行鼓励和支持，强化优秀标准化企业和标准化案例的宣传推广，争取更多地方、更多企业以标准化为引领，推动企业创新能力的提升，塑造核心竞争力，全面推动传统软件产业向网络化、平台化、服务化转型升级。

（二）实施“数动未来”专项行动，推动融合发展

1. 制定并实施“数动未来”专项行动

以“大数据带动转型升级、大数据推动提质增效、大数据驱动创新发展”为方向，以加快实现传统产业数据化、数据使能传统企业为重点，制定并全面实施“数动未来”专项行动。组建由国际、国内和省内代表性大数据企业共同参与的专家服务团，分行业、分领域梳理问题、寻找痛点，明确转型升级的需求和方向，指导和帮助企业制定大数据助推转型升级方案。面向行业共性需求、普遍应用场景需求形成典型方案，通过专题对接会等形式有针对性地进行推广，对优选案例进行宣传。持续开展大数据应用示范评选，围绕社会经济发展、产业转型升级、社会治理和民生服务领域大数据应用创新，遴选一批优秀大数据应用示范项目。

2. 实施软件企业“腾云驾数”转型计划

推荐、优选应用云计算、大数据等技术转型成效突出的软件企业，整理汇编示范案例，全面宣传、推广转型经验。推动地方、高校、园区和有关软件企业技术中心开放已建平台、提供各类工具，为软件企业提供转型发展所需资源，重点培育平台类企业。分行业、分领域地整理和发布“腾云驾数”计划企业、产品、服务推荐目录，帮助对接国家和省级工业云平台、工业互联网、工业大数据等相关工程，助力企业开拓市场。

3. 强化大数据发展基础

根据江苏省政府发布的《江苏省大数据发展行动计划》及工业和信息化部发布的《大数据产业发展规划（2016—2020 年）》有关要求，以培育国家大数据产业集聚区为目标，结合各地大数据发展特点和基础条件，建设 3～5 个江苏省大数据产业园，明确不同主攻方向，引导产业园差异化、特色化发展；围绕地方优势特色产业，开展工业大数据融合创新应用，建设 2～3 个工业大数据应用示范区；面向已有大数据开放与应用基础的地区，创建 1～2 个大数据开放共享与应用示范区。通过大数据发展载体的建设，推动大数据产业集聚发展，加快数据开放与应用。

4. 加快企业分类培育

继续培育壮大软件与互联网、大数据骨干、龙头企业，对首次入围中国软件百强、互联网百强的企业给予一次性奖励；对进入国家、江苏省规划布局内重点或上市的软件、互联网企业（包括主板、新三板）建立企业库，跟踪企业发展情况，配套支持政策，进行分类培育。建立针对具有生态构建能力的互联网平台型企业和具有快速成长潜力的互联网独角兽、准独角兽企业的评价标准和遴选机制，会同有关部门、设区市及园区建立企业发展绿色通道；建立并不断动态补充“i 创杯”互联网创新创业大赛优秀项目库，优选其中成长快速的初创型企业，纳入省、市、园区重点企业库，并分批进入“i 创加速营”，为其后期发展对接资本、资源和市场。制定大数据企业评价办法，建立江苏省大数据企业库，编制江苏省大数据产业地图，并推荐优秀企业进入全国大数据产业地图。会同江苏省大数据发展办公室成员单位，为大数据企业制定数据开放、应用试点等配套支持政策。

（三）构建产业生态，形成发展合力

1. 提升产业集聚区服务能力

开展中国软件名城提升行动，促进南京软件名城建设达到更高水平，支持苏州、无锡加快创建软件名城，中国（南京）软件谷加快创建首个中国软件名城示范区。强化互联网产业与创新载体建设，有效提升江苏省互联网产业园、互联网众创园在产业集聚、跨界创新、创业孵化等方向的公共服务能力，强化各产业载体对于互联网独角兽企业的培育功能。深化省级以上软件和信息技术服务产业基地特色化发展。引导各省级软件园面向云计算、互联网、人工智能、区块链等产业新兴增长点，加快特色方向发展。

2. 打造重大活动平台

继续强化对江苏省软件和信息技术服务业、互联网、大数据产业发展的宣传，发挥“一会两赛两评选”平台效应。加强资源集聚与力量整合，以更高水平和更高起点举办第十四届中国（南京）国际软件产品和信息服务交易博览会（以下简称软博会），以软博会为重要平台，策划、组织新闻发布会、江苏全省巡展、产业对接等系列活动，全面宣传、展示江苏省软件产业的发展历程与成果，实现更大影响、更好效果的目标。继续办好第七届“中国软件杯”大学生软件设计大赛和第四届“i 创杯”互联网创新创业大赛两个大赛，并做好与软博会等重大活动的衔接。在加强赛产融合、促进创新创业等方面，进一步突出大赛与产业发展的联动效应，强化各类活动间的承接整合，充分发挥其在带动创新创业、培育发现人才方面的重要作用。组织开展软件产品金慧奖及互联网、大数据领域风云/新锐企业、人物及创新力产品等年度评选活动，调动行业积极性，为企业搭建充分展示、交流与合作的平台，通过塑造典型，大力营造支持创新创业、跨界合作的互联网发展氛围，推动全行业凝心聚力、共谋互联网发展。

3. 深化多层次产业人才引进和培养工作

紧密贴合产业发展趋势和现实需求，积极开展面向产业领军人才、高端复合型人才和紧缺骨干人才的引进、培养工作。以工业互联网、大数据、“互联网+”为专题，深化“育鹰计划”2.0 领军人才的培养，加大对江苏省双创团队（软件和互联网类）的引进支持力度，办好第七届“中国软件杯”大学生软件设计大赛，升级实施江苏省软件和信息报务公益学堂，增设区块链等新技术公益大讲堂，深入开展“江苏软件奖学金”和“爱英之旅”江苏省重点软件企业全国校园招聘活动，强化人才引进实效。

（四）强化支撑体系，夯实产业基础

1. 把握产业运行与发展态势

完成软件产业统计体系的调整优化。根据国家软件产业统计工作企业直报要求，在省级三库比对形成的江苏省软件企业库的基础上，进行省市互对互补，形成完整、真实的省、市级软件企业库；结合软件产业发展的业务变化，细化企业分类，实现对软件和信息技术服务新兴业态发展的客观、及时反映，建立健全大数据产业统计制度；建立统计体系年度动态调整与企业核查工作机制，运用大数据、人工智能技术强化江苏省软件产业实时运行监测分析。开展“大数据驱动工业转型升级路径研究”重点应用类课题研究，探索大数据在工业领域的创新应用。跟踪、储备有关前沿技术类的课题研究，及时掌握信息网络技术最新发展趋势。

2. 强化政策引领与组织推动

继续加强软件产业政策宣传和贯彻，在配合税务等部门开展退税核查工作中发挥引导作用，做好政策衔接。积极参与、主动跟踪了解国家软件产业税收优惠政策制定工作情况，配合做好江苏省软件产业发展情况反映与相关政策建议提出等工作，同步安排好政策宣传、贯彻与落实等工作准备。充分发挥江苏省软件行业协会、江苏省互联网众创联盟、江苏省互联网服务学会等行业组织的作用，举办软件与互联网、大数据产业系列对接交流活动，搭建软件与互联网、大数据企业与行业用户对接合作平台，推动企业间跨界创新。依托江苏省大数据联盟加强行业交流合作，设立制造业分联盟，推动落实江浙沪大数据联盟合作备忘录重点合作事项。支持地方加快开展区块链技术与应用研究，举办相关学术、行业交流活动，推动和支持江苏省区块链行业协会的筹建工作。

2017年浙江省软件和信息技术服务业发展概况

一、基本情况

2017年，浙江省软件和信息技术服务业继续保持稳健增长态势，全年实现软件业务收入4340.4亿元，同比增长20.6%；除软件出口量外，主要指标均快于全国平均水平，增速在全国排名前十的省市中位居前列；规模、结构、效益等保持协调发展，产业综合竞争力不断增强，经济效益居全国前列，为浙江省培育发展新动能提供了重要支撑。

二、主要特点

（一）产业规模平稳增长

2017年，浙江省软件和信息技术服务业运行情况良好，软件业务收入增速较2016年提升2.1个百分点，产业规模全国排名第5位，综合竞争实力明显提升。从软件业务类型来看，软件产品、信息技术服务分别实现收入1216.3亿元、2862.0亿元，分别同比增长11.9%、30.7%；因部分企业内部业务调整，嵌入式系统软件实现收入261.8亿元，同比下降19.1%。杭州市作为浙江省软件产业的主要集聚区，2017年软件产业规模为3618.5亿元，同比增长20.8%，占浙江省产业规模的比重达83.4%。

（二）信息技术服务引领增长

随着信息技术与各行业领域的渗透融合，电子商务、智慧物流、智慧健康、数字内容等新业态、新模式蓬勃发展，催生了分享经济、平台经济等新经济形态，促进了软件和信息技术服务业的快速增长。2017年，浙江省实现信息技术服务收入2862.0亿元，同比增长30.7%，高出全行业增速10.1个百分点；软件服务收入占比继续提升，达65.9%，对浙江省软件业务收入的贡献率达90.9%，拉动全行业增长18.7个百分点。信息服务和应用创新活跃，互联网服务增势迅猛，软件和信息技术服务业的强劲增长，进一步激发了信息消费的需求和活力，带动浙江省信息消费规模快速扩大，成为经济发展新动能。

（三）效益、质量协同发展

企业效益、发展质量和收入规模协同发展，盈利水平和带动性持续提升，2017年浙江省软件产业实现利税2014.3亿元，同比增长32.6%；其中利润总额1711.6亿元，同比增长43.1%，销售利润率为38.4%，盈利能力继续保持全国领先。龙头企业效益良好，支撑了浙江省软件产业的整体盈利水平，主要是以阿里巴巴集团、网易为代表的互联网企业和以海康威视、大华股份为代表的安防企业对行业的贡献突出，带动了全行业盈利水平的提升。

（四）产业结构呈现多元化

从产业结构来看，除嘉兴、绍兴、台州外，其余地市均以信息技术服务收入为主，排名靠前的杭州、宁波、金华的信息技术服务收入占比分别达 63.3%、51.4%、58.0%；嘉兴、台州以嵌入式系统软件收入为主，占比分别达 42.5%、92.7%，其中，台州的信息技术服务收入占比仅为 0.4%，台州软件产业仍以传统软件为主，新一代信息技术在传统产业转型升级中发挥的作用尚未取得明显成效，产业结构有待进一步调整、优化。绍兴软件产业结构以软件产品收入为主，占比达 48.4%。以云计算、大数据、电子商务平台服务等为主的信息技术服务已然成为软件产业发展的重点方向，软件产业服务化转型取得较好进展。

（五）软件出口略有下滑

2017 年，浙江省共完成软件出口 344547 万美元，同比下降 1.9%，为近年来首次下滑。受国内消费市场的不断扩张与全球经济下行压力的双重影响，浙江省部分企业在保持整体收入快速增长的同时，出口额出现了明显下滑，这也反映出浙江省软件企业的国际化水平仍有较大提升空间。

（六）龙头企业成为引领增长的主动力

2017 年，浙江省软件 20 强企业实现软件业务收入 2236.9 亿元，同比增长 19.3%；实现利润总额 1294.2 亿元，同比增长 34.1%。浙江省软件 20 强企业软件业务收入和利润总额分别占浙江省软件行业（1669 家）的 51.5%和 77.7%，即 1.2%的企业贡献了 51.5%的软件业务收入，创造了 77.7%的利润，龙头企业的带动作用十分明显。电子商务、通信网络、云计算、大数据、数字安防等产业发展迅速，阿里巴巴集团、网易、华三、海康威视、大华股份等骨干企业发展良好，对行业增长的贡献依然突出。

（七）特色领域发展优势突出

根据软件和信息技术服务业企业开展业务情况分类来看，浙江省重点软件企业主要应用或服务领域集中在通信、安全、金融、电子商务、工业控制、娱乐、医疗等。以阿里云为代表的云计算领域，以海康威视、大华股份为代表的安防领域，以阿里巴巴集团为代表的电子商务领域，以信雅达、恒生为代表的互联网金融领域，以网易为代表的游戏娱乐产业发展势头良好，软件业务收入大都有不同程度的增长。部分通信和工业控制领域企业软件业务略有下降。云计算、大数据、互联网、人工智能等新技术的不断发展和融合，倒逼传统软件企业加快转型升级的步伐，以适应新一轮的产业变革。

（八）产业集聚不断加强

从浙江省 11 个地市的产业数据来看，除丽水、台州、衢州、舟山外，其他城市产业收入都达到 10 亿元以上。杭州作为浙江省软件产业的主要集聚区，2017 年软件产业规模为 3618.5 亿元，同比增长 20.8%，占浙江省产业规模的比重达 83.4%。排名第二的是宁波，实现软件业务收入 540.6 亿元，同比增长 16.2%，占浙江省产业规模的比重达 12.5%。金华、嘉兴位列第三、第四，分别实现软件业务收入 60.3 亿元、45.9 亿元，分别同比增长 14.7%、34.0%。温州产业规模达 29.2 亿元，同比增长 82.4%，排名第五。绍兴、湖州产业规模相近，均在 10 亿元以上梯队，分别实现软件业务收入 13.3 亿元、12.6 亿元，分别同比增长 48.3%、146.2%。与产业分布相同，浙江省软件产业从业人员主要集中在杭州，占浙江省的 72.9%，其次是宁波，占比为 10.4%。2017 年，浙江省 11 个地市的从业人员均有不同程度的增长。从平均工资来看，杭州最高，2017 年 1—12 月平均工资达 24.4 万元，较 2016 年同期增长 31.5%。其余地市 2017 年 1—12 月平均工资基本均在 10 万元以下。

三、存在的问题

（一）关键领域的核心技术有待突破

集成电路、基础软件等关键技术与核心产品仍然欠缺，基础研究与源头创新能力较为薄弱。工业控制领域的高端软件依然依靠进口，浙江省内企业自主研发的工业软件主要服务于自用，行业共享有待提高。

（二）软件产业布局尚待完善

区域发展不平衡和企业发展两极分化的现象依然存在。各地市产业规模差距较大，杭州、宁波两市占据浙江省软件产业规模的 95.8%，衢州、舟山等地产业基础薄弱，对经济整体的发展带来一定影响。重点软件企业盈利能力总体向好，20 家重点企业利润总额占浙江省总量的 77.7%，而部分中小软件企业受制于研发能力不足、人才缺乏等瓶颈，处于亏损经营状态。

（三）人才建设亟待加强

人才结构矛盾突出，高层次、跨界复合型、领军型人才依然缺乏。而对于中小地市，人才难引难留的问题尤为突出，人才往杭州、宁波大城市集聚的现象明显，小城市生活成本低的优势在招引人才的过程中无法体现，不少企业用工难、留人难已成为首要问题。

四、2018 年展望

2018 年是全面贯彻党的十九大精神和浙江省第十四次党代会决策部署的开局之年，是推动产业高质量发展的起步之年，是改革开放四十周年，也是实施“十三五”规划承上启下的关键一年。浙江省软件和信息技术服务业将围绕培育发展软件和信息技术服务业成为引领性万亿元产业的远景目标，贯彻落实《浙江省人民政府办公厅关于进一步加快软件和信息技术服务业发展的实施意见》，以创新和融合发展为主线，聚焦软件能力提升，着力突破核心技术，加强应用技术研究，积极培育新业态、新模式，优化浙江省产业布局，持续深化融合应用，充分发挥软件产业在浙江省数字经济发展中的赋值、赋能、赋智作用，促进新兴产业培育和传统产业转型升级，推进数字经济发展。

五、下一步工作

（一）加强产业工作指导

把发展软件和信息技术服务业作为浙江省推进经济高质量发展、实施数字经济一号工程的重要抓手，全面贯彻落实《浙江省人民政府办公厅关于进一步加快软件和信息技术服务业发展的实施意见》，统筹建立协同工作机制，细化分解目标任务，组织开展浙江省软件和信息技术服务业产业政策宣传贯彻巡讲，指导各地市制定相关配套措施。

（二）将杭州建设成国际级软件名城

落实部、省、市三方《协同开展杭州国际级软件名城创建工作合作协议》，制定软件名城创建实施方案，建立部、省、市协作工作机制，加快杭州软件国际化进程，加大软件“名企、名品、名人、名园、名展”（五名）工程建设力度，聚焦电子商务、移动支付、云计算、数字安防等领域，培育一批具有国际影响力的软件和信息技术服务企业。

（三）实施软件企业研发能力提升行动

依托龙头软件企业和互联网企业，构建灵活、开放、协同的软件开发云和产业创新体系，面向中小微软件企业提供开发工具、开发环境和测试工具等软件开发云服务。加强产业联盟建设，强化产业链上下游的协同创新攻关和成果推广。发挥开源社区对创新的支撑作用，构建有利于创新的开放式、协作式、国际化开源生态。支持企业开展软件成熟度模型集成（CMMI）和信息技术服务标准等认证，提高企业的研发能力与水平。

（四）加快核心技术攻关和产品研发

瞄准产业发展制高点，支持基础软件技术和产品研发。加快工业互联网、人工智能、云计算、大数据、虚拟现实、区块链等前沿领域的技术研究和产品创新。推动嵌入式软件开发平台、嵌入式操作系统和嵌入式应用软件发展，开发一批软、硬件融合的智能产品，以及一批面向经济、社会各领域的智能解决方案。鼓励企业申请发明专利或商标、软件著作权。

（五）实施工业技术软件化行动

围绕“中国制造 2025”“互联网+先进制造”，实施工业技术软件化行动。加快工业操作系统、工业实时数据库和工业 PaaS 的开发与应用。加快软件对传统产业的植入，大力推进嵌入式软件应用，助力传统产业改造提升。充分发挥工业企业的主体作用，利用软件技术将大量工业技术原理、行业知识、基础工艺、模型工具等规则化、软件化、模块化，封装为可重复使用的组件，为行业提供共享服务。基于工业知识和数字化模型开发一批工业 APP。加速工业软件针对时尚产业的柔性化生产、个性化定制的推广应用。

（六）推动信息技术服务创新发展

顺应软件产品“服务化”的软件技术发展趋势，鼓励基于互联网的平台型产业和分享经济的发展，加快培育新业态和新模式，形成信息消费新热点。支持建立面向个人在线购物、移动支付、社交网络、数字内容、信息存储、学习娱乐、广电影视等的云服务平台。发展大数据、智能应用、虚拟现实、移动 APP 等新型在线运营服务。培育面向企业数字化营销、资源分享、物流网络等领域的技术服务平台和解决方案。发展基于新一代信息技术的高端外包服务。

（七）加强招商引资和对外交流

指导各地制定软件和信息技术服务龙头企业培育和招商引资政策，培育一批国际影响力大、竞争力强、带动性强的龙头骨干企业和品牌企业，引进一批技术先进、商业模式成熟、市场前景广阔的企业，打造一批专业化程度高、创新能力突出、发展潜力大的细分领域优势企业。高水平谋划第五届世界互联网大会，办好互联网之光博览会、“双创热土”项目对接活动和新产品、新技术发布活动，吸引更多的国内外优秀项目、企业、团队、资本在浙江省落地。

（八）完善统计监测体系

根据 2018 年浙江省政府绩效考核目标，制定浙江省各市软件和信息技术服务业考核目标，强化工作督查。发布年度浙江省软件和信息技术服务业发展统计公报，开展软件和信息技术服务业综合发展指数研究。规范统计监测工作，进一步完善软件和信息技术服务业统计分类指标体系。

2017年安徽省软件和信息技术服务业发展概况

2017年，安徽省软件和信息技术服务业把握新形势，找准新方位，实现产业规模和效益同步快速增长，重点企业实力不断增强，新兴业态发展迅速，行业集中度不断提升，呈现量增质优的良好发展态势。

一、基本情况

2017年，安徽省软件和信息技术服务业实现软件业务收入341.1亿元，同比增长31.2%，产业规模跃上新台阶。其中，实现软件产品收入129.5亿元，同比增长42.3%；实现信息技术服务收入168.3亿元，同比增长13.1%；实现嵌入式系统软件收入43.4亿元，同比增长115%。从业人员为5万人，同比增长19.2%；从业人员工资总额为61.5亿元，同比增长42%。

二、主要特点

（一）骨干企业领先发展

2017年，安徽省软件和信息技术服务业主营业务收入超过1亿元的企业有80家，其中科大讯飞、四创电子、华米科技、阳光电源、安得物流、继远软件、安徽电信工程、美亚光电、巨一自动化9家企业收入超过10亿元。科大讯飞连续3年入选中国软件业务收入前百家企业（以下简称中国软件百强）榜单，居2017年（第16届）中国软件百强第50位，入选2017全球50大最聪明公司榜单（中国排名第1，世界排名第6）。通过信息系统集成与服务资质认证的企业有322家，科大国创等7家企业获得一级资质。上市软件企业共计8家，华米科技在美国纽约证券交易所（以下简称纽交所）成功上市，成为首家在纽交所上市的皖企，彰显了安徽省软件企业的发展实力和融资能力。

（二）重点领域创新能力持续增强

1. 智能语音持续领跑

科大讯飞在语音合成、语音识别和机器翻译国际大赛中连续夺冠，持续保持在智能语音及人工智能领域的行业龙头地位。美亚光电嵌入式技术领先同行，色选机成为行业标杆，产品远销近100个国家和地区。华米科技自主研发的小米手环累计销售逾4000万只，智能穿戴产品出货量全球排名第1。

2. 智能电网国内知名

以继远软件、继远电网、中兴继远、科大智能等为代表的安徽软件企业，在电力自动化、配电网自动化、电力线载波等领域，是国家电网信息化建设的重要力量，相关技术国内领先。

（三）产业集聚效应明显

安徽省依托各地优势，突出发展特色，加快产业集聚。合肥市积极打造智能语音和人工智能产业聚集区，2017 年合肥市软件产业实现收入 476.9 亿元，同比增长 55.4%。芜湖市打造动漫游戏、文化创意产业集中区；马鞍山市打造电子商务、软件服务外包产业集中区；安庆市打造筑梦新区产业园；铜陵市形成智能交通、行业应用软件集中区，这些产业聚集区各具特色，构成了沿江软件产业城市集聚带。芜湖市软件产业实现收入 93.7 亿元，同比增长 31.8%；马鞍山市软件产业实现收入 21.5 亿元，同比增长 39.6%。合肥、芜湖、马鞍山 3 市软件产业规模占安徽省总量的 95%。

（四）“中国声谷”建设快速推进

“中国声谷”作为中国唯一定位于人工智能领域的国家级产业基地，先后获得国家级众创空间（粒子空间）、国家新型工业化产业示范基地、国家小型微型企业创业创新示范基地、国家级科技企业孵化器四大“国”字头荣誉。“中国声谷”依托科大讯飞先进的智能语音技术研发基础，围绕提升智能语音及人工智能产业创新能力，加快建设公共服务平台，构建形成智能语音及人工智能产业创新体系。智能语音技术和产品已广泛渗透到教育、医疗、广电、汽车、家电、移动互联网等多个领域，全国首家智慧医院也已挂牌运行。目前，“中国声谷”入园企业已达 200 家，跟进在谈项目超过 200 个。随着一批龙头企业的入驻，已形成了产业特色明显、技术领先、配套齐全、辐射全球的人工智能产业集群。

（五）推动信息消费，培育发展动力

1. 制定落实政策措施

贯彻落实《关于进一步扩大和升级信息消费　持续释放内需潜力的指导意见》（国发〔2017〕40 号），研究制定安徽省的实施方案，推动出台《安徽省人民政府关于进一步扩大和升级信息消费　持续释放内需潜力的意见》，明确 2020 年达到 5000 亿元的发展目标，引导合肥、芜湖、淮北、池州、黄山等地出台奖励和补偿措施。

2. 评选信息消费创新产品

评选第五批信息消费创新产品 104 件，累计评选信息消费创新产品 316 件，以加强供给，引领产业升级。

3. 狠抓消费体验

评选第三批信息消费体验中心 45 家，累计认定信息消费体验中心 126 家，涉及智能硬件、智能制造、服务平台、文化创意、创客空间等领域，形成了良好的信息消费氛围。

（六）加强顶层设计，优化发展环境

发布《安徽省“十三五”软件和大数据产业发展规划》，举办“十三五”安徽省软件企业发展战略研讨会，2017 年共有 71 家软件企业享受税收优惠政策，发布软件企业 20 强名单。研究制定《中国（合肥）智能语音及人工智能产业基地（中国声谷）规划（2015—2020 年）》，提出了发展思路、目标重点产业和战略措施，总体目标是 2020 年实现销售收入 1000 亿元。推动出台《安徽省人民政府关于印发支持“中国声谷”建设若干政策的通知》，首次设立专项资金 8 亿元，设立专项基金 50 亿元。研究制定了《支持“中国声谷”建设若干政策实施细则》，积极推动各项政策落地。2017 年征集智能语音与人工智能类投资项目 221 项，总投资 95 亿元，遴选支持“中国声谷”建设项目共 11 类 138 项，支持资金共计 3.07 亿元。

三、存在的问题

安徽省软件和信息技术服务业面临做大做强的问题。一是招商引智力度不够，缺少国内外知名软件企业落户，带动能力强的领军企业不多。二是面对云计算、大数据、“互联网+”等新技术、新产品、新业态不断涌现，安徽省软件企业模式创新不足，融合发展不深。三是人员流动大、高端人才缺乏，成为制约软件企业更快发展的重要因素。

四、下一步工作

（一）打造“中国声谷”，做大做强智能语音优势、特色产业

以核心技术和前瞻性技术为抓手，发挥产业先发优势，推进中国（合肥）智能语音产业园建设，进一步深化部省合作机制，推进“中国声谷”加快发展。

（二）创建“中国软件名城”，推进软件产业集聚发展

加快推进合肥“中国软件名城”创建，推动重大项目引进和产业聚集发展。做大做强软件产业园，以及动漫游戏、数字出版、信息外包服务、云计算、大数据、物联网等新型业态创新示范区。

（三）发展信息消费，培育新型业态

积极布局云计算、大数据、人工智能、窄带物联网、移动互联网等新产业，加速培育一批信息消费亮点，加强消费拉动经济增长的作用。

（四）推进智能语音及人工智能技术示范应用

制定智能语音及人工智能产品推广应用计划，召开产品产销对接会，谋划建设全国首家智慧医院、智慧学校、智慧养老院、智慧小镇等应用示范项目，进一步加快智能语音及人工智能技术和产品的普及。

（五）培育重点软件企业

继续完善行业监测分析，重点做好“中国声谷”、集成电路、智能机器人等重点领域的统计工作。发布年度重点企业名单，扶持重点软件企业发展，培育更多的软件企业进入中国软件百强榜单，支持高成长型企业上市融资。

2017年福建省软件和信息技术服务业发展概况

2017年，福建省软件和信息技术服务业保持持续、快速发展的良好态势，产业规模不断扩大，集群发展格局基本形成，公共服务能力大幅提升，产业竞争力显著增强。

一、基本情况

从产业规模来看，2017年福建省软件业务总收入达2496亿元，同比增长15.6%，居全国第8位。

从业务类型来看，软件产品收入882.8亿元，占软件业务收入的36.72%，同比增长16%；信息技术服务收入1319.52亿元，占软件业务收入的52.68%，同比增长16.6%，其中集成电路设计收入106.98亿元，占软件业务收入的4.27%，同比增长16.6%；嵌入式系统软件收入215.3亿元，占软件业务收入的10.6%，同比增长14.6%。

从区域分布来看，得益于福州市及厦门市创建"中国软件名城"和获批"中国服务外包示范城市"，以及福州、厦门软件园区的聚集效应，2017年福州市软件产业实现业务收入1175亿元，同比增长16%；厦门市软件产业实现业务收入1282亿元，同比增长16.37%。

从骨干园区来看，两大骨干园区——福州软件园、厦门软件园发展形势良好，2017年福州软件园区全年技工贸总收入648亿元，同比增长25%。厦门软件园在43个国家火炬计划软件产业基地中综合评价排名全国第7位，成长性指标排名全国第1位，全年实现产值838.7亿元，同比增长16.9%。福州、厦门软件园总收入占福建省软件产业业务收入的59%。

从企业发展来看，龙头骨干企业发展势头良好，福大自动化、星网锐捷、新大陆科技3家企业入选2017年（第16届）中国软件业务收入前百家企业，福大自动化、星网锐捷、网龙、美亚柏科4家企业入选2017年中国软件和信息技术服务综合竞争力百强企业，福州的网龙、利嘉电子商务和厦门的四三九九、美图、吉比特、美柚、鑫点击网络7家企业入选2017年互联网企业百强；截至2017年年底福建省软件和信息技术服务业上市企业累计达150多家（含新三板）。近40家企业产品或技术在行业应用软件、移动互联网、动漫游戏、大数据、物联网、VR/AR、IC设计等细分领域处于领先地位。

二、主要特点

（一）产业布局进一步合理

随着软件产业对社会经济的带动作用及对传统产业转型升级的推动作用日益凸显，软件产业已经越来越受到各级政府的重视，纷纷挖掘产业基础，布局新的软件园区或对原有软件园区进行改造提升。福州市对软件园A～D区进行提升改造，打造自主可控工业控制系统、芯片研发、物联网、文化创意等信息技术产业集聚区；厦门市加快软件园三期建设，主要发展移动互联网、大数据、动漫游戏等文化科技产业；泉州软件园围绕数控设备、智能装备、系统集成等产业，发展"互联网+制造"；南平市在福建武夷高新技术产业园区建设武夷智谷软件园项目，推动互联网与重点产业融合发展；莆田市委托赛迪研究院正在制定信息产业园规划，主要聚焦文创+电商、医疗+大数据、会展服务等领域；漳州市围绕智能光电产业，合理布局电子信息产业和现代服务业；龙岩市布局发展物联网及军民融合高端产业。

（二）龙头企业加快布局新产业，完善生态链

软件龙头企业纷纷抢抓大数据、VR、人工智能等新兴产业，布局产业基地，通过资产重组及并购完善产业链，有望形成新的产业增长极。例如，美亚柏科、福建省电子信息集团、南讯软件、科华恒盛等企业积极利用大数据完善产业生态链。新大陆、网龙、瑞芯微等企业纷纷布局以人工智能（AI）应用为主的 AI 研发，其中瑞芯微研发的 RV1108、RK3399 芯片已被阅面科技、搜狗厂商用于人脸识别、翻译机等产品，并新推出 AI 处理器 RK3399Pro，提供一站式 Turnkey 解决方案，有望进一步开拓市场，获得 AI 市场红利。网龙公司构建全球在线教育生态圈，与俄罗斯、土耳其、马来西亚、菲律宾、印度尼西亚等“一带一路”国家在教育、佛教文化、旅游等领域开展合作，为莫斯科 7600 间教室配置了网龙的互动教学设备和智慧解决方案，为土耳其 30 多万间教室配备了最新的教育信息设备，2017 年网龙公司的在线教育收入首次超过游戏收入。

（三）研发创新能力不断提高

福建省通过信息系统集成一级认证的企业有 12 家、二级认证的企业有 29 家，16 家企业通过国家信息技术服务标准（ITSS）认证，有 504 家涉及软件研发的企业获得高新技术企业认定，共有省级以上软件企业技术中心 18 个。企业的研发投入比重不断提高，福昕、瑞芯微等龙头企业的研发投入高达 20%左右。福昕软件自主研发的福昕互联 PDF 正式上线，作为新一代智能 PDF，福昕互联 PDF 基于云服务，在 PDF 管理、安全和协作方面进行了创新和突破；新大陆率先提出“数字公民”概念与产业平台架构，创办了全国首个军民融合科技服务平台，推出的星 POS 智能终端实现了硬件、软件协同深度定制，其另一款产品 N910 智能 POS 终端凭借创新设计摘得红星奖；瑞芯微发布首款人工智能芯片 RK3399Pro，使人工智能产业的创新与量产商用门槛大大降低，性能更强、耗能更低，将加速人工智能的全面普及。

三、存在的问题

（一）行业支撑渗透力有待进一步提高

福建省对软件产业在国民经济中发挥的重要作用认识不够，对工业领域和两化融合的支撑效应尚未充分发挥，产业渗透能力不足。

（二）高端创新型人才匮乏

一方面，随着大数据、云计算、虚拟现实、人工智能等新一代信息技术的发展，急需一批相关专业的高端研发创新型人才，但福建省内现有高校及专业匮乏，不利于企业转型升级。另一方面，房价过高和城市吸引力弱于广东、浙江、上海等周边发达省市，也为福建省引进、留住高端创新人才增加了困难，直接、间接地影响了企业的快速发展和产业的转型升级。

（三）软件产业自身面临新旧动能转换

软件产业正由高速向中高速发展转变，传统业务增长乏力，旧动能日益减弱，新兴业务处于探索阶段，新动能尚待培育。一方面，传统软件企业面临技术、业务、组织等方面转型升级的多重困难，软件及解决方案授权、服务业务比例将进一步下降，如果面向互联网领域的业务收入不能在短时间内成为新的业绩增长点，传统软件企业的整体收入将出现下滑，甚至是大幅下滑；另一方面，大批互联网企业仍然处于用户培育与黏度提升阶段，尚未梳理出清晰的商业模式，如何将前期的大规模资金投入变现成可靠的收益，仍然是众多企业面临的难题。

四、下一步工作

2018 年，福建省将以福州、厦门两市成功创建“中国软件名城”为抓手，推动产业资源进一步集聚，产业带动能力将明显提升，从而带动软件产业持续快速发展。

（一）推动福州、厦门两市成功创建“中国软件名城”

积极帮助、推动厦门、福州两市与工业和信息化部软件与集成电路促进中心联系，围绕移动互联网、物联网、大数据、动漫游戏、VR/AR 等优势特色产业，成功创建“中国软件名城”并完成授牌，倾力打造质量和效益并重、亮点和特色鲜明的“中国软件名城”，并通过创建工作，形成福建全省软件产业辐射带动、互动发展、齐头并进的良好发展格局。

（二）继续完善产业发展扶持政策

一是根据闽政〔2016〕60 号文，福建省财政软件产业专项扶持资金截止到 2018 年，为了更好地发挥省级财政资金的撬动和引领作用，福建省于 2018 年着手研究闽政〔2016〕60 号文件的延续政策，并根据产业发展情况，对政策扶持方向进行调整；二是根据《关于进一步鼓励软件产业和集成电路产业发展企业所得税政策的通知》（财税〔2012〕27 号），对软件集成电路企业所得税退税优惠限于 2017 年 12 月 31 日前，鉴于该政策对产业发展的重大推动和扶持作用（仅 2015 年和 2016 年两年软件和集成电路企业所得税优惠金额就高达 8.93 亿元），福建省计划积极与工业和信息化部进行沟通，推动国家有关部委研究出台延续政策，继续帮助企业减轻负担，扶持企业快速发展。

（三）赛展结合，提升产业的国内、国际影响力

2018 年，福建省将继续办好第八届海峡两岸信息服务创新大赛暨第十二届福建省计算机软件设计大赛、第十一届厦门国际动漫节、第四届中国大学生动漫游戏大赛等活动，并积极组织福建省内软件企业抱团参加中国国际软件博览会和杭州动漫节等专业节展，深化闽台合作，借助“一带一路”，提升产业影响力。

（四）抓特色优势产业，布局产业发展前沿

在继续鼓励发展行业应用软件、移动互联网、动漫游戏、集成电路设计、物联网等传统优势特色软件产业的基础上，鼓励网龙、美亚柏科、瑞芯微、新大陆等龙头企业发展大数据、

云计算、人工智能、区块链等新兴信息技术产业，布局产业发展前沿，抢占市场先机，引领行业转型升级。

（五）开展软件产业“十三五”规划中期评估

2018年，福建省将通过《福建省软件和信息技术服务业专项发展规划（2016—2020年）》（以下简称《规划》）实施情况中期评估，梳理和评估《规划》所列主要指标和七大重点工程计划的落实情况，重点跟踪分析未达到时序进度的指标情况，研究判断软件产业发展过程中面临的新情况、新问题，及时发现和解决《规划》实施过程中存在的薄弱环节和困难问题，梳理下一阶段工业转型升级的重点任务、重大工程和重大项目，确保按时、保质完成《规划》确定的目标任务。

2017年山东省软件和信息技术服务业发展概况

2017年，山东省高度聚焦软件和信息技术服务业发展，坚持以软件名城、名园、名企、名品“四名”工程为切入点，以加快大数据和云计算产业发展为突破口，努力做大产业规模，用心培育领军企业，全面提升质量效益，山东省软件和信息技术服务业主要经济指标位居全国前列，有效地巩固了山东省“排头兵”的地位。

一、发展情况及特点

2017年，山东省软件和信息技术服务业共有规模以上企业3741家，从业人员50余万人。全年实现软件业务收入4233亿元、利润644亿元，分别同比增长14.3%和16.1%。软件业务出口16亿美元，同比增长10.9 %。

2017年，山东省软件和信息技术服务业主要呈现以下几个特点。

（一）信息技术服务业领先发展

2017年，山东省加快布局大数据产业，重点培育了3个省级大数据产业集聚区、20个大数据重点企业和30个大数据优秀产品及解决方案，有效推动了云计算、大数据加快应用落地，带动产业向智能化、网络化方向延伸，信息技术服务业成为拉动全行业增长的主力。2017年，山东省实现信息技术服务收入1884亿元，同比增长20.2%，高于2016年同期2.1个百分点，规模、增速稳居行业首位，拉动全行业增长8.8个百分点。

（二）产业综合实力稳步提升

2017年，山东省有5家企业入围中国软件业务收入前百家企业，其中，海尔、浪潮、海信分别居第2、第4、第5位。浪潮、中创连续多年进入全国自主品牌软件十强，先后承担了多个国家“核高基”科技重大专项。累计培育省级软件工程技术中心106家。浪潮ERP软件、中创中间件等一批软件产品市场占有率居全国前列。

（三）增值服务外包业务逆势增长

受国际市场影响，软件出口形势趋紧，2017年，山东省软件业务出口16.1亿美元，同比增长10.9%，增幅低于2016年同期5.7个百分点；嵌入式系统软件出口10.9亿美元，同比增长8.9%，低于2016年同期13个百分点。但在软件产品外包、网络与数字增值业务服务外包的强力支撑下，山东省软件外包服务2017年实现收入2.8亿美元，同比增长15.1%，高于2016年同期14.9个百分点，拉动软件业务出口增长2.6个百分点。

（四）产业聚集度进一步提高

2017年，济南、青岛两市共完成软件业务收入4427.9亿元，占山东省软件业务收入的89.7%。济南市积极培育壮大产业新载体，2017年实现软件业务收入2557.6亿元，同比增长

12%；青岛市全力创建“中国软件名城”，软件和信息技术服务业实现较快发展，2017 年实现软件业务收入 1870.3 亿元，同比增长 16.2%，增速居副省级城市前列，拉动山东省软件行业增长了 6 个百分点。

二、2017 年主要工作情况

（一）推进大数据和云计算产业加快发展

一是制定并出台了《关于促进山东省大数据产业加快发展的意见》（鲁经信软〔2017〕520 号），提出了到 2020 年山东省大数据产业发展的总体要求、发展目标、重点任务及保障措施。二是协助济南、青岛申报国家大数据综合试验区，引导济南市启动“数创公社”建设并发布《济南市“数创公社”2020 发展行动计划》。三是组织开展了省级大数据产业集聚区培育认定和山东省重点骨干企业、优秀大数据产品及解决方案的评选工作。经单位申报、市地推荐和专家评审，首批确立了 3 个省级大数据产业集聚区、20 个大数据重点骨干企业和 30 个大数据优秀产品及解决方案。推荐 25 个优秀大数据产品及解决方案参与工业和信息化部组织的优秀产品征集。四是组织召开了大数据产业发展情况新闻发布会，邀请了近 20 家山东省内外新闻媒体参加，对《大数据产业发展意见》进行解读，对首批大数据产业集聚区、大数据重点骨干企业及大数据重点产品进行宣传推介，从而营造更好的大数据产业发展环境。

（二）推动软件产业加快发展

一是加快软件名城建设。继续支持和引导济南市建设高水平“中国软件名城”，引导并协助青岛市启动“中国软件名城”创建工作。2017 年，工业和信息化部、山东省、青岛市共同签署《部省市协同开展“中国软件名城”创建合作工作备忘录》，标志着青岛市“中国软件名城”创建工作正式进入试点阶段，成为工业和信息化部正式发布《中国软件名城管理办法》后全国首个“中国软件名城”创建试点城市。二是启动新一轮软件园区和技术中心申报工作。新认定 5 家省级软件产业园区和 10 家软件工程技术中心。截至目前，山东省已培育认定省级软件产业园区 17 个，省级软件工程技术中心 116 个，成为山东省软件产业创新发展的重要载体。2017 年，山东省软件著作权登记量突破 1241 件，比 2016 年增长 7%。大数据、云计算、人工智能等新技术迅速得到应用和扩展，产业活力不断增强。三是联合共青团山东省委、省工会、教育厅等部门启动首届“山东新动能 • 软件创新创业大赛”，助力新旧动能转换。

（三）强化服务保障，优化产业发展环境

一是与山东省财政厅、保监局联合出台《关于支持首版次高端软件创新与推广应用的指导意见》，共同研究开展首版次软件认定和保险补偿工作，探索通过保险补偿或补贴方式，支持具有重大创新突破或替代进口的软件尽快进入市场。二是根据国家文件要求，帮助软件企业享受所得税“两免三减半”、国家规划布局内重点软件企业减按 10%征收所得税优惠政策，2017 年惠及山东省 111 家软件企业，共享受所得税减免 5.87 亿元。

三、面临的形势和挑战

2018 年，宏观经济将持续在合理区间运行，各类风险考验和不确定因素有增无减，山东

省工业发展的外部约束加大，国内外竞争加剧，山东省面临新旧动能转换的重要挑战。山东省还存在产业结构偏重、能源资源依存度偏高、产品附加值不高、企业创新能力不强等问题，要解决这些问题就必须坚持走新型工业化道路，积极运用以信息技术为代表的新技术、新业态、新模式改造提升传统产业，利用智能化、网络化等手段加快生产、消费、服务、管理方式的转变，推动传统产业提高质量效益，衍生新兴产业，激发出旧动能的新活力，形成发展新动能。山东省软件和信息技术服务业任务艰巨，仍然面临着产业地位不突出、关键领域有缺失、开放水平有差距、发展环境有欠缺等问题。增强产业自主创新能力，切实推动产业向价值链高端延伸，培育产业发展新动能，成为当前山东省软件和信息技术服务业亟须解决的突出问题。

四、下一步工作

2018 年，山东省软件和信息技术服务业将认真贯彻落实党的十九大精神，以应用为引领，以创新为驱动，深入实施“四名”战略，认真抓好“四个发展”，加快构建以高端化产品为主导、以融合发展为特征、以广泛应用为目的、以安全可控为保障的现代产业体系和生态环境，在做大做强软件产业的同时，为培育壮大新动能、改造提升传统动能、实现新旧动能转换、打造山东省新工业贡献软件力量。

（一）抢抓行业热点，开拓新领域

深入贯彻落实《关于促进山东省大数据产业加快发展的意见》，提升产业创新能力，推进大数据与工业制造业及其他行业领域的深度融合应用，培育新动能。继续推动济南、青岛争创国家大数据综合试验区，继续培育一批省级大数据产业集聚区和骨干企业，形成一批大数据优秀产品和应用解决方案。

（二）把握软件产业发展动向，进行新探索

一是研究出台《关于促进山东省工业软件加快发展的意见》《关于加快云计算产业发展的指导意见》，进一步提升创新能力，拓展产品领域，服务山东省工业高质量发展。二是在总结前期成功举办化工行业软企合作对接会的基础上，把软企合作向机械装备、物流、智能制造及节能等行业领域延伸。三是继续举办“山东新动能 • 软件创新创业大赛”，力争将其打造成为山东省软件和信息技术服务业与地方经济发展共生、共建、共创的生态化双创服务平台。四是深入宣贯《关于支持首版次高端软件 加快推进软件产业创新发展的指导意见》，编制发布《山东省首版次高端软件创新与推广应用指导目录》，召开软件保险推介会，做好保费补偿等保障工作，共同推动该项工作的开展。

2017 年江西省软件和信息技术服务业发展概况

一、基本情况

2017 年，江西省软件和信息技术服务业保持平稳、较快发展，业务收入与经济效益保持稳定增长，实现软件业务收入 106.6 亿元，同比增长 19.3%；实现利税 22.5 亿元，同比增长 48%；共有软件从业人员 2.7 万人，同比增长 10.9%。2017 年，江西省营业收入超过 10 亿元的软件企业达到 3 家；营业收入超过 1 亿元的软件企业达到 37 家，比 2016 年增加 8 家；国家规划布局内重点企业达到 4 家。

二、主要特点

（一）龙头企业引领优势显现

先锋软件、捷德（中国）信息、广电网络 3 家企业营业收入超过 10 亿元，思创数码、泰豪软件、江西通服 3 家企业主营业务收入超过 6 亿元，中至科技、大唐通信等 4 家企业被认定为 2017 年江西省现代服务业龙头企业。

（二）特色园区聚集效应凸显

南昌高新区发挥国家服务外包示范区的品牌优势，国家级金庐软件园产业聚集效应明显，吸引了微软、IBM、甲骨文、谷歌、东软、用友、百度等一大批国内外知名企业入驻，集聚了江西省 80%以上的软件企业，形成了以服务外包、高端嵌入、应用软件、游戏动漫等为重点的软件产业带，成为江西省软件产业发展的主体经济区。

（三）行业细分领域特色突出

在电子政务、电力调度、电力预算、工业 4.0、电子签章、地理信息、第三方支付等细分市场，涌现了思创数码、泰豪软件、博微新技术、易往信息、金格科技、华宇软件、新和技术等一批特色突出并占据一定市场优势的骨干企业，进一步丰富和支撑了江西省软件产业的发展体系。

（四）公共服务助推产业发展

国家级软件园金庐软件园依托其品牌效应，形成了以软件研发服务为主的南大科技园，以信息服务为主的中兴产业园，以电子商务服务为主的浙大科技园，以呼叫中心服务为主的昌大瑞丰产业园。建设了鄱湖云计算中心、中科曙光政务云计算中心、科技信息平台、软件测试平台、人才培训平台等公共服务平台，并与中科院合作成立了江西省首个大数据领域创新型研发机构——大数据研究院。

（五）服务外包增幅明显

2017 年，江西省软件服务外包收入 43095 万元，同比增长 98%。其中，泰豪软件、中兴软件、博微 3 家企业服务外包收入均超过 8000 万元。

三、存在的问题

（一）人才问题仍较突出

人才结构不够合理，高层次的专业技术人才、领军人才、管理人才、实用型人才较为缺乏。高校学历教育传授的知识技能滞后于快速发展的产业应用技术，应届毕业生缺乏有效的实践锻炼。区域间、企业间竞争激烈，人员流动性大，影响了企业的稳定发展。

（二）产业整体规模偏小

江西省软件产业规模总量在中部地区排名第 5 位。虽然江西省软件企业数量达 400 多家，但大都规模偏小，软件开发工程化程度较低，附加值不高，市场竞争力不强。

（三）创新发展步伐偏小

资源整合、技术迭代和优化能力弱，缺乏创新引领能力强的大企业，生态构建能力亟待提升。国际市场拓展能力较弱，国际化发展步伐急需持续加快。

四、发展方向

1. 行业应用软件

围绕农村、城市、社区、物流信息化等工程建设，重点推进软件技术在交通、电力、电信、教育、医疗等领域的深度应用。

2. 工业软件

围绕工业转型升级，培育新动能，重点推进嵌入式软件及系统、企业管理软件、基于北斗卫星的地理信息系统软件等大型应用软件、工业软件及行业解决方案等的研发和应用。

3. 虚拟现实（VR）应用软件

利用 2018 年世界 VR 产业大会在江西省南昌市举办的契机，积极引进国内外 VR 龙头企业，重点打造 VR 产业互联网生态圈，推动 VR 在教育、动漫、影视、人工智能、旅游、政务等方面的应用。

4. 软件服务外包

围绕全球服务外包业务的拓展，重点推进服务外包业务向价值链高端延伸，重点发展人力资源、公共信息、呼叫中心等服务外包业务，不断优化信息技术外包、商业流程外包、知识流程外包等业务结构。

5. 信息系统集成服务

围绕软件产业向网络化、服务化、平台化转变的趋势，重点推进系统设计、集成实施、系统运维等全业务流程服务，进一步推广应用信息技术服务标准，鼓励相关企业依据自主标准建立服务能力体系。

五、下一步工作

（一）抓好产业运行调度

一是按照工业和信息化部的要求，认真完成软件产业统计监测月报、年报工作，实时掌握行业动态和发展趋势。二是突出重点，抓好重点软件企业的季度调度工作，跟踪监测企业主要指标完成情况，帮助企业协调解决有关问题。三是抓好有自主知识产权、发展潜力大的新兴软件企业的调度监测工作，确保江西省软件产业保持平稳、较快发展。

（二）推进资质指导监管

一是加强与赛宝认证中心、江西省电子检验院等认证服务机构的工作联动，深化计算机信息系统集成资质企业工作监督指导，做好计算机信息系统集成企业资质申报和换证工作，力争 2018 年新增资质企业 20 家，江西省资质企业总数突破 120 家。二是积极推进信息技术服务标准的宣传和贯彻，联合相关培训机构，开展 IT 服务相关培训，为企业获证、换证及开拓市场创造条件。三是加强重点企业应用示范，指导和帮助企业积极开展运维资质申报及信息技术服务标准通用符合性评估。

（三）加强企业宣传合作

一是组织江西省内知名软件企业积极参加第二十二届中国国际软件博览会及第十六届中国国际软件和信息服务交易会，推动企业了解和掌握行业内的最新前沿技术及其发展趋势，增进对外交流合作。二是积极参加其他部门牵头举办的涉及软件企业的展览展示、创新大赛等各种交流合作活动，增强软件产业在其他行业领域内的影响力。

（四）服务企业有效需求

一是加强与江西省有关部门的工作联动，按照国家有关政策，对软件企业减免税备案材料进行认真核查，并建立核查机制，让企业充分享受政策优惠。二是帮助软件企业、软件园区积极参加省级服务业龙头企业和聚集区评选，进一步增强软件企业在江西省内的影响力。三是指导企业积极申报“两化融合”、战略性新兴产业等国家和江西省重点项目，通过项目带动，促进企业发展。

（五）重点扶持江西省 VR 产业

一是抓住 2018 世界 VR 产业大会在江西省举办的契机，加大引进和培育力度，集聚一批拥有核心技术的虚拟现实企业落户南昌 VR 产业基地。二是出台 VR 产业扶持政策。根据江西省的实际情况，支持企业在创意设计、产品研发、示范应用等方面创新和进行技术升级，鼓励金融机构支持虚拟现实企业发展，推动社会资本投入虚拟现实产业领域。三是建立 VR 应用项目试点工作协调推进机制，建立以政府为引导、企业投入为主体、多元社会资金参与的应用项目投入机制，推动“VR+”应用项目在各设区市、各相关单位的示范带动和全面开展。

2017 年河南省软件和信息技术服务业发展概况

2017 年，河南以《软件和信息技术服务业发展规划（2016—2020 年）》和《新一代信息技术产业分类目录》为指导，以“中国制造 2025”“互联网+”和两化融合、云计算、大数据等战略为驱动，通过创新驱动发展、优化产业结构、坚持自主可控，带动新技术、新业态、新模式不断涌现，推动河南省软件和信息技术服务业稳步发展。

一、基本情况

2017 年，河南省软件和信息技术服务业保持平稳增长，软件业务收入总额为 306.7 亿元，同比增长 3.5%。其中，软件产品收入 88.2 亿元，同比下降 21.1%，占软件业务收入总额的 28.8%；信息技术服务收入 210.1 亿元，同比增长 14.5%，占软件业务收入总额的 68.5%；嵌入式系统软件收入 8.4 亿元，增幅较大，较 2016 年增长 6 倍，占软件业务收入总额的 2.7%。

二、主要特点

（一）产业情况

2017 年，河南省软件和信息技术服务业主营业务收入超过 1 亿元的企业有 24 家，上市公司 38 家——辉煌科技、思维列控 2 家企业在 A 股上市；汉威电子、新开普、新天科技、光力科技 4 家企业在创业板上市；威科姆、天迈科技、众诚信息、欧丽信大、景安网络、捷安高科、金鹏信息、中裕广恒、悉知信息、竹林松大、畅想高科、约克动漫、信源信息、信大捷安、彩通科技、寰宇信息、辰维科技、历程科技、威尔克、恩普特、亿恩科技、云飞扬、贝博电子、企汇网、百灵电子、中业科技、黑蜘蛛、大方软件、羲和网络、安盛科技、创远科技、九博科技 32 家企业在新三板挂牌。截至 2017 年年底，河南省已授权的软件著作权数量为 6161 件，通过信息技术服务标准（ITSS）运维能力成熟度标准评估的企业有 35 家，其中，二级资质企业有 9 家、三级资质企业有 23 家、四级资质企业有 3 家。通过信息系统集成与服务资质认定的企业有 351 家，其中，一级资质企业有 3 家、二级资质企业有 25 家、三级资质企业有 189 家、四级资质企业有 134 家。获得高新技术企业资质的企业有 127 家。

（二）企业培育

1. 政策引导

从政府层面加大对软件和信息技术服务业的引导和支持。一是以河南省委、省政府名义印发《关于贯彻落实〈国家信息化发展战略纲要〉的实施意见》，以河南省政府名义印发《关于加快推进信息化促进“四化”同步发展的意见》《河南省“十三五”信息化发展规划》《河南省深化制造业与互联网融合发展实施方案》《河南省进一步扩大和升级信息消费持续释放内需潜力实施方案（2018—2020 年）》，明确下一步发展目标、主要任务和政策措施。二是对信息化和软件服务业重点项目予以支持，激发企业创新活力和转型动力。三是落实国家软件和集成电路产业企业所得税优惠政策，建立协同工作机制，及时沟通问题，确保工作顺利推进。

2. 支撑构建

河南省注重对软件企业的培育，引导企业瞄准自主可控发展方向，研发核心技术，加快渗透融合，为传统行业转型升级提供技术支撑。深入推动软件企业开放协作，构建产、学、研、用一体化发展模式，引导企业与高等院校、科研机构、行业协会共同参与技术研发，提升河南省软件技术创新的整体实力。一是促进交流合作，河南省软件和信息技术服务业企业已与哈尔滨工业大学、西安交通大学、郑州大学等80多所院校建立了合作机制，与中科院上海技术物理研究所、电子科技大学成都研究院等40多家科研机构保持合作关系。二是推动联盟发展。推动成立了河南省制造业与互联网融合发展联盟（河南省工业互联网产业联盟）、河南省智能制造推进联盟（河南省智能制造研究院）、中国两化融合服务联盟河南省分联盟、河南省首席信息官（CIO）联盟、河南省虚拟现实产业联盟，指导郑州市成立了中原大数据产业联盟。三是建立研究机构。建立了河南省制造业大数据应用产业技术研究院、河南省大数据安全防护产业技术研究院、河南省时空大数据应用产业技术研究院、河南省国信大数据处理与安全技术研究院、网络空间内容安全大数据河南省工程实验室等，积极推动大数据关键技术研发和成果转化应用，促进创新链与产业链深度融合。

3. 重点企业

河南省在工业、交通、电力、教育、医疗、能源及社会管理等领域，具有一批竞争力较强的软件和信息技术服务业企业。汉威电子的气体传感器和气体检测仪，辉煌科技的铁路信号调度智慧系统和集中监测系统，新天科技基于物联的智慧水务及物联网终端、河南思维的LKJ列控系统、信大捷安的移动安全接入系统销量居全国首位。河南锐之旗集网络推广、软件教育及研发、云平台服务、B2B、O2O电子商务等于一体，服务范围覆盖33个行业，培育互联网企业50余家。辉煌科技致力于轨道交通通信、信号、行车指挥测控系统的研发，其铁路信号集中监测系统占全国铁路份额的近40%。威科姆基于K12中小学教育信息化的信息服务云平台，已在全国部署了31个省级教育云平台，构建了全国最大的教育资源云，服务于全国 6.8 万所学校，市场占有率全国第一；威科姆北斗授时系列产品已在各领域广泛使用，在通信和电力市场的占有率分别达50%和70%。天迈科技的新能源客车的远程监控预警和故障诊断平台、客流大数据仿真与排班系统、公交企业大数据综合应用系统、公交ERP系统等产品均处于全国领先水平。信大捷安专业从事安全芯片创新设计、云安全服务平台研发，为客户提供“移动·物联”安全服务保障，目前，该公司正在重点进行“基于自主可信的SoC安全芯片及基于安全芯片的安全模组项目”的关键技术研发攻关及试制工作，主要通过设计抗多重攻击的物理安全芯片，基于芯片通过形式化方法建立高可信的基础安全软件，为移动互联网、车联网、物联网等各类应用提供高普适性的软硬一体安全标准化模块。

（三）产业聚集

河南省软件和信息技术服务业企业主要集中在郑州市和洛阳市。其中，郑州市的企业主要分布在高新区、金水区、经开区、航空港区、惠济区，形成了西区、中区和东区 3 个发展相对集中的产业集群。西区依托高新区的IT产业园、中部软件园、国家863中部软件孵化器、河南省大学科技园等园区，形成了以软件开发、计算机系统、新一代信息技术、服务外包、动漫游戏为重点的产业基地。中区依托金水区的河南科技园区、金水科教园区等园区，形成了包含软件开发、系统集成、电子产品销售等在内的产业基地。东区依托经开区的河南省软件园、航空港区的台湾软件园，初步形成了一定规模的行业软件开发集聚区。洛阳市坚持产业集聚发展与园区功能完善同步推进，依托国家大学科技园、洛阳北航科技园、洛阳软件园、洛阳信息科技城、洛阳恒生科技园、惠普—洛阳国际软件人才及产业基地、中兴通讯智慧产业基地、洛阳顺兴产业园、洛阳 863 电子商务产业园、炎黄科技园、洛阳智慧工场暨物联网创新科技园、景安 IDC 云计算产业园、洛阳浙大科技创意园、洛阳卓阳耀滨科技孵化园、洛阳科技城创智广场 15 个园区，推动产业开放协作、聚集发展，延链补链。2017 年 5 月，河南省确定了首批 18 家大数据产业园，围绕数据应用的全流程，发展各具特色的大数据硬件产品制造、软件及应用服务、信息技术核心基础产品，打造完整的大数据产业链。科学引导各类生产要素加速汇集，整合产业链上下游优势资源，推动形成布局合理、特色鲜明、协同高效的园区发展格局。7 月，郑州信息安全产业基地启动，河南省信息安全产业协会、郑州信息安全产业联盟分别与金水科教园区签署共建郑州信息安全产业基地战略合作协议，山谷网安等 6 家骨干企业作为首批入驻企业与金水科教园区签订入园协议。该基地将按照“专业孵化器+信息安全大厦+信息安全专业园区+信息安全产业基地”的模式建设，依次完成产业梯次培育、公共平台搭建、扶持政策保障等体系建设，建成龙头企业带动、核心技术支撑、主导产品突出、产业链条完整，在国内具有重要影响力的信息安全产业集群。

三、存在的问题

一是思想认识有待提高，部分企业仍存在重眼前、轻长远的思想观念，对新常态下抢抓新一轮产业变革机遇、实现“变道超车”的重要性和紧迫性认识不足。二是技术支撑能力不足，智能装备、工业软件等领域发展滞后，尤其缺少能够提供智能制造综合解决方案的企业，企业实施信息化建设高度依赖对外采购产品和服务，核心技术和知识产权受制于人。三是产业基础薄弱。基础软件、集成电路设计、云计算、大数据等新一代信息技术产业规模偏小，缺少拥有系统集成能力的骨干企业，尚未形成完善的产业体系和完整的产业链条。四是高层次专业人才匮乏。尚未形成完善的人才培养机制，高端人才严重缺乏，同时，受信息化总体水平不高、信息产业规模较小、福利待遇远低于发达地区等因素影响，河南省对国内外高层次人才仍缺乏吸引力。

四、下一步工作思路

（一）促进产业提质增效

一是开展大企业电子商务集成应用试点示范，支持有条件的大企业电子商务网站向行业电子商务平台转化。二是引进航天云网、阿里云等知名云平台资源，加强与本土互联网企业、基础电信运营商合作。三是实施“企业上云”工程，引导企业将基础设施、平台系统、业务应用、生产设备向云平台迁移。四是培育工业 APP，开发一批面向特定应用场景的工业 APP，为工艺经验程序化、工业知识显性化、工业智能云计算化提供支撑。

（二）推动产业政策落地

一是研究拟订软件和信息技术服务业奖补制度，支持核心领域技术、产品开发及产业化和推广应用项目，支持具有自主知识产权的软件产品研发产业化、服务外包、软件公共服务体系项目。二是持续做好软件企业享受所得税优惠政策后的核查工作，推动省内软件企业享受企业所得税优惠。三是继续做好信息技术服务标准的制定和宣传贯彻工作。

（三）着力培育新业态、新技术

一是开展制造业“双创”平台、制造业与互联网融合“双创”基地认定。二是发展大数据产业，建设大数据产业集聚区，鼓励郑州、洛阳、许昌等地建设制造业大数据创新试验区；组织开展大数据产业发展试点示范。三是开展物联网示范平台和应用示范基地认定，推动物联网技术、产业、应用协同发展，促进物联网与经济、社会各领域融合创新。

（四）完善融合发展服务机制

一是深化融合发展专题培训，提升领导融合发展的能力和水平。二是应用中国两化融合服务平台的模式，建立试点示范、智能化改造项目库管理平台和动态服务机制。三是加强行业组织建设，加大对智能制造推进联盟、河南省物联网行业协会等的指导力度，为河南省融合发展工作提供支撑。四是设立河南省制造业与互联网融合发展专家库，发挥行业专家的智力支撑作用，为融合发展提供咨询和服务。

2017 年湖北省软件和信息技术服务业发展概况

2017 年，湖北省进一步优化产业发展环境，积极推动武汉市创建“中国软件名城”并取得明显成效，形成了企业竞争力进一步增强、新兴业态不断涌现、产业规模不断壮大的良好发展态势。

一、基本情况

2017 年，湖北省共有规模以上软件企业 2622 家，实现软件业务收入 1531 亿元，保持中部地区第 1 位；软件产业从业人员超过 31 万人。

（一）产业规模持续增长，增速有所回落

2017 年，湖北省软件业务收入同比增长 15.1%，高于全国平均增幅 0.9 个百分点，但比 2016 年降低 16 个百分点。从全年增长情况来看，走势基本平稳。

（二）信息技术服务引领增长，产业结构持续优化

2017 年，湖北省实现软件产品收入 749 亿元，占软件业务总收入的 48.9%，同比增长 7.9%；实现信息技术服务收入 719 亿元，占软件业务总收入的 46.9%，同比增长 25.8%，增速高出全行业平均水平 10.7 个百分点；实现嵌入式系统软件收入 64 亿元，占软件业务总收入的 4.2%，同比下降 2.6%。从以上数据可以看出，2017 年传统的软件产品收入保持平稳增长，依然是湖北省软件业务收入的主要构成部分；基于移动互联网、云计算、大数据等的新业态、新业务、新服务快速发展，信息技术服务增长突出，增速居行业首位；随着智能手机市场逐渐趋于饱和，嵌入式系统软件收入增速明显下滑。

（三）软件业务出口增长趋缓，利润增长趋缓

2017 年，湖北省软件业实现软件业务出口收入 22592 万美元，同比增长 15.5%，高于全国平均增幅 7 个百分点，但比 2016 年回落 31 个百分点。2017 年，湖北省软件产业实现利润总额 188.3 亿元，同比增长 25.8%，低于全国平均增幅 18 个百分点，增速比 2016 年降低 4 个百分点，利润增长趋缓。

（四）企业实力不断增强，发展势头持续向好

2017 年，湖北省软件业务收入超过 1 亿元的软件企业达 227 家，比 2016 年增加 28 家。通过国家信息技术服务标准（ITSS）运维服务能力成熟度符合性评估的企业共 60 家，其中，二级资质企业有 16 家，三级资质企业有 40 家，四级资质企业有 4 家，数量排在全国前列。通过计算机信息系统集成资质认证的企业达 352 家，其中，一级资质企业有 5 家，二级资质企业有 43 家，三级资质企业有 221 家，四级资质企业有 83 家。天喻信息、盛天网络、安华智能等 60 余家软件企业分别在主板、创业板、新三板等资本市场上市；斗鱼、盛天网络、换

车网入选 2017 年中国互联网百强企业。

二、产业特点

（一）载体环境不断提升，产业集聚效应明显

近年来，湖北省软件基地和园区建设提速，特别是部、省、市共创武汉“中国软件名城”工作的持续推进，为软件企业集聚和整体产业发展创造了良好的环境。以光谷软件园、武汉软件新城、襄阳软件园等为代表的已经建成的产业载体日渐成熟，已经成为湖北省软件产业的核心组成力量，集聚了超过 60%的产业规模。

湖北省拥有国家新型工业化（软件和信息化服务）基地（洪山区）、国家网络安全人才与创新基地（东西湖区）、国家现代服务业网络安全产业化基地（武昌区）等多个国家级软件产业基地。建设了中部地区规模最大的武汉软件新城，一期已建成交付，美国 IBM、荷兰飞利浦、上海新致软件等数十家世界 500 强、行业百强企业先后入驻，二期科技创新区 17 万平方米已建成，正在积极招商。全面实施“创谷计划”，建设了“光谷移动互联创谷”“汉江湾·云谷”“联想星空·智慧谷”等多个软件产业的创新创业核心区，载体面积接近 600 万平方米。

（二）产业结构持续优化，软件产业特色鲜明

从产业结构领域来看，信息技术服务快速增长，成为湖北省软件产业增长的主要力量，产业结构进一步优化。目前，湖北省已初步形成“互联网+”、光通信嵌入式和工业软件、地球空间信息、信息安全四大特色产业。

在“互联网+”方面，湖北省着力培育和引进了一批互联网龙头企业，阿里巴巴、腾讯、华为、360 等互联网产业巨头纷纷在武汉市设立区域研发中心，并布局重大产业项目。本土培育的斗鱼 TV、奇米科技、斑马快跑、直播优选先后成为中国独角兽企业。斗鱼 TV、宁美国度、理工数传等一批本土互联网企业成长迅速，在“互联网+直播”“互联网+PC 制造”“互联网+出版”领域稳居全国前列。

在光通信嵌入式和工业软件方面，光通信、移动通信、数控机床、激光加工等传统领域的嵌入式软件，主要企业包括烽火通信、华工科技、华中数控等，全国市场占有率超过 30%；以开目、精伦软件、制造业信息化公司等企业研发的 CAPP、CAD/CAM、CIMS、PCS、PLM 等软件为代表，面向装备制造数字化、生产过程自动化和管理信息化，形成了一批高质量行业应用解决方案。

在地球空间信息方面，以中地信息、中地数码、武大吉奥、立得空间等为代表，逐步形成了独具特色的地球空间信息产业集群（又称“3S 软件”），开发出以 MAPGIS、MapCAD、VirtuoZo、IMAGIS、GeoStar、实景三维数字系统等为代表的一批具有自主知识产权的高端产品，占据国内 50%以上的市场份额。

在信息安全方面，在国产操作系统、数据库、通信及金融卡片、安全存储、可信计算机等领域具有一定特色。武汉深之度科技有限公司专注于国产操作系统的研发与服务，推出的深度操作系统正在党、政、军、金融、运营商等领域对国外操作系统进行逐步替换，入选“2017 年度最受欢迎中国开源软件 TOP 20”，是国内唯一上榜的操作系统产品；达梦数据库是具有

完全自主知识产权的国产数据库首选产品，达梦公司牵头承担了国家“核高基”重大专项；天喻信息产业股份有限公司是全国最大的 SIM 卡、IC 金融卡生产企业。

（三）积极培育新兴业态，信息技术服务蓬勃发展

湖北省深入贯彻落实《国务院关于促进云计算创新发展　培育信息产业新业态的意见》（国发〔2015〕5 号）和《促进大数据发展行动纲要》（国发〔2015〕50 号）等文件精神，加快培育云计算、大数据产业等新兴业态，营造了浓厚的发展氛围，基础条件逐渐成熟，产业发展较快。

在云计算领域，加快云计算产业主体培育，以光谷云村、左岭大数据产业基地和襄阳云谷等为代表的产业载体日渐成熟，已经成为湖北省大数据产业的核心组成力量。武汉市超算暨云计算（数据）中心过渡机房已投入运营，主体项目已于 2017 年 8 月正式开工。下一步拟以武汉软件新城为依托，建设楚天云大数据产业园。楚天云作为智慧湖北建设的重大工程，主要依托楚天云数据交换枢纽平台，积极推动政务大数据技术创新与应用，初步形成以楚天云为引领的云计算、大数据产业生态。目前，楚天云数据交换平台已承载 59 个部门 550 个应用系统的运行，数据交换总量接近 1PB，覆盖多个部门和行业领域。

在大数据领域，湖北省大数据产业立足于软件和信息技术服务业，目前已形成以武汉为龙头、襄阳和宜昌为两翼的发展格局，目前累计认定大数据企业 149 家，其中 96 家企业已纳入软件和信息技术服务业统计范围。这 96 家企业从数量上占湖北省软件企业的 3.73%，软件业务收入却占湖北省的 8.44%，2016 年、2017 年收入分别为 81.6 亿元和 112.4 亿元，2017 年增幅达 37.7%。同时，湖北省积极探索大数据平台建设发展思路，目前，已设立长江大数据交易中心、东湖大数据交易中心、华中大数据交易中心，试点大数据交易与运营。积极引进国内知名的大数据企业，如中润普达、斐讯、中金数据等落户武汉市，成立了长江大数据研究院和中国光谷大数据产业联盟，拟订了全国首个大数据企业认定管理暂行办法。

面对互联网、云计算、大数据、区块链等新业态、新业务、新服务快速发展，湖北省软件和信息技术服务业企业积极调整转型，信息技术服务收入增长速度远远超过软件产品收入增长速度，成为湖北省软件产业增长的主要力量。

（四）推进工业互联网发展，加快制造业转型升级

贯彻落实国务院《关于深化制造业与互联网融合发展的指导意见》（国发〔2016〕28 号），制定并发布了《湖北省人民政府深化制造业与互联网融合发展的实施意见》。

湖北省加快落实相关文件政策，推进工业互联网发展，加快制造业转型升级。一是推进湖北工业云平台建设。与用友网络科技股份有限公司签订战略合作协议，合作建设湖北省工业云（用友）平台，为全省企业提供各类领域云应用产品和服务，推动大中型骨干企业网络化协同制造。二是开展基于互联网的制造业“双创”工作。贯彻落实国务院和湖北省政府关于深化制造业与互联网融合发展的有关文件精神，积极推荐制造业“双创”平台参与遴选 2017 年湖北省基于互联网的制造业“双创”平台（企业）试点示范项目。1 个项目成为国家级制造业“双创”平台试点示范项目，21 个项目成为省级制造业“双创”平台试点示范项目。三是大力发展工业电子商务。支持有条件的企业搭建电子商务平台，培育电子商务应用典型工业企业。十堰亿脉公司建设的商用汽车及零部件电子商务公共服务平台——“汽配人网”，已

经成长为全国领先的汽车汽配网上市场，拉动当地汽车汽配产业新增销售收入 30 亿元以上。安琪集团利用移动互联网思维运营，打造媒体+社群+电子商务+云端的运营模式，企业采购成本、物流成本随量递减，年降幅 5%左右。截至目前，湖北省大型企业电子商务应用普及率为 70%左右，中小型企业电子商务应用普及率也已超过 50%，越来越多的企业正在"触电"发展。

三、存在的问题

尽管湖北省软件和信息技术服务业发展保持较快的增长态势，但是与发达省份相比差距还较大，总体规模偏小，服务能力亟待提升，发展依然面临一些迫切需要解决的突出问题。一是骨干企业缺乏，湖北省中国软件百强企业仅有 1 家，国家规划布局内软件企业仅有 4 家，行业领军企业、品牌企业、上市企业较少，缺乏带动产业链发展的大型龙头企业。二是市场开拓能力亟待提升，企业高端领军人才缺乏，技术与市场缺乏有效对接，科研成果转化难，产业化速度慢。三是传统企业在向互联网信息服务转型的过程中，对部分传统业务进行收缩调整，面临前期发展投入高、收入增长慢甚至下滑、转型周期长等问题。

四、下一步工作

（一）优化发展环境，创新发展方式

一是继续优化软件产业发展环境。研究出台湖北省进一步扩大和升级信息消费的行动方案，并进行相关政策培训，为扩大升级信息消费做好政策铺垫。保持创建武汉"中国软件名城"的良好态势，积极利用"中国软件名城"平台贯彻落实国家重大战略。二是营造智慧湖北建设良好氛围。积极跟踪市州、部门、企业的建设成效，认真总结智慧湖北建设的典型案例，做好宣传推广。引导软件企业贯彻落实国家和湖北省近年来关于加快智慧湖北发展、"互联网+"、大数据、云计算、信息消费等政策文件精神，在智慧湖北建设各项行动中找准企业发展切入点，力促智慧湖北建设迈上新台阶。三是打造基于互联网的制造业"双创"平台。总结一批湖北制造业"双创"企业典型案例并积极向工业和信息化部推荐，培育一批省级"双创"示范企业及"双创"示范基地，联合互联网企业组织开展制造业"双创"赛事活动。

（二）加大引导扶持，培育市场主体

一是培育湖北工业云生态。坚持"应用为要、重点突破"，鼓励各类工业云平台在产业集聚区落地，先支持各方搭平台、推应用，后采用地方财税支持、政府购买公共服务的方式，鼓励云平台企业为湖北省工业行业和工业企业提供有价值的服务，鼓励中小企业将业务系统向云端迁移。二是实施"万企上云"工程。研究制定推动"万企上云"的政策措施和实施指南，推动工业企业生产设备、研发工具、业务系统等的云化改造和云端迁移。组织企业参加培训、巡展、座谈会，实施政策激励，帮助成千上万家中小企业走上云端。三是做好相关领域的配套服务。积极支持国内外互联网公司来鄂对接合作，做好阿里巴巴、腾讯、百度、华为等企业的服务工作，帮助企业协调解决在鄂项目建设运营中的问题，做好配套服务，发挥项目带动示范作用，推进资源要素集聚整合。

（三）加强行业管理，提升服务水平

一是积极落实行业有关政策。软件业部分优惠政策 2017 年年底已执行到期，工业和信息化部将推动新一轮政策出台，积极学习和贯彻执行新政策，改进管理方式，提升服务水平，帮助软件企业尽快适应新政策。二是继续推广贯彻信息技术服务标准，提高软件企业信息技术服务水平。继续加强信息技术服务标准应用的宣贯培训，完善信息技术服务质量评价平台和信息技术运维交付平台建设，鼓励企业参加符合性评估。三是提高经济运行分析和辅助决策能力。进一步做好软件产业统计报表制度宣贯、人员培训等工作，提高统计人员的专业能力和数据上报质量，将软件产业发展中不断涌现的新业态企业按要求纳入统计范围，实行大行业管理。

2017 年湖南省软件和信息技术服务业发展概况

一、基本情况

2017 年，湖南省实现软件业务收入 454 亿元，同比增长 13.7%。截至 2017 年年底，湖南省共有 45 家软件及互联网企业主营业务收入超过 1 亿元，其中 10 家企业主营业务收入超过 10 亿元。国科微、华凯创意、科创信息、中广天择 4 家企业 2017 年成功上市。2017 年，快乐阳光（第 56 名）、拓维信息（第 58 名）、竞网智赢（第 80 名）3 家企业进入全国互联网百强企业，株洲南车时代电气进入中国软件业务收入前百家企业。海翼电子获评 2017 年中国出海品牌 30 强。

移动互联网产业链进一步做深做强，技术上向大数据、云计算、物联网、人工智能等新一代信息技术升级，产品品类上向集成电路、智能终端延伸，业态上共享经济、工业互联网等新业态蓬勃发展。互联网技术服务、移动电商、移动新媒体、移动教育、移动生活、移动游戏等重点领域发展各有特色。移动文化湘军在全国优势突出，快乐阳光在移动视频行业位居第四，连续两年获评 “世界媒体 500 强”，红网位列中国地方新闻网站影响力第 1 名。互联网技术服务营业收入超过 1 亿元的企业已达 14 家。移动电子商务领域营业收入超过 10 亿元的企业共 5 家，御家汇、松桂坊等一批互联网+消费品电商企业等在淘宝网等细分类目中多次获得销量第一。移动手机游戏产业高速增长，2017 年，湖南省上市运营的手机游戏达 165 款，同比增长 120%。移动生活服务领域有全国最大的上门服务平台——58 到家；拓维信息聚焦在线教育，生态圈建设成效显著；潭州教育在网络职业培训方面发展较快。大数据、人工智能等新兴产业加快发展，成立了长沙大数据产业联盟，易观、德勤中国、隆驰等企业成为首批核心发起单位。人工智能方面成立了机器人视觉感知与控制技术国家工程实验室、湖南省自兴人工智能研究院等人工智能创新平台，并在应用层研发出机器人、无人车、无人机等系列产品和装备。

互联网+制造加速融合。华菱集团以云创平台为抓手，通过推进“互联网+钢铁”产业链协同创新平台、智慧衡钢等智能制造示范工程的建设，在互联网+制造深度融合方面率先取得了新突破。三一集团、中联、长沙智能制造研究总院等企业搭建的工业云平台在全国已走在前列。三一集团打造的基于工业大数据的“根云平台”在国内已成为与航天云网、海尔等并驾齐驱的三大平台之一。2017 年，湖南省有 363 家中小型企业通过长沙工业云平台进行信息化建设，平均降低成本 20%。此外，远大住工开发的住宅产业化产业链云平台、湘茶集团开发的觅茶会电商平台等都加快推进了企业转型升级。2017 年，长城计算机、中联重科、铁建重工的 3 个项目入选工业和信息化部制造业与互联网融合发展试点示范项目名单。

截至 2017 年，湖南省共有中电软件园等 9 个专业园区获评省级软件和信息服务产业园。长沙信息产业园在商务部对全国 100 个国家电子商务示范基地的考核排名中获得第 4 名。中电软件园、长沙智能制造研究总院获评工业和信息化部“2017 制造业双创平台试点示范企业”。2017 年，移动互联网集聚区——长沙高新区引进移动互联网企业 1622 家，全区移动互联网企业总数达 4877 家。

二、主要工作

（一）践行新发展理念，不遗余力地推动新业态发展

一是进一步强化产业政策的顶层设计。进一步出台鼓励移动互联网和大数据产业发展的意见，形成移动互联网产业政策 2.0 版，打造湖南省互联网产业升级版。在回顾总结湖南省的产业发展情况和存在问题的基础上，充分借鉴了江苏省、浙江省、福建省、贵州省、海南省等的做法和政策，并调研厦门市互联网产业和园区建设。召开部分园区和企业代表座谈会并听取意见，两次征求湖南省移动互联网产业发展联席会议成员单位意见，反复修改，已经形成《关于进一步鼓励移动互联网产业发展的意见》（代拟稿）上报湖南省政府。二是进一步营造产业发展氛围。成功举办了 2017 移动互联网岳麓峰会（以下简称岳麓峰会）。参会企业超过 3000 家，各场次与会企业代表超过 8000 人次；50 万人次通过微信在线收看岳麓峰会；新湖南及掌上长沙岳麓峰会专题报道浏览量突破了 1000 万。熊晓鸽、李竹、王刚、姚劲波、陈小华、程维、唐岩、奉佑生等移动互联网行业大咖出席岳麓峰会，共同为湖南省移动互联网产业发展建言献策。三是积极布局和推动大数据产业发展。推动湖南省首家大数据产业园落户郴州东江湖大数据中心。该中心现已与长沙超算中心签订合作协议，在此成立超算中心东江湖分中心。大客户网宿科技公司已进驻该数据中心，电信集团云公司也将在该数据中心部署云平台。中国联通湖南长沙云数据中心项目 IDC 动力中心已经开始内部装修，IDC 机房楼已封顶，枢纽楼加紧建设，预计 2018 年年底前 IDC 机房开始试运营，届时将完成年度投资 6.7 亿元。

（二）聚焦制造强省，扎实推进制造业与互联网融合发展

坚持以服务制造强省大局工作为重点，贯彻落实《湖南制造+互联网+服务工程专项行动方案》，积极推动制造业与互联网融合发展。一是支持移动互联网、云计算、大数据和物联网在工业、生产性服务业的典型示范应用项目，优先支持与湖南省优势产业、区域特色产业和生产性服务业的融合集成创新应用。二是根据工业和信息化部的统一部署，遴选了近 200 家企业参与全国区域两化融合发展水平评估，对 2014—2016 年两化融合管理体系贯标工作进行了全面总结。三是组织开展 2017 年制造业与互联网融合发展试点示范、两化融合管理体系贯标试点和示范申报工作。中联重科股份有限公司成功入选工业和信息化部 2017 年制造业与互联网融合发展试点示范企业。

（三）优化产业生态，深入推进互联网创新创业

2017 年，湖南省围绕降低企业负担，搭建创新创业平台，推动产业发展生态环境不断优化，主要做了以下工作：一是做好了软件企业所得税优惠政策宣传和备案审核工作。2 月 24 日，在长沙市召开了软件企业所得税优惠政策宣贯会。2017 年共收到 51 家企业申请所得税优惠的材料，切实、有效地减轻了企业的负担。二是推动互联网双创平台建设工作。目前已有亚马逊、谷歌、腾讯、阿里、百度、58 同城等国内外著名企业在长沙市设立了创客孵化基地。长沙高新区微软云暨移动应用孵化平台自正式运营以来，已孵化企业 18 家，总估值 3 亿元。腾讯众创空间正式营运短短 2 个月，已进驻 30 余个孵化项目，入驻率达 58%，其中 2 个项目入选“腾讯双百计划”。百度创新中心落户长沙，云、智、数三位一体的百度云计算技术将助力长沙市中小型企业成长。竞网智赢正在积极推进百度双创中心建设。长沙目前成型的众创空间

已达 30 多家。三是着力打造移动互联网品牌“柳枝行动”投融资平台。自启动以来，共计收到2504个项目报名，334个项目获得扶持，34个项目融资1.6亿元，共计扶持了4000多人，吸引了2500多人回湘创业。创业项目收入2.38亿元，税收1500亿元。2017年，湖南省还通过“柳枝行动”投融资平台、微软云孵化平台、腾讯众创空间、阿里云创平台、百度互联网+双创孵化基地、中科院湖南创新创业基地等平台汇聚了北、上、广、深、杭的创新资源。

（四）强服务、提效率，提升行业管理服务水平

一是深入开展 ITSS 标准验证应用及试点示范工作，推动和引导湖南省内相关企业参与 ITSS 标准评估。组织相关市州和企业召开了两次 ITSS 培训会，加强了产业政策宣传及行业发展指导工作。二是开展系统集成资质业务培训和宣传工作，进一步提升企业的核心竞争力。三是做好了软件和信息技术服务业、信息消费及移动互联网产业的调度统计工作，为掌握产业发展情况、做好决策提供了支撑。为了更全面地掌握湖南省移动互联网产业的发展情况，完成了工业和信息化部要求的软件和信息技术服务业统计工作，同时制定信息消费统计制度。四是加强项目调度和产业调查研究工作。为进一步了解和掌握产业发展情况，湖南省选取重点企业和重点项目，做好移动互联网产业发展现状的调研工作。

三、存在的问题

（一）产业生态亟待完善

产业生态亟待完善主要表现在以下3个方面：一是缺乏领军企业，尤其缺少大型平台型移动互联网企业，互联网企业数量较多，但整体规模偏小，产业链协同效应尚未得到充分发挥；二是产业基地（园区）建设速度和发展水平与沿海地区相比差距仍然较大；三是本地信息化项目对本地产业的带动能力还需加强。

（二）人才呈结构性缺失状态

软件和移动互联网产业是典型的人脑加电脑的轻资产产业，人才是制约这个产业发展的最关键因素。长沙市近几年来通过发展移动互联网产业吸引了不少人才回湘创业就业，也于2017年6月29日出台了人才新政22条，为湖南省移动互联网产业的发展奠定了基础。但是从人才分布来看，我国的 IT 人才基本聚集在北、上、广、深等一线城市，现在成都、杭州、武汉等新一线城市也纷纷出台政策争夺人才。湖南省引进人才和留住人才的压力都比较大，尤其是互联网应用技术和行业专业知识都精通的高端复合型人才十分缺乏。

四、下一步重点工作

一是认真做好软件和信息技术服务业产业统计工作，开展重点企业季度数据调度分析。

二是开展软件企业相关业务知识培训。

三是做好云计算、大数据的试点示范和典型推广。

四是开展湖南省移动互联网重点企业认定及湖南省软件和信息技术服务产业园认定工作。

五是发布年度湖南省移动互联网产业发展报告。

2017年广东省软件和信息技术服务业发展概况

2017年，广东省围绕贯彻落实《中国制造2025》和“互联网+”发展战略，坚持创新驱动、应用带动、市场推动，以重大项目、应用示范、骨干企业和关键技术为抓手，积极支持发展新技术、新业态、新应用，新一代信息技术与制造业深度融合，软件和信息技术服务业发展质量不断提升，对经济、社会发展的支撑引领作用日益凸显，成为推动广东省产业转型升级和经济高质量发展的重要引擎。

一、基本情况

（一）产业规模与效益同步增长

2017年，广东省软件和信息技术服务业继续向高端领域发展，服务化、网络化及平台化特征明显，产业规模再创新高，增长速度仍然较为突出。广东省拥有规模以上软件企业4400多家，从业人员有近百万人，累计实现软件业务收入9681亿元，同比增长17.7%，产业规模连续3年居全国首位，占广东省电子信息产业的比重为20.1%，比2016年提高了1.3个百分点。

（二）产业结构持续优化

1. 信息技术服务业收入保持较快增长

软件技术加快向各领域渗透，应用服务能力不断提升。2017年，广东省实现信息技术服务收入4919.9亿元，同比增长26.3%，增速高出全行业8.6个百分点；占全行业的比重超过50%，比2016年提高了3.4个百分点，对广东省软件业务收入的贡献率超过70%，拉动全行业增长了12.4个百分点。

2. 嵌入式系统软件收入增速回升

随着《中国制造2025》的全面实施，软件产业与制造业的融合发展不断深入，工业领域需求持续复苏，嵌入式系统软件收入增速提升，累计实现嵌入式系统软件收入2599.3亿元，同比增长9.8%，增速高于2016年4.7个百分点。

3. 软件产品收入保持平稳增长

传统软件产品发展趋缓，实现软件产品收入2162亿元，同比增长10.2%。

（三）盈利能力持续提升

2017年，广东省软件产业累计实现利润总额1871亿元，同比增长23.3%，全行业销售利润率为15.9%，比2016年提高了1.1个百分点。

（四）软件出口继续保持全国领先

2017年，广东省软件业务出口278.1亿美元，同比增长10.9%，占全国近一半的份额。

其中，软件外包服务出口 13.8 亿元美元，同比增长 25.7%；嵌入式系统软件出口 164.1 亿美元，同比增长 9.3%。以华为、中兴为引领的嵌入式系统软件出口规模持续扩大，成为广东省软件出口的主要力量。汇丰软件、爱立信等软件外包出口企业保持良好增长。

（五）骨干企业规模持续壮大

2017 年，广东省软件业务收入超过 1 亿元的企业有 914 家，比 2016 年增加了 106 家。全行业在境内外上市的企业累计超过 500 家。17 家企业入选 2017 年中国软件业务收入前百家企业名单，17 家企业软件收入合计约为 2683.5 亿元（见表 1），占中国软件业务收入前百家企业收入总和的 40.5%，居全国首位。华为技术有限公司连续 16 届蝉联全国前百家之冠。深圳市腾讯计算机系统有限公司、广州多益网络股份有限公司等 10 家企业入选 2017 年中国互联网百强企业（见表 2）。

表 1　2017 年中国软件业务收入前百家企业名单（广东省）

排位	企业名称	软件业务收入（万元）
1	华为技术有限公司	21777227
12	华讯方舟科技有限公司	721596
32	大族激光科技产业集团股份有限公司	440725
33	广州佳都集团有限公司	430683
36	深圳市云中飞网络科技有限公司	404607
42	深圳市金证科技股份有限公司	362728
48	平安科技（深圳）有限公司	323171
49	北明软件有限公司	322444
53	广州广电运通金融电子股份有限公司	295442
54	深圳市大疆创新科技有限公司	276548
57	广州海格通信集团股份有限公司	263627
61	深圳天源迪科信息技术股份有限公司	244821
65	深圳创维数字技术有限公司	227427
68	广东维沃软件技术有限公司	218287
77	金蝶软件（中国）有限公司	201382
92	海能达通信股份有限公司	163956
95	深圳怡化电脑股份有限公司	160138
	合　　计	26834809

表 2　2017 年中国互联网百强企业名单（广东省）

排位	企业名称	主要品牌
1	深圳市腾讯计算机系统有限公司	微信、QQ、腾讯网、腾讯游戏
5	网易集团	网易、有道
25	广州多益网络股份有限公司	神武、梦想世界
42	深圳市迅雷网络技术有限公司	迅雷
55	深圳市梦网科技发展有限公司	码信通
70	有米科技股份有限公司	有米广告、ADMIX、米汇

（续表）

排位	企业名称	主要品牌
75	深圳市思贝克集团有限公司	思贝克商城
83	广州酷狗计算机科技有限公司	酷狗音乐
84	广州游爱网络技术有限公司	风云天下 OL、塔王之王
98	广州趣丸网络科技有限公司	TT 游戏、TT 直播

二、主要特点

（一）产业高度集聚，名城示范效应显著

广州、深圳两个中国软件名城在通信、互联网、数字内容创意、嵌入式系统软件、云计算、大数据、工业软件、金融服务等信息技术服务业高端领域和新兴领域开拓创新，不断涌现新亮点，成为广东省软件产业发展的中心，引领全行业增长。2017 年，珠三角地区累计完成软件业务收入 9298.9 亿元，占广东省软件业务收入的 99.8%。其中，广州市完成软件业务收入 3028.8 亿元，深圳市完成软件业务收入 5561.7 亿元，两个中国软件名城的软件业务收入占广东省的 92.2%。

（二）研发投入加大，创新能力不断提升

2017 年，广东省软件和信息技术服务业企业积极开展技术创新，研发投入持续增长，研发产出能力进一步增强。广东省软件产业研发费用合计为 131.5 亿元，同比增长 11.8%；全行业研发投入比为 11.2%；企业研发人员占总从业人数的 52.6%。

2017 年，广东省软件著作权登记数为 21.98 万件，同比增长 139.7%，占全国的 29.5%，登记量连续两年超过北京市，居全国第一位。2017 年，广东省专利合作协定（Patent Cooperation Treaty，PCT）国际专利申请量为 2.68 万件，同比增长 13.81%，占全国总量的 56.49%，连续 16 年居全国首位。此外，在信息通信行业领域，华为和中兴分别以 3293 件、1699 件发明专利跻身我国发明专利授权量前五位。

（三）立足本地资源，珠三角区域特色鲜明

广东省作为信息产业发展大省，电子信息制造业和软件服务业相互融合渗透、相互促进，形成了以广州、深圳两个中国软件名城和国家级软件园区为核心，以珠三角地区为主体，带动东西两翼和粤北协调发展的产业格局。

广州市积极开展新一代信息技术、人工智能、集成电路等新产业研究，加快培育经济增长新引擎，构建了互联网产业集聚区“一核五基十镇”，以及集成电路产业生态圈，腾讯、科大讯飞、小米等一批重大项目开工建设。一批具备核心竞争力的企业占据国内各细分领域龙头位置，其中包括微信（全球最大的社交平台）、UC 浏览器（全球最大的第三方手机浏览器）、YY 语音（全球最大的娱乐资讯互动平台）、从兴电子（全球规模最大的数据实时计费结算系统）、久邦数码（亚洲最大的应用程序开发集群）、酷狗音乐（国内排名第一的数字音乐客户端）、网易（国内最大的邮箱系统）、有米科技（国内最大的移动广告平台）、多益网络（苹果商店畅销榜游戏畅销榜中国第一）、广电运通（国内市场份额最大的银行 ATM 设备提供商）等。

深圳市软件和信息技术服务业发展全国领先，在信息通信、互联网、工业软件、金融科

技、医疗健康、智能硬件、能源环保、智慧城市、电子商务、信息安全软件等多个领域形成了较为完整的产业链条。新一代信息技术服务产业创新能力强，创新型企业不断涌现，拥有以华为、中兴为代表的通信设备生产商，以腾讯、华为、金蝶为代表的云计算服务提供商，以深信服、任子行为代表的信息安全解决方案提供商，以迈瑞、华大基因为代表的健康医疗信息化提供商，以金蝶软件为代表的管理软件提供商，以怡化、金证为代表的金融服务商，以及以腾讯、迅雷科技、冰川网络等为代表的游戏娱乐开发服务商等。

珠海市在电力能源、集成电路设计、移动互联网、智慧城市应用、金融领域保持稳健增长，并在大数据、云服务、人工智能领域取得新突破。其中，在集成电路设计领域，产业规模位列广东省第二，注册芯片设计企业超过50家，包括全志、艾派克、杰理、炬芯、欧比特等行业龙头企业。电力能源行业服务应用软件研发公司超过80家，包括远光软件、许继电气、优特电力、长园共创等。

东莞市在华为终端、OPPO、VIVO三大手机企业的带动下，软件和信息技术服务业实现高速发展。同时，在软件税收优惠政策、智造东莞政策等政策的助力下，制造企业纷纷提高软件的开发与应用水平，与手机通信、手机软件相关的互联网和相关服务、软件和信息技术服务业等行业持续高速发展。

惠州市依托TCL、德赛、华阳等电子信息龙头骨干企业，推动汽车电子等嵌入式软件发展。同时，积极培育物联网、云计算、大数据产业，通过举办云博会、中国手机创新周等活动，拓展新兴业态，提升惠州市的影响力。潼湖生态智慧区已成功入选省级大数据产业园培育单位，并已引进IMEC广东研究中心、中国信息通信研究院华南创新基地、赛迪（华南）智能制造创新中心、任子行华南网络空间安全总部基地等研发项目。

佛山市以顺德区为中心，将打造具有全球影响力的智能制造产业集聚区，建成面向国际的全产业链及完整产业生态的机器人智造基地，德国库卡、川口机械、瑞典Kollmorgen、德国ABB及意大利柯马等世界知名的机器人行业巨头均已在顺德布局。

中山市软件和信息技术服务业形成了以全通教育为龙头的智慧教育产业集群。

（四）软件和信息技术服务融合支撑能力提升

2017年，广东省继续加快信息化建设，深化制造业与互联网融合。完成信息基础设施建设三年行动计划，光纤接入用户累计2558万户，光纤入户率提升至79%，移动物联网基站3万座，互联网发展综合指数居全国第一位。工业互联网发展开局良好，推动阿里工业云总部、树根互联总部、海尔、浪潮、航天云网、思科等企业落户广东省。成功召开中国工业互联网大会，建设广东省工业互联网产业生态供给资源池。实施“互联网+”行动，首批18个“互联网+”小镇产值规模达6760亿元。

（五）粤、港、澳合作交流进一步深化

广东省积极发挥粤、港、澳合作地缘优势，依托粤港信息化领导小组、粤港信息化专家委员会等机制，不断深化粤、港、澳在云计算、大数据应用和服务模式推广等领域的合作。支持粤、港两地业界加强沟通交流，支持成立粤、港、澳大湾区ICT产业联盟，推进实施第六届粤港ICT青年创业计划。其中，“粤港青年创业计划”创意微型基金已连续设立6年，共有来自广东和香港30多所大学的近万名学生参与活动，已有55个团队项目成功获得总金额550万港币的资助。

三、存在的问题

一是贸易保护主义抬头，对广东省信息产业尤其是龙头企业的影响较为突出。二是基础领域创新能力和动力不足，原始创新和协同创新亟待加强，操作系统、数据库管理系统等国产基础通用软件90%以上依赖进口，核心技术受制于人。三是支撑产业持续增长的骨干企业数量较少，哑铃型结构明显。四是受房价和员工薪酬不断提升的影响，企业经营成本持续上涨。五是产业创新迭代快，高端人才严重短缺。六是粤东、西、北地区与珠三角地区区域发展不平衡，粤东、西、北地区占广东省软件产业规模的比重不足1%。

四、下一步工作

展望2018年，软件和信息技术服务业作为与国民经济联动性很强的产业，将继续保持平稳发展，产业发展新兴动能持续拓展，软件产业与制造业的融合创新趋向深入，以软件定义为驱动的数字经济蓬勃发展。广东省将深刻贯彻落实党的十九大精神，准确把握软件和信息技术服务业的发展方向，狠抓技术创新和融合应用，提升软件和信息技术服务业的核心竞争力。

（一）推动软件产业集聚发展

狠抓软件产业名城、名园、名企整体提升工作，推动广州、深圳两大国家级软件名城做强信息技术服务优势产业，发展壮大软件服务外包产业，加大软件业务出口，搭建具有国际先进水平的公共服务平台，探索创建国际软件名城。依托高新区、软件园区、互联网小镇等产业集聚区，推动产业集聚和创新发展。

（二）突出发展云计算等产业

开展全社会登云用云行动，推动各行业领域信息系统向云平台迁移。支持“云谷”等一批云计算产业基地建设，培育形成一批具有集聚效应和带动作用的云计算产业集群，支持软件企业加快向云计算转型。举办惠州云博会、粤港云计算大会等活动，加强业界的交流与合作。继续打造“中国手机创新周”品牌，积极培育智能穿戴、VR、人工智能等产业新增长点。

（三）培育壮大龙头骨干企业

积极落实广东省政府与华为、浪潮、中国电子、科大讯飞等龙头骨干企业的战略合作协议，跟进思科智慧城等重大项目建设，深化交流合作，推动有关项目落地和机构建设，带动上下游企业协同发展。加大软件产业政策宣贯力度，组织软件和集成电路设计企业核查工作，推动税收优惠政策落实。加强行业运行分析工作，跟踪服务重点龙头企业。

（四）推进粤港澳大湾区软件产业协同发展

继续举办粤港云计算大会、粤港青年创业计划活动，探索粤港澳大湾区软件和信息技术服务业协同发展思路，深化粤、港、澳在云计算、大数据应用和服务领域的交流与合作。

2017年广西壮族自治区软件和信息技术服务业发展概况

一、基本情况

2017年，广西壮族自治区（以下简称广西）软件和信息技术服务业保持平稳增长态势，规模不断扩大，创新能力持续提升，人才队伍继续壮大，对国民经济和社会发展的支撑作用进一步增强。

2017年，广西软件和信息技术服务业实现软件业务收入81.3亿元。共有规模以上软件和信息技术服务业企业174家，其中，国有企业8家，有限责任公司42家，股份有限公司15家，私营企业107家，其他企业2家。主营业务收入1000万～5000万元的企业有94家，5000万～10000万元的企业有14家，超过10000万元的企业有21家。

广西软件和信息技术服务业的产品主要涉及工业、酒店、电力、动漫游戏、金融、交通、旅游、教育、医疗、北斗、城市综合管理等领域。主要产品包括酒店信息管理系统软件、网络游戏软件、项目综合管理系统软件、工业软件、智能交通软件、旅游服务软件和信息化产品、通信应用系统软件、电子信息智能化产品、互联网金融大数据等。

广西软件和信息技术服务业重点企业包括北海石基信息技术有限公司、广西博联信息通信技术有限责任公司、广西广播电视信息网络股份有限公司、广西航天信息技术有限公司、广西宏道信息技术有限公司、广西交通科学研究院、广西巨拓电子科技有限公司、广西南宁商佳信息科技有限公司、广西润信通信服务有限公司、广西苏中达科智能工程有限公司、广西天道信息技术有限公司、广西通信规划设计咨询有限公司、广西星宇智能电气有限公司、广西壮族自治区公众信息产业有限公司、广西壮族自治区通信产业服务有限公司、桂林力港网络科技股份有限公司、桂林信通科技有限公司、桂林智神信息技术有限公司、润建通信股份有限公司、新三科技有限公司、中国—东盟信息港股份有限公司等。

二、主要特点

（一）产业保持平稳发展态势

2017年，广西软件和信息技术服务业总体保持平稳发展态势，全年实现软件业务收入81.3亿元。

（二）产业涌现新的增长点

2017年，云计算、移动互联网、工业软件、行业解决方案、北斗导航、信息安全服务等重点项目成为产业新的增长点。

（三）产业发展区域集中

目前，广西软件和信息技术服务业集群发展的格局初步形成，主要集中在南宁、桂林、北海、柳州4个市，4个市的主营业务收入约占广西软件和信息技术服务业的95%。南宁市围绕建设广西“首善之区”和区域性国际城市，着力发展行业应用软件，创新信息服务业商业模式，力争打造成为区域性应用软件和信息技术服务业中心城市；桂林市围绕建设宜居城市目标，以转变发展方式为主线，积极发展工业软件、智能交通软件、旅游服务软件和信息化产品、动漫和网络游戏等创新创意产品；柳州市重点发展工业软件、智能交通软件和社会信息化应用软件，推动“经济升级，城市转型”工作开展；北海市作为广西软件和信息技术服务业的后起之秀，通过龙头企业带动，重点发展软件产品开发和呼叫服务、互联网金融大数据等领域，产业不断做大做强。

三、存在的问题

广西软件和信息技术服务业发展基础仍较为薄弱，在产业发展中还存在以下问题。

（一）产业规模偏小，产业集聚效应不明显

广西软件和信息技术服务企业数量少、规模小。目前，广西规模最大的软件和信息技术服务企业年主营业务收入相比国内许多大的企业，仍存在很大的差距，原因如下：一是软、硬件融合发展不够，依托制造业的嵌入式软件发展仍须加强；二是整个行业的全国化、国际化程度很低，面向跨国公司和传统行业的软件服务外包市场有待进一步拓展；三是由于广西企业普遍偏小、偏弱，在参与区内外的信息系统项目的招投标时处于劣势，导致企业在区内外的项目招投标过程中难以中标，制约了广西企业的发展壮大。

（二）人才供需矛盾和流失问题突出

一是人才供需存在结构性矛盾。虽然广西本地多所高等院校和科研院所为广西软件和信息技术服务业发展培养了大批技术人才，但高层次、高技能人才相对短缺，尤其是缺少技术领军型高层次人才。二是人才流失比较严重。广西经济发展水平和企业工资水平都明显偏低，导致不仅难以吸引外地人才，而且本地培养的人才尤其是高端人才也大量流失，给产业发展带来了严峻的人才挑战。

（三）企业融资难度较大

软件和信息技术服务业企业一般没有固定资产作为抵押，银企接触不充分，难以得到银行的支持；各种社会、民间投资担保机构不够壮大，为中小型企业提供融资服务的体系不健全，软件和信息技术服务业企业贷款难、成本高、融资难问题比较突出。

（四）自主创新能力较弱

广西软件和信息技术服务业自主创新能力整体偏弱，自主创新产品较少，整体技术水平偏低，总体实力不强。

四、形势展望

（一）产业发展趋势

2018年，广西软件和信息技术服务业将继续保持平稳发展趋势，增速将在两位数以上。

南宁、桂林、北海、柳州4个市的软件和信息技术服务业的发展规模将进一步壮大。

（二）产业发展热点

2018年，新一代信息技术产业将成为产业发展热点，产业发展热点是北斗导航、遥感遥测、云计算、大数据、移动互联网、工业软件、行业解决方案和信息安全服务等。

（三）产业发展重点

1. 北斗导航、遥感遥测产品

围绕车船跨境监管、海洋渔业、智慧糖业、西江船舶智能通航及城市精细管理与服务等领域开展特色示范应用，依托中国—东盟北斗/全球导航卫星系统（GNSS）中心和中国—东盟卫星导航国际合作联盟，推动北斗综合应用走向东盟，带动广西北斗卫星产业加快发展。主要推动“北斗”卫星导航系统在经济社会领域的应用及产业化，发展壮大广西北斗产业的规模。

2. 产业集聚

建设产业集聚区，引导企业集聚发展。根据广西已有的产业布局和基础，规划建设产业优势明显、产业配套完善、创新能力强、辐射带动作用突出的产业集聚区（园区），积极推动南宁、桂林、北海、柳州等市的软件和信息技术服务业集聚区（园区）建设，形成要素集中、配套齐全、特色明显的产业集群，培养和带动一批具有一定核心竞争力、市场开拓能力强、具有潜力的中小型企业发展。

鼓励各集聚区（园区）根据产业发展的需求，加强信息基础设施建设，加大配套建设力度，提供信息服务保障平台；鼓励新建企业和引进企业进一步向集聚区（园区）集中，实现产业集聚发展。出台相关政策，鼓励产、学、研、用的横向联合，指导产品结构和产业结构向高端产业和产业链高端调整；主动吸引和承接国际、国内产业转移，积极引进国内外知名大企业、大集团，扶持重点企业发展。

3. 强化招商，做大产业规模

加大优惠政策创新力度，加强国内外的合作与交流，组织和利用国内外各类高层次软件产业论坛，打造具有品牌效应的宣传平台，吸引国内外知名的软件和信息技术服务业大企业到广西投资发展，带动本地企业发展；促进跨国研发机构积极参与广西经济发展，鼓励跨国公司将知识产权转移到广西。做大做强广西软件和信息技术服务产业规模，提升整体实力，加速国际化进程。

4. 完善政策措施，培育新业态

进一步研究软件和信息技术服务业发展的政策措施，做好财税政策的接续性工作。进一步推动基础软件和工业软件发展，增加广西信息服务业发展专项资金的支持额度，组织实施工业互联网平台应用工程、工业企业上云工程和工业APP推广工程，构建基于工业互联网平台的制造业新生态。努力打造广西工业云与工业大数据公共服务平台。推进制造业与互联网融合发展，以试点示范和专项支持为抓手，推动企业研发设计、生产制造和组织管理模式创新，积极培育网络化协同、个性化定制、服务型制造、制造业“双创”等“互联网+制造业”新模式、新业态。以智能制造为推进两化深度融合的突破口，支持南宁、柳州、玉林等市建

设智能制造城，积极创建国家级智能制造示范基地和国家新型工业化示范基地，推动传统制造业整体智能化转变，促进软件和信息技术服务业加快发展。

五、下一步工作

（一）组织实施“十三五”产业发展规划

贯彻落实工业和信息化部《关于印发软件和信息技术服务业发展规划（2016—2020）的通知》《关于印发大数据产业发展规划（2016—2020）的通知》等文件精神，认真组织实施《广西软件和信息技术服务业发展“十三五”规划》，进一步加大对广西软件和信息技术服务业发展的结构调整、政策扶持力度，促进产业的快速发展。

（二）加强对产业的引导和扶持

贯彻落实广西《关于加快信息服务业发展的实施意见》（桂政发〔2010〕75 号），加强信息服务业发展专项资金管理。组织下达 2018 年广西工业和信息化发展专项资金信息服务业发展项目；跟踪推进广西财政安排信息服务业专项资金扶持的项目，尽快形成产能；开展广西信息服务业发展专项资金到期项目验收工作。

（三）积极帮助软件企业落实所得税优惠相关工作

按照《财政部 国家税务总局 发展改革委 工业和信息化部关于软件和集成电路产业企业所得税优惠政策有关问题的通知》（财税〔2016〕49 号）的要求，继续做好软件和集成电路产业企业所得税优惠相关工作，顺利推动由事前认定到事中、事后监管核查的转变，确保符合条件的企业继续享受所得税优惠政策。

（四）深入开展调研，加强组织协调服务

一是积极与国家、广西各相关部门加强沟通，密切配合，协调解决有关问题；二是深入各市工业和信息化委员会、各重点企业，加强调查研究，加强政策宣传和贯彻，落实目标责任，及时发现、协调、解决工作中遇到的重大问题，切实落实国家、广西发展软件和信息技术服务业的各项政策措施。

（五）开展软件和信息技术服务业统计工作

一是做好广西软件和信息技术服务业行业统计工作，按时完成月报、季报、年报的编制工作，加强对产业发展态势和运行情况的分析，为工作决策提供真实、可靠的数据。创新统计工作，探索将产业统计工作与及时发现企业和行业发展情况、帮助企业解决实际问题、促进产业发展相结合。二是加强与统计部门之间的沟通和衔接，理顺软件和信息技术服务业的指标统计口径及相关工作程序，提高企业填报的积极性，争取做到应统尽统。

（六）做好北斗导航产业化工作

1. 建设广西北斗综合位置服务平台

以北斗位置服务为主，集成云计算、大数据和物联网等技术，建设广西北斗综合位置服

务平台，利用广西北斗地基增强系统提供的北斗兼容高精度位置服务信息，实现跨行业、跨领域、跨地域提供多种位置服务，开展北斗运营服务业务。通过北斗/全球卫星定位系统（GPS）双模和单北斗定位的大数据统计和分析，验证北斗规模化应用的可用性、可靠性和定位精度等服务性能，支撑北斗三号全球系统工程建设。同时，依托广西北斗综合位置服务平台，面向东盟开展北斗应用推广、技术交流、教育培训等活动，充分发挥中国—东盟信息港的战略辐射作用，稳步推进北斗综合应用走向东盟。

2. 开展北斗综合应用示范

围绕车船跨境监管、海洋渔业、智慧糖业、西江船舶智能通航及城市精细管理与服务等领域开展特色示范应用，开展基于北斗系统的 4 个重点领域的综合应用示范工程建设，完成 10 万套北斗终端应用示范。

（七）加大培训力度，提高业务能力和综合素质

加强对各市工业和信息化委员会及企业工作人员的培训，适时组织相关人员到发达地区参观学习，切实提高管理、业务水平。

2017年海南省软件和信息技术服务业发展概况

一、基本情况

（一）总体情况

2017年，海南省软件和信息技术服务业保持快速发展态势。截至2017年年底，海南省软件和信息技术服务业共有规模以上软件企业182家，实现软件业务收入103.7亿元，同比增长35.2%。2017年，海南省软件和信息技术服务业实现利润总额为7.3亿元，从业人员年末人数为16096人。

（二）企业认定情况

截至2017年年底，海南省累计有235家企业获得计算机系统集成资质，同比增长38.23%。其中，一级资质企业有1家，二级资质企业有1家，三级资质企业有32家，四级资质企业有201家。海南省拥有软件企业有效资质的企业有36家，软件著作权登记数量为231件；海南省拥有高新技术资质的企业有250家，其中互联网企业有108家，占海南省高新技术企业的比重为43.2%；累计有13家企业通过了信息技术服务标准（ITSS）运行维护服务能力成熟度符合性评估。

二、主要特点

（一）产业保持快速发展态势

2017年，海南省软件和信息技术服务业保持较快发展，软件业务同比增长速度高于全国平均水平。2017年，海南省实现软件业务收入103.7亿元，同比增长35.2%，比全国平均增速（13.9%）高出了21.3个百分点。

（二）重点园区和创业基地发展加快

2017年，海南省集中打造生态软件园、复兴城互联网创新创业园和海南数据谷，且已成为海南省互联网产业发展的重要载体。其中，生态软件园已建成80万平方米的产业空间，成为百亿级国家信息产业示范基地，目前已启动二期7.1平方千米的生态智慧新城建设。此外，海南省各市、县还积极建设了儋州互联网产业城、陵水互联网创业园等10多家新型载体。

（三）重点企业培养初见成效

2017年，海南省培育、扶持了易建科技、中兴软件、新道科技等一批骨干企业，以及酷秀科技、小二网络等一批创新型企业。易建科技入选2017年中国互联网企业百强，实现了海南省在该领域零的突破。2017年，海南省营业收入超过1亿元的企业有31家，比2016年增加了9家；营业收入超过5000万元的企业有49家，比2016年增加了14家；易建科技、新生飞翔、天涯社区、新道科技、天标科技等 11 家互联网企业在新三板挂牌上市。

三、存在的问题

（一）人才供给不足

软件和信息技术服务业属于知识技术密集型产业，是“智力产业”和“创造产业”，对专业性人才和经营者要求很高。海南省一般性人力资源尚不能完全自给，专业性技术人才、高级管理人才等高层次人才更加不足。同时，由于海南省优质企业不多、人才政策、教育、医疗等配套条件不够等原因，招人难、留人难的问题依然突出。

（二）企业创新能力有待提升

企业研发经费支出少，2017 年，海南省软件和信息技术服务业研发经费支出共计 5.6 亿元，占主营业务收入的比重为 4.5%，同比增长 29.3%；研发人员数量少，2017 年研发人员为 4316 人，仅占从业人员年末人数的 20.1%；软件著作权登记数量少，2017 年软件著作权登记数量为 231 件。

（三）产业规模偏小

海南省软件和信息技术服务业规模小，实力弱。2017 年，海南省软件业务收入占全国的 0.19%，无企业列入中国软件业务收入前百家企业，只有 100 多家年收入超过 500 万元的企业，30 多家年收入超过 1 亿元的企业，行业龙头企业少，对产业链的整体带动作用不强。目前，海南省软件和信息技术服务业还处在初级发展阶段，与全国其他省份相比还存在一定差距。

四、下一步重点工作

海南省将贯彻落实党的十九大精神和海南省第七次党代会的决策部署，全力推动互联网产业“三年成形、五年成势”，并以更加开放化、国际化的思维，谋划推动互联网产业持续发展。

（一）推动海南省互联网产业国际化、开放化发展

习近平总书记在第四届世界互联网大会贺信中指出，中国数字经济发展将进入快车道，要发扬伙伴精神，推动世界各国共同搭乘互联网和数字经济发展的快车。推动海南省互联网产业国际化、开放化发展，将是海南省未来的工作重点，探索实施更加开放、灵活的政策，吸引跨国公司的区域总部、运营中心和结算中心布局海南省，带动海外人才来海南省创新创业，打造国际离岸创新创业示范区，力争把海南省建设成为数字丝绸之路的重要支点。

（二）集中发展重点产业集聚区，培育壮大骨干企业

按照“用最好的资源吸引最好的投资”的理念，集中优势资源做优、做大海南生态软件园、三亚创意产业园、海口复兴城、海南数据谷，形成规模示范效应，带动各市、县产业集聚区发展。跟踪推动龙头企业深化在海南省的发展。扶持上市企业做大做强，以营业收入超过 1 亿元的企业为重点，扶持更多的企业上市，力争到 2020 年培育 10 家企业实现 10 亿元的

营业收入，形成 2～3 个百亿级产业集群。加强与研究机构、龙头企业的合作，组织实施关键技术攻关，培育一批自主创新企业。

（三）更有针对性地开展产业招商工作

充分利用博鳌亚洲论坛和建省办经济特区 30 周年庆祝活动平台，对接仍未在海南布局的知名互联网企业，采取走出去和请进来等方式，进行点对点招商。策划到美国硅谷、以色列等地扩大招商。围绕旅游、热带高效农业、航天科技、医疗健康等领域，推动更多国外创新创业团队项目落地海南省。

（四）提前谋划布局新一代信息技术新业态

进一步强化前瞻性思维，把握新一轮科技和产业革命带来的机遇，结合海南省实际，在物联网、人工智能、大数据、量子通信、海洋电子、航天科技等领域，联合国内外优秀企业培育发展新业态，同时争取国家有关重点实验室、科研院所和科研项目在海南省落户，引导社会资本投资，推动科技成果产业化，力争在科技产业变革中占有一席之地。

（五）全面建设信息智能岛，发展数字经济

研究出台《关于进一步加快推进信息智能岛建设的意见》，围绕新型智慧城市建设，推动智慧医疗、智慧教育、智慧交通、智慧环保等领域的试点示范工程，促进互联网、大数据、人工智能和旅游、热带高效农业等其他重点产业的深度融合。同时，以应用工程和试点示范建设为抓手，开拓互联网产业的市场空间，培育和发展信息技术新业态，加快发展海南省数字经济。

（六）加大体制机制创新力度

修订和完善《关于加快发展互联网产业的若干意见》，改革、优化海南省互联网产业发展专项资金的使用方式，进一步强化资金使用效益和放大效用。研究出台更有针对性的政策措施，加大对互联网企业和互联网人才的支持力度，吸引和留住优秀企业、人才。创新产业园区管理体制机制，持续改善园区服务水平，为企业发展提供良好载体。推动行业管理制度改革创新，为互联网金融、互联网医疗、互联网教育等企业营造便利的制度环境。

2017年重庆市软件和信息技术服务业发展概况

一、基本情况

2017年，重庆市软件和信息技术服务业继续呈现稳中向好运行态势，收入和效益同步加快增长，吸纳就业人数平稳增加，创新能力不断提升，服务和支撑保障能力显著增强。在我国经济发展进入新常态的背景下，软件产业在信息化培育新动能、供给侧结构性改革、“一带一路”建设中发挥了十分重要的作用。

二、主要特点

（一）软件业务收入稳步增长

2017年，重庆市实现软件业务收入1212亿元，同比增长18.2%，规模居全国第13位，从业人员为16.2万人，行业规模不断扩大，总体呈平稳、较快增长。

（二）产业结构不断优化升级

得益于移动互联网、物联网、云计算、大数据等新模式、新业态的快速发展，重庆市软件产业链不断向服务化、网络化延伸和升级，信息技术服务板块同比增长18.8%，高出全行业平均水平0.6个百分点，其中，信息技术服务收入的占比较2016年同期提高1个百分点。

（三）行业创新能力进一步提升

2017年，重庆市软件和信息技术服务业研发投入强度（R&D）达到8.5，研发投入同比增长18.8%。软件和信息技术服务业的专利授权总量达到1496件，同比增长16.6%，其中，大数据类专利授权82件，同比增长54%。截至2017年年底，重庆市获得高新技术企业认定的软件企业数量超过700家，2017年全年软件著作权登记数量超过5500件。

（四）企业技术实力进一步增强

截至2017年年底，重庆市共有市级企业技术中心24家，包括猪八戒、同趣、梅安森、金算盘、中联信息等。

三、开展的重点工作

（一）抓招商引资，推动行业龙头企业落地重庆

一是实现互联网领域龙头企业“BAT”齐聚山城。2017年，阿里巴巴、百度、腾讯3家互联网龙头企业陆续与重庆市签署战略合作协议，从集团层面和重庆市政府深化合作。二是实现一批重点项目签订投资协议。成功推动滴滴出行、Cloudera（肯睿）等多个重点项目先后落户重庆市各区县园区，协议投资金额约为30亿元，涉及软件开发、大数据、区块链、云

计算、加速器等领域。

（二）抓新兴业态，培育软件和信息技术服务业发展新动能

一是全力推动大数据产业快速发展。启动《重庆市大数据发展应用促进条例》立法工作；推进大数据关键技术及产品研发与产业化、工业和新兴产业大数据创新等4个专项行动，设立重点项目142个，总投资约为68亿元。二是着力提升云服务能力，截至2017年年底，重庆市投运服务器已超过3万台。三是推动分享经济加快发展，出台《关于培育和发展分享经济的意见》，加强政策统筹。四是助推区块链产业扎实起步。重庆市在全国率先出台《关于加快区块链产业培育及创新应用的意见》，通过联合渝中区政府共同打造市级区块链产业集聚区、在涪陵区成立重庆数资区块链研究院等，抢抓发展机遇。

（三）抓国际合作，统筹推进中新示范项目

一是印发《落实中新合作框架协议　支持新加坡信息通信企业发展的实施细则（暂行）》。二是积极推动中新国际数据通道和互联网国际合作综合试验区建设事宜。

（四）抓载体建设，鼓励区县科学布局软件产业园区

一是不断完善核心产业园区建设。两江国际云计算产业园基本成形，已形成中国联通、中国移动、中国电信等八大高等级数据中心齐聚的格局；两江互联网产业园累计建成商务楼宇约60万平方米，目前已集聚企业350余家；渝北仙桃大数据谷新投运14万平方米，累计面积达26万平方米。二是加快发展特色产业园区。加强市区联动，推动在渝中区建立20万平方米的重庆市区块链产业创新基地，在涪陵打造2万平方米的互爱科技孵化产业园，以及在大渡口启动移动互联网产业园扩容工作。三是加强重庆市产业载体的统筹。以"互联网+"产业地创建工作为抓手，加强"4+11+N"产业载体统筹工作。

（五）抓人才培养，提升产业发展智力支撑能力

一是开展2017年软件白领人才培养工作，培养白领新增117名，累计共培养白领825名。二是推动大数据人才培训平台加快建设，推动"Cloudera授权大数据培训基地"完成培训课程国产化、仙桃大数据与物联网职业培训学院正式挂牌成立，学院总面积达14万平方米，已培训3000余名学员。

（六）抓氛围营造，优化企业发展环境

一是积极推动中国国际智能产业博览会各项筹备工作。二是策划开展多次行业交流活动。推动第三届中国移动互联网创业者大会等10多场行业高峰会、路演、交流研讨活动成功举办，参会专业观众超过4000人次。三是做好所得税优惠政策落实工作。会同相关市级部门积极开展2017年软件企业所得税优惠政策宣传、落实工作，2017年所得税减免金额达3663万元。四是创新开展互联网经济统计工作。

四、面临的问题

（一）企业创新创业能力有待进一步加强

随着制造业与信息化的深度融合，众创、众包、众筹逐渐成为重庆市大企业有效整合资源、拓宽创新之路的一种模式。尽管重庆市先后出台了多种措施，有效激发了企业的创新活力，但企业尤其是制造业企业的创新能力还有待进一步加强。

（二）产业发展主体急需培育壮大

一是缺少在全国知名的总部型、平台型及从事底层技术研发的大型软件和信息技术服务业企业，难以形成以龙头为带动、具有核心竞争力的产业集群；二是从行业应用来看，重庆市软件和信息技术服务业企业主要集中在教育、医疗、政务等传统应用型领域，在基础软件、数据库、工业软件等领域较为薄弱，在大数据、人工智能领域也普遍处于起步阶段，规模和影响力都较小。

（三）人才总量不足，结构有待优化

从人才总量来看，2017 年上半年，重庆市计算机、互联网行业对人才的需求达 19.6 万人，远远大于其他行业。目前，重庆市计算机、互联网行业的从业人员总量为 17 万余人，人才缺口为近 3 万人。从人才结构来看，重庆市互联网企业本科及以下学历的员工超过 90%，高学历人才较少；从事市场类岗位的从业人员占 49.6%。急需的高层次、高技能和创新型人才不足，特别是企业架构师、首席技术官（CTO）、信息安全人才等严重匮乏，导致企业创新动力和能力不足。

五、下一步工作

1. 全力办好中国国际智能产业博览会

全力推进中国国际智能产业博览会各项审批、场馆规划设计、全球宣传、招商招展、嘉宾邀请等工作，力争通过本届智博会的举办，推动以人工智能、无人驾驶、虚拟现实、机器人、物联网等为代表的数字信息技术在重庆市进一步发展壮大，与传统产业更深一步融合，推动我国特别是我国中西部地区智能科技产业全面发展，推动制造业水平升级提档，培育新的发展动能，增强持续发展动力，促进经济社会全面发展。

2. 加快云计算、大数据产业的发展

一是加快推进大数据地方立法工作。二是推动重庆市大数据工作推进机制进一步完善。三是推动华为、阿里巴巴等龙头企业来渝共建医疗、教育等领域的行业云，实现“一行业一平台，一平台一龙头，一龙头一基地”的布局。四是继续实施数据资源上量工作，积极争取数据资源项目来重庆市布局。五是依托现有信息基础设施，筹建高性能超算中心。

3. 落实创新驱动战略

一是实施云计算、大数据关键技术及重点产品突破工程，发布云计算、大数据关键技术及产品研发与产业化项目支持指南，推动中冶赛迪、誉存成立工业、金融等领域的大数据创新研究院，推动阿里巴巴集团与重庆大学联合成立“人工智能交叉学科研究院”。二是依托筹建的超算中心，积极引进以企业为主体的高水平超算研究院。三是推动互联网与产业的融合创新，支持猪八戒网等互联网企业全力申报国家级及市级企业技术中心。

4. 深化行业应用示范

一是启动实施“企业上云”行动计划，以全面推动云应用软件和服务在企业中的应用为抓手，加快推进云计算公共服务平台建设。二是深入开展大数据创新应用示范，培育数据即服务模式，支持第三方大数据服务。三是继续推进“互联网+”行动计划，遴选“互联网+”示范项目并加强宣传和推广。四是积极营造分享经济发展氛围，落实《关于培育和发展分享经济的意见》，推动产能设备、紧缺人才等重点分享工程尽快按照企业主体、市场化运作的原则推进分享平台建设等工作。

2017年四川省软件和信息技术服务业发展概况

2017年，四川省软件和信息技术服务业保持总体平稳、较快发展态势，增速较2016年同期有较大回升，实现软件业务收入2782亿元，同比增长14.8%；实现利润总额311亿元，同比增长12.6%；排名居全国第7位、中西部地区第1位。

一、主要特点

（一）产业结构进一步调整

2017年，四川省实现信息技术服务收入1669亿元，同比增长15.2%，高于行业平均水平0.4个百分点；信息技术服务收入占软件业务收入的60%，占比较2016年同期提高了0.2个百分点。产业结构进一步向服务类业务倾斜。从业务收入分类来看，收入排名前3的领域分别是信息系统集成实施服务、电子商务平台服务、应用软件产品。

（二）盈利能力持续回升

受产业结构调整及市场竞争激烈等多方面因素影响，行业总体盈利难度增大。2017年，行业利润回升向好，收入利润率最高的行业分别是数据服务（收入利润率为30%）、应用软件产品（收入利润率为24.2%）及信息安全产品（收入利润率为14%）。

（三）从业人员工资大幅增长

2017年，四川省软件产业规模不断扩大，从业人员超过30万人，同比增长7%。与此同时，人员工资总额同比增长达23%，人均工资达10200元/月，较2016年同期（约8800元/月）增长16%。随着产业结构向服务化转型，人力成本在整个行业支出中的比重正在逐渐扩大。

二、面临的问题

2017年，行业发展主要面临以下问题。

一是产业集中度不高，企业小而散。2017年，从业人员规模在50人以下的企业占41.4%，1000人以上的企业仅占3.1%。二是产业分布不均匀。四川省软件产业呈典型的中小企业集群态势发展。成都和绵阳两市占四川省软件产业收入的99%，其他市（州）仅有零星分布。三是出口略有回升但仍显低迷。2017年以来，受人民币汇率影响，软件业务出口企业压力增大。四是产业结构调整阵痛持续，对传统软件企业的冲击巨大。某些传统行业企业，如网络宽带、系统集成等在产业结构变化中经历转型的风险和业务空档，收入受影响较大。五是技术支撑能力需要进一步加强。软件产业热点领域不断出现。物联网、新能源汽车无线充电、VR/AR传播、AI技术、云服务、大数据分析等行业需要新一代通信技术革命。目前，通信技术5G亟待布局，以承载新兴行业的发展。

三、下一步工作

2018年是落实“十三五”规划的中期关键之年，四川省工作的基本思路是：深入贯彻习近平新时代中国特色社会主义思想和习近平总书记系列重要讲话精神，坚决执行四川省委、省政府决策，加快培育发展新动能，构建软件和信息技术服务业发展新格局；进一步完善工业信息安全保障机制，工作取得新突破。

（一）加快推进软件产业发展

（1）组织开展软件与信息安全专项支持。完成四川省工业集成应用或控制软件首版次产品认定工作，促进工业软件做大做强。

（2）实施软件产业人才计划，鼓励企业引进高层次软件人才，支持企业对软件从业人员进行知识更新学习。对接产业人才需求，搭建IT人才公共服务平台，为人才引进、培育等提供专业服务；加强对国家“千人计划”和四川省“千人计划”中软件产业领军人才的跟踪服务，注重引进和培养开拓型、具有国际视野的企业家群体。

（3）积极开展软件正版化工作，规范产业市场环境。举办行业产品推荐会、银企对接会，组织参展软博会、软恰会，帮助企业拓展市场。

（4）进一步落实税收优惠政策，协调解决企业在享受税收优惠政策时遇到的困难和问题，继续完成2017年度软件企业所得税优惠备案资料核查工作。

（二）加强工业信息安全保障

（1）按照工业和信息化部创建制造业创新中心工作的要求，以创建省级、争创国家级工业信息安全制造业创新中心工作为牵引，全面梳理四川省工业信息安全基础与现状，以解决国家工业信息安全领域共性、关键、基础的技术需求为目标，创新企业法人经营管理模式，创新企业联盟效用，在核心技术和核心能力上提供有效供给。

（2）建立工业控制安全监测预警机制，整合四川省内工业控制安全监测预警资源，着力改变各级管理部门对工业控制安全态势和风险了解不清、掌握不全的被动局面，瞄准四川省联网工业控制系统和设备的网络安全需求，建设工业控制系统态势感知与通报预警平台。

（3）强化工业控制安全检查制度，及时对标国家工业控制安全检查专项行动，组织专业技术力量对四川省工业控制安全工作开展检查。建立工业控制系统目录清单，逐步提升抽查比例，通过检查不断完善、更新目录清单。建立工业控制安全检查情况通报机制，及时通报并责成整改发现的问题。通过以查促改，逐步推进密码及关键核心产品的国产化，推动重要电力监控等系统的国产密码应用。

（4）修改、完善并印发工业控制安全应急预案，建立应急机制。依照国家网络安全事件应急预案、工业控制安全应急管理工作指南等要求，制定四川省工业控制安全应急预案，从组织机构与职责、监测与预警、应急处置、调查与评估、预防工作、保障措施等方面规范和完善应急机制。

（三）加快建立健全四川省级政务云灾备体系

建成省级政务云灾备平台，建立云灾备平台运行和管理制度，从组织队伍、流程管理、运营管理、技术手段保障等方面，明确管理责任，强化运行保障。做好与云监管、服务、整合平台的衔接，探索为市（州）政务云平台提供灾备服务。以省级政务云灾备平台建设为契机，力争建成国家级灾备中心和产业基地，向四川省、全国用户提供国家级云灾备服务，促进四川省信息技术产业特别是灾备产业进一步发展。

2017年贵州省软件和信息技术服务业发展概况

2017年，贵州省深入贯彻习近平总书记系列重要讲话精神和治国理政的新理念、新思想、新战略，牢牢守住发展和生态两条底线，抢抓获批建设国家大数据综合试验区的重要机遇，深入实施大数据战略，加快发展软件和信息技术服务业，各项工作取得积极成效。

一、基本情况及特点

（一）主要指标平稳增长

2017年，贵州省规模以上软件和信息技术服务业实现软件业务收入129.7亿元，同比增长1.5%，其中，软件产品收入19.1亿元，信息技术服务业收入102.7亿元，嵌入式系统软件收入7.9亿元。

从重点企业来看，软件业务收入超过1亿元的企业14家，A股上市公司1家，新三板上市公司5家，通过信息系统集成与服务资质认证的企业有83家。其中，贵阳朗玛信息技术股份有限公司、贵州白山云科技有限公司、世纪恒通科技股份有限公司、贵州迦太利华信息科技有限公司、贵州航天云网科技有限公司分别实现软件业务收入19.39亿元、6.15亿元、3.44亿元、1.77亿元、1.02亿元。

（二）产业培育步伐加快

2017年，贵州省软件开发、信息服务、数据采集加工交易等产业实现了从小到大的发展，共享经济、互联网金融、跨境电商、智慧旅游、智慧交通、智慧农业、远程教育医疗、网络约车、移动支付等新业态快速涌现。其中，货车帮应用大数据精准匹配车源和货源，建立了中国最大的公路物流互联网信息平台，日发布货源信息500万条，日促成交易14万单，日交易额达70亿元，已成为“独角兽”企业。2018年，货车帮与运满满共同组建满帮集团，首轮融资19亿美元，市场估值超过60亿美元。白山云作为国内云分发、云存储、云聚合的龙头服务提供商，拥有微软、腾讯、搜狐等200多家知名企业客户，云业务服务中国70%的互联网用户及2亿海外用户，入选全球顶级CDN（内容分发网络）服务商。高通注资的易鲸捷公司研发了具有自主知识产权的融合分布式数据库产品和技术，处于全球领先水平，可为国家数据基础设施提供关键技术支撑，摩根大通、亚马逊、国家电网等知名企业已成为其客户。国家电网使用易鲸捷的技术产品，成功攻克了数据采集高频并发、实时分析的难题，使采集频率提升到2分钟一次，超过了全球行业平均水平（5分钟采集一次）。朗玛互联网医院视频问诊量突破日均5000例，已两次入选中国互联网百强企业。

（三）招商引资成效显著

贵州省大力实施“千企引进”“寻苗行动”等招商引资工程，苹果、高通、微软、戴尔、惠普、英特尔、甲骨文等世界知名企业，阿里巴巴、华为、腾讯、百度、京东等全国大数据、互联网领军企业相继在贵州省落地，目前全球排名前10的互联网企业已有7家落户贵州省。其中，苹果iCloud项目落地贵安新区，苹果公司投资10亿美元建设iCloud中国运营项目主数据中心，苹果中国用户数据存储在国内并由云上贵州公司管理，云上贵州公司成为苹果公司在中国大陆地区运营iCloud服务的唯一合作伙伴。贵州省与高通合资成立的华芯通自主研发了安全可控的10纳米ARM服务器芯片，在数据处理能力、存储空间等方面达到世界先进水平，目前已经完成流片封装测试，近期将投放市场。华为全球私有云数据中心、腾讯全球核心数据中心、中科曙光和华芯通共建的贵安大型超算中心在贵安新区开工建设，北京供销大数据集团数据中心设在贵阳高新区。

（四）软件和信息技术服务业与实体经济的融合不断深入

2017年，贵州省在全省范围内实施“大数据+产业深度融合行动计划”，组织了112支融合服务队，重点实施100个典型示范项目，并于年底开展大数据与实体经济融合大检查，覆盖第一、第二和第三产业的13390家企业，占贵州省统计入库企业的85.9%，从而推动大数据、软件和信息技术服务业与实体经济深度融合。贵州省运用大数据推动产业转型升级的做法，成为国务院第四次大督查中的典型经验。

1. 农业方面

推动农业生产实时监控、精准管理、远程控制和智能决策，积极培育农村电子商务主体，有效推动“网货下乡”“农货进城”“黔货出山”，助推乡村振兴。2017年，贵州全省农村电商网络零售额同比增长84.8%，“贵农网”实现对所有乡镇和95%以上的行政村全覆盖，农村电商平台已覆盖420万名农民。

2. 工业方面

推动企业全流程和全产业链智能化改造，2017年贵州省两化融合指数达72.24，全国排名从2014年的第29位提升到第19位。“贵州工业云”已成为全国制造业与互联网融合的典型，贵阳海信、贵州航天电器等企业入选国家级智能制造试点示范，振华新云数字化车间、同济堂中药制剂全流程应用入选工业和信息化部智能制造新模式应用项目。瓮福集团打造的“福农宝”平台，为农户提供精准农业服务和整套生产方案。贵阳海信实施“大数据+”智能制造，建立订单、研发、供应链、原材料、产品物流、企业资源等关键环节的闭环大数据链，实现了运营成本降低、研发周期缩短、产品不良率降低、生产效率提高的目标。

3. 服务业方面

推动大数据、软件和信息技术服务业在旅游、医疗、健康、养老、教育、物流、商务、金融、文化等方面融合应用。特别是在旅游方面，智慧旅游应用在旅游服务中的占比达90%以上，贵州省60%的涉旅企业、84家4A级及以上旅游景区接入“一站式平台”提供服务，推动了贵州省旅游业的“井喷”式发展。

（五）“双创”活力不断提升

2017年，提升政府治理能力大数据应用技术国家工程实验室、大数据协同安全技术国家工程实验室揭牌。贵州省大数据产业发展研究院、贵州大学公共大数据重点实验室、中科院软件所贵阳分所、大数据战略重点实验室、戴尔—高新翼云IT联合实验室、博科—高新翼云网络交换技术实验室等一批科研平台在贵州建成，贵阳大数据创新产业（技术）发展中心、太极—IBM 贵阳智慧旅游联合创新中心、思爱普贵阳大数据应用创新中心等一批创新平台成立。贵阳数博会成为全球大数据领域影响最大、权威引领性最强、专业化程度最高、业界精英汇聚最多的国际性平台之一，成功开展大数据商业模式大赛、中国痛客大赛、中国国际信息创客大赛、中国国际数据挖掘大赛及全球人工智能大赛等“双创活动”。制定了一系列引进大数据人才的政策，在美国硅谷、印度班加罗尔等地打造“智力收割机”，引进一批知名大数据专家、领军人才、创新创业人才和专业技术人才。腾讯发布的《全国城市年轻指数》显示，贵阳市首次成为“最年轻城市”。阿里巴巴旗下蚂蚁金服发布的《大学生就业流向报告》显示，在大学毕业生流入地排行榜中，贵州市名列第 7 位。

（六）平台服务能力逐步增强

得益于大数据战略行动特别是“7+N 朵云”工程的深入推进，贵州省企业云平台应用率达 36.5%，接近 38.3%的全国平均水平。使用公有云、私有云的企业比例分别为 22.9%和 13.5%，尤其各类公有云应用活跃。例如，“工业云”累计发布需求 1.6 万条、产品 2.5 万个，成交 1.9 万笔，成交金额达 11.3 亿元，接入装备制造业企业生产设备 701 台，涵盖了装备制造、电子信息、新能源、化工、制药等行业 12 家优强企业 100%的关键设备；“电商云”集聚全国及贵州省内优质服务商 200 余家，超过 2200 家企业入驻平台进行销售管理和服务；“物流云”已接入贵州省 8 家主要物流企业信息化平台和 10 家物流园区信息系统；特色农产品物联网涵盖贵州省 75 个农业园区的 146 个项目，实现了对农田实景、农业气象、土壤墒情、农作物生长、病虫害等的实时监控、预测预警、远程诊断和智能控制；智慧旅游一站式服务平台集聚了 28 个大类 1000 多个小类的旅游资源基础数据和经营数据，构建了旅游大数据生态圈，提升了入黔游客的“获得感”。同时，贵州省企业还通过阿里云、金蝶云、用友云、腾讯云等平台开展云应用、云服务。贵州省建立或应用互联网开放社区实现价值网络协同的企业占比为 28.9%。

（七）信息基础设施持续夯实

2017 年，贵州省完成信息基础设施建设投资 204.4 亿元，近 3 年累计投资 514 亿元。建成贵阳 • 贵安国家级互联网骨干直联点，跻身全国 13 大互联网顶层节点，初步形成全国信息存储交换重要枢纽。互联网出省带宽能力达 6730Gbps，固定宽带下载速率达 15.56Mbps，处于全国平均水平、西部地区前 3 位。贵州省通信光缆达到 87.32 万千米，营运高速公路、高速铁路沿线实现移动网络全覆盖，行政村 100%通宽带、98%通光纤，多彩贵州广电云实现“村村通”。固定家庭带宽下载速率排名西部地区第 2 位。移动流量资费水平大幅下降，资费水平居全国第 5 位、西部地区第 2 位。贵州省数据中心服务器超过 7 万台，12 家国家绿色数据中心试点单位 PUE 平均值降幅达 14%，超过国家对试点的要求。6 家数据中心进入国家绿色数据中心名单（第一批），数量全国排名第 2 位。

二、存在的主要问题

（一）融合应用有待提升

贵州省软件和信息技术服务业产业总体规模偏小、软件产品开发能力弱、缺乏龙头企业带动。传统企业自动化和信息化水平较低，研发创新能力较弱，同时缺乏既懂技术、又懂市场和企业经营管理的融合解决方案服务商，数据驱动作用未能有效发挥，影响了软件和信息技术在一、二、三产业中的融合应用。

（二）专业人才缺口较大

贵州省在软件和信息技术服务业专业人才结构方面矛盾突出，领军型人才、复合型人才和高技能人才紧缺。大多传统企业缺少信息化、软件和信息技术服务业应用的相关人才，在技术支撑上有难度。企业从事软件和信息技术服务业深度融合研发的人员较少，科研机构、高等院校对软件和信息技术服务业与一、二、三产业深度融合应用的解决方案研究不够深入。

（三）软件产品研发力度尚需增强

从贵州省软件和信息技术服务业的产值构成来看，信息技术服务业收入占比达到了80%，而软件产品和嵌入式系统收入占比相对较小，表明贵州省在软件产品开发方面还有很大的增长空间，软件产品开发能力薄弱在一定程度上影响了软件和信息技术服务业在一、二、三产业中的应用。

三、下一步工作

认真贯彻落实习近平总书记·2018 数博会贺信精神，按照工业和信息化部及贵州省委、省政府的部署，深入实施国家大数据战略，坚定不移地推进大数据战略行动向纵深发展，加快建设国家大数据综合试验区，推动软件和信息技术服务业发展迈向更高水平。

（一）全面开展“万企融合”大行动

强力实施“万企融合”大行动，2018 年建设 100 个融合标杆项目、1000 个融合示范项目，带动 1500 家融合企业发展，不断夯实软件发展的基础设施建设，丰富软件和信息技术服务业产业中的融合应用的广度和深度，强化软件研发企业的培育力度，提升软件产品的研发能力，助推贵州省软件和信息技术服务业快速发展。

重点推动大数据与工业、农业、服务业三大领域的实体经济深度融合，不断开发新的软件产品用于对其他产业的改造和提质增效。①工业领域：推动工业向智能化生产、网络化协同、个性化定制、服务化延伸融合升级，实施煤炭产业安全生产、制造业智能制造、军民融合产业等方面的应用。2018 年力争带动 900 家工业企业与大数据深度融合，重点行业数字化研发设计工具普及率达 50%，关键工序数控化率达 35%，50%的煤矿实施智能化改造。②农业领域：推动农业向生产管理精准化、质量追溯全程化、市场销售网络化融合升级，实施农业脱贫攻坚、食用农产品质量追溯、农村电商培育工程。2018 年力争带动 150 家农业企业与大数据深度融合，优化整合 10 个规模化农业物联网基地，建设 50 个农业企业产品质量追溯系统，建成 10000 个农村电商服务站。③服务业领域：向平台型、智慧型、共享型融合升级，实施全域旅游融合应用、智慧物流融合应用、共享经济主体培育等专项。2018 年力争带动 450 家服务业企业与大数据深度融合，实现贵州省智慧旅游“一站式”服务平台 5A 级景区全覆盖，电子商务网络零售额同比增长 30%，物流企业信息化率达 80%。

（二）加快提升软件和信息技术服务业的综合实力

进一步增强信息技术服务能力，下大力气扩大软件产品、嵌入式系统产业的规模，2018 年力争规模以上软件和信息技术服务业收入同比增长 15%左右，较 2017 年大幅提升。一是大力发展软件开发信息服务。增强大数据软件服务创新能力，积极推动软件开发、信息系统集成、集成电路设计企业发展，着力增强面向物联网、移动互联网的信息技术服务能力，大力发展数据库、行业应用软件和特色软件服务产品。研制面向贵州特色产业的供应链协同管控解决方案，助推传统产业融合转型。二是大力发展云计算产业。建设贵安大型超算中心等云计算重点项目，引进一批云计算平台企业入驻贵州·中国南方数据中心，面向政府和社会提供云计算服务。探索发放“云使用券”，鼓励、助推企业需求上云、企业生产制造能力上云、公共服务能力上云、数据上云、资源上云、业务上云，形成大数据与实体经济深度融合的应用服务体系及云生态环境。2018 年，贵州省上云企业力争突破 10000 家。三是大力发展人工智能产业。依托贵阳市、贵安新区、遵义市等重点区域，规划建设一批人工智能产业园、人工智能创新示范基地、机器人产业园、人工智能研发中心等项目，加快推进计算机视觉、智能语音处理、生物特征识别、新型人机交互、智能决策控制等核心技术研发及应用，打造新一代人工智能产业链。四是大力发展物联网产业。组织实施国家物联网重大应用示范工程区域试点，在工业制造、生态环保、旅游文化、商贸流通、农业、建筑等重点行业开展一批物联网重大应用示范项目，推进贵阳市、贵安新区、遵义市等重点区域开展物联网应用试点，推动传感器、仪器仪表、多类条码、射频识别、多媒体采集、地理坐标定位等物联网智能感知技术和设备应用。

（三）坚持开展高科技企业招商引资工作

结合“千企引进”工程，突出产业招商，依托《高科技产业招商目录指引》，分产业绘制产业链招商图，用好数博会等重大交流合作平台，面向国内外高科技领先地区，梳理一批优强高科技企业及运用大数据实施融合升级的传统领域重点企业名单，制定针对性招商政策及个性化、专业化的招商服务方案，开展专题招商、精准招商、定向招商。同时，聚焦大数据、人工智能、云计算、共享经济等领域，盯紧一批正在起步、成长快速、极具潜力的企业及创新创业团队，按产业链梳理形成招商项目库，分领域、分类别、点对点、人盯人地开展招商洽谈，促进项目落地，培育贵州省未来的高科技“小巨人”和“独角兽”。2018 年，贵州省力争引进落地优强高科技企业 100 家，引进发展潜力大、成长性好的高科技企业 300 家。

（四）强化关键技术和平台能力建设

整合相关科研院所、实验室和市场的力量，在各行业突破一批可复制、可借鉴、市场空间大、带动能力强的融合关键技术和软件产品，通过经验交流会、宣传推介会、专题推广会等形式，在各领域推广应用。重点支持高端工业软件、新型工业 APP、工业操作系统及工业大数据管理系统的研发应用，打造新型研发设计模式、生产制造方式和服务管理模式。依托现有云平台，在工业、农业、旅游、物流、电商等领域建设和完善一批开放性、差异化、特色鲜明的行业融合大数据平台，整合“平台提供商+应用开发者+海量用户”生态资源，推进模型化、标准化和软件化，优化提升研发设计、生产制造、运营管理等资源配置效率，形成融合发展新生态。

（五）进一步完善信息基础设施

围绕软件和信息技术服务业发展需求，利用 5G（第五代移动通信）、北斗、IPv6（互联网协议第六版）、物联网等新兴信息技术，推动数字基础设施改造升级，构建高速、移动、安全、泛在的新一代信息基础设施体系。加快汇聚数据资源，建成中国南方数据中心示范基地和全国一流的信息存储交换枢纽。进一步推进“满格贵州”工程，在城镇建成区、高速公路、高速铁路、城市轨道交通等重点区域实现 4G 信号全覆盖，电信综合资费下降 6%。建成“全光网省”，2018 年贵州省出省带宽能力达到 8000Gbps。

2017年陕西省软件和信息技术服务业发展概况

一、基本情况

截至2017年年底，陕西省规模以上软件和信息技术服务业企业数为686家，从业人员超过15万人，实现软件业务收入继续保持高速增长，达到1594亿元，同比增长20.4%；实现出口额14.5亿美元，同比增长43.4%。

二、主要特点

（一）软件新城建设步伐加快，“一核、一轴、一城”的产业布局基本形成

软件新城建设使西安软件园产业承载空间迈入全国先进园区行列。作为陕西省、西安市软件和信息技术服务业聚集度最高的园区，西安软件园形成了“一核、一轴、一城”的产业布局。“一核”即占地面积600亩、建筑面积55万平方米的示范区。“一轴”即占地面积210亩、建筑面积40万平方米的国家服务外包基地。“一城”即规划面积14平方千米、计划扩区至20平方千米的西安软件新城，其中，智汇谷（一期）规划占地面积约357亩，建筑面积约85万平方米，国家电子商务示范基地、环普产业园、中软国际万人基地、腾飞科汇城约60万平方米的办公空间，以及国家数字出版基地、IBM欧森国际等30万平方米的研发办公空间已经投入使用；云汇谷（研发二期）占地面积177亩，建筑面积约42万平方米，项目总投资超过20亿元。目前，软件新城投用面积达132万平方米，聚集企业400家，从业人员超过5万人。

（二）突出强化招引和培育，打造千亿级特色产业集群

经过近20年发展，陕西省形成了七大优势产业板块，包括行业应用软件、嵌入式软件、集成电路设计与测试、物联网、移动互联网、信息技术服务、数字出版及游戏动漫，聚集了一批有影响力的行业企业和知名产品，呈现了以下三大特色。

1. 打造世界级高端研发产业集群

聚集了Intel、三星、IBM、施耐德、西门子、阿里巴巴、腾讯等35家世界500强企业，其中，华为西安研究所达到1.4万人的规模，已成为华为全球最大的研究所；三星、施耐德、IBM、艾默生软件研发人员均向“千人以上”扩张；聚集了中兴、东软、太极等40家中国软件百强企业；聚集了业务收入超过1亿元的软件企业128家，成为众多国际知名公司高端研发的承载地。

2. 提升本土企业自主创新能力

截至2017年，陕西省高新技术认定企业累计达343家，软件著作权累计达6500余项，平均每家企业拥有软件著作权近7件。西电捷通制定的“WAPI标准”、三茗科技的数据恢复软件、航天华迅设计的导航芯片、美林数据开发的Tempo大数据分析平台、天脉科技的嵌入式实施操作系统、科信软件的内存数据库等产品和技术享誉业界，具有广泛的知名度和影响力。

3. 筹谋下一代互联网产业集群

围绕下一代互联网技术，在基础软件开发、核心芯片设计、云计算、大数据、AR/VR 及移动互联网领域形成了产业聚集。极客软件研发的手机软件文件大师，拥有海内外活跃用户超过 1 亿人；易点天下成立了首家谷歌关键字（Google Adwords）体验中心，是中国最大的企业国际化智能平台，目前已成长为“独角兽”企业，进入 IPO 阶段。这些裂变型创新科技企业，在产品、技术和商务模式方面的创新正在全国成功推广。

（三）提升环境，开展专业化园区的特色服务

1. 在创新创业方面形成了专业化显著特色

西安软件园采取自建加外引模式，一方面自建了移动梦工场、创智空间孵化器；另一方面引进了光照、Plug and Play、中关村意谷等 9 家孵化器，形成了战略性新兴产业创新孵化器群，总孵化面积超过 20000 平方米，孵化企业近 70 家，吸纳就业人数超过 1246 人。其中，移动梦工场先后孵化团队 21 个，共有 10 个团队拿到了投资，总投资金额接近 1.2 亿元，被授予“陕西省众创空间”“西安市众创空间”“西安市创业孵化基地”等称号。

2. 西安软件园成立了 11 个产业联盟、1 个协会和 20 个公共技术服务平台

持续推行“以市场凝聚企业，以联盟拓展市场”的模式，支持云计算等 11 家企业联盟开展企业间的技术交流和合作。陕西省动漫游戏行业协会共有企业会员 107 家、个人会员 87 人，该协会下设七大专业方向管理委员会，涉及漫画、原创动画、网络游戏等领域。

3. 继续建设、完善和扩充“四库九平台”

西安软件园在原有建成人才库、企业库、项目库、资源库，以及产业统计、市场拓展、人才服务、产业扶持、技术支持、融资服务、物业服务、商务支撑 9 个平台的基础上，建设了 3G 应用开发实验室、微软嵌入式公共服务平台、甲骨文技术资源中心、数据挖掘服务平台、创意产业综合服务平台、西安动漫游戏研发公共技术支撑服务平台。

4. 提供专业人力资源服务，打造国内最大的 IT 和软件专业人才基地

目前，西安软件园 IT 企业注册超过 1000 家，个人注册简历超过 10000 份。西安软件园未来学习中心是西安软件园重点打造的培训品牌，邀请了亚马逊、微软、IBM、Oracle、SAP 等国际知名企业的资深讲师，举办关于云计算、大数据、工业 4.0、智能制造 2025 等主题的系列培训。积极引进“千人计划”人才专家，充实西安软件名人队伍。

（四）抓住机遇，打造全球程序员节西安新名片

2017 年 11 月 9—10 日，在工业和信息化部的指导和支持下，首届“全球程序员节·西安”活动举办。“全球程序员节·西安”活动聚焦“一带一路”发展契机，以“码未来（Coding the Future）”为核心主题，以“数字丝路，码动未来”为年度主题展开，举办了 1 场主论坛、1 个中国信息产业年会、4 场分论坛、1 场“名人讲堂”、1 场程序员竞赛、1 个行业科技展会和 1 场大型的万人程序员嘉年华活动，线下参加总人数超过 10000 人，核心嘉宾、重要来宾约 400 人，线上关注参与的程序员群体超过 100 万人次。

三、面临的问题

（一）政策扶持力度需要进一步提高

近两年，陕西省根据《关于软件和集成电路产业企业所得税优惠政策有关问题的通知》（财税〔2016〕49 号）精神，落实企业所得税优惠政策。由于是企业自行判断申报，一旦被核查出来不符合条件，企业将面临补税、缴滞纳金、罚款风险，增加了企业的顾虑，因此企业申报的积极性下降。

（二）融资难度大

软件和信息技术服务企业属于轻资产企业，在企业发展的过程中，融资难一直是困扰企业的难题，银行创新不足，缺乏相应融资产品，缺乏为创新型科技企业发展助力的金融体系和创业风险资本。

（三）人才优势瓶颈难以打破

陕西省软件和信息技术服务业的“人才优势”随着产业升级和发展，需求也从数量转向质量，大量的“毛坯型”人才已不能满足企业发展的需要。目前，陕西省软件和信息技术服务业的人才结构不尽合理，大量的基础人才亟待培训和实训才能上岗，中、高端人才难求，国际化人才匮乏。

（四）产业品牌宣传不足

软件和信息技术服务业是“品牌经济”，新形势下必须找准产业定位，凝练产业品牌，通过精准渠道，向国内外业界准确传递西安软件产业特征，提高产业品牌城市认知度，但目前陕西省软件和信息技术服务业的形象宣传仍有不足。

四、下一步工作

2018 年是陕西省软件和信息技术服务业“十三五”发展规划和“赶超计划”加快实施的“加速年”，是围绕陕西西安高新区自主创新示范区及“陕西自贸区”——“双自联动”建设的“机遇年”，是探索体制机制创新，坚持市场化运作的“改革年”。陕西省将以体制改革创新为核心，以招商引资、产业促进和软件新城建设为重点，以人才引进、创新孵化、国际化提升为抓手，进一步加快和推动陕西省软件产业的发展。同时，着力将西安软件园建设成为智慧化应用示范区、新兴业态引领区、国际化合作先行区，成为“西部硅谷，中国软件和信息技术服务业创新之都”。

（一）加快软件新城建设，为产业聚集发展夯实基础

到 2020 年，软件新城将完成约 350.8 万平方米新增建筑面积，并将优先保障软件和信息技术服务业用地需求，园区水、电、暖、路、网等基础设施，商业、居住、餐饮等生活配套设施将全面完善，新城整体环境将显著提升。同时，通过投资促进、人才跨越和创新创业举措，将西安软件园打造成国内外知名 IT 企业投资的热点区、国内最大的 IT 和软件

专业人才基地和国内一流、国际知名的创新创业孵化集群，为软件和信息技术服务业聚集发展奠定基础。

（二）推进实施“云管端”战略和“互联网+”战略，深化产业结构升级

“云管端”战略，即结合陕西西安高新区打造千亿元手机产业链，重点关注智能终端设计、芯片设计、软件设计和移动互联网应用软件，与云计算和互联网结合形成产业特色。“互联网+”战略，即结合“互联网+”和“中国制造2025”等战略，配合陕西西安高新区制造业攀登计划，加快与传统产业的融合，催生骨干龙头企业，实现产业跨越式发展。通过上述战略的实施，使陕西省在发展软件和信息技术服务业新业态、深化产业结构升级方面取得突破。

（三）通过四个方面的保障措施，强化“十三五”规划的落实

在打造特色集群方面，围绕智能终端设计及软件、“互联网+”行业应用、集成电路设计、大数据-云计算-物联网、移动互联网、电子商务六大领域快速发展，形成一批特色的产业集群。在发展投融资市场方面，在1亿元的“PnP中国（西安）创投基金”和3000万元的“移动互联网应用专题资金”的基础上，逐步增加支持力度。发挥陕西西安高新区科技金融政策，与银行、投资公司合作，撬动社会资金，成立3亿～5亿元的软件和信息技术服务创投基金。

（四）继续推进中国软件名城创建工作

全力推进将西安市建成发展环境优越、优势特色突出、产业质量效益显著、产业和城市生态融合发展的中国软件名城，努力使西安市成为2018年中国软件名城。

（五）再接再厉，打造西安软件产业新名片

第二届全球程序员节活动将于2018年10月下旬在西安举行，陕西省将在2017年成功举办首届全球程序员节活动的基础上，精心谋划、认真组织、积极筹备，力争把第二届全球程序员节活动办得更好。

2017 年甘肃省软件和信息技术服务业发展概况

2017 年，甘肃省软件和信息技术服务业紧紧围绕国家软件和信息技术服务业发展战略目标和发展需求，强化需求和应用牵引，加快推动大数据、云计算等热点产业发展，深化制造业与互联网融合发展，坚持以服务支撑产业、以应用推动产业，发展环境日益优化，创新能力持续提升，支撑效应逐步显现，产业规模不断壮大，社会贡献稳步提高，整体实力显著增强。

一、基本情况

（一）产业规模快速增长

2017 年，甘肃省软件和信息技术服务业实现软件业务收入 45.7 亿元，同比增长 11.5%；实现利润总额 4.5 亿元，同比增长 81.3%；应缴增值税 1.4 亿元，同比增长 50.8%。软件产品收入、信息技术服务业收入依然是支撑行业发展的主要力量，分别同比增长 21.3%和 5.4%。全行业从业人员平均人数新增 3259 人，达到 12780 人，同比增长 34.2%。

（二）发展实力持续增强

甘肃省软件和信息技术服务业主营业务收入超过 1000 万元的企业有 110 家，超过 1 亿元的企业有 19 家。现有信息系统集成资质企业 180 家，其中，一级资质企业 2 家，二级资质企业 9 家。甘肃省共有 11 家企业通过信息技术服务标准（ITSS）符合性评估，其中，5 家企业取得运行维护服务能力成熟度二级符合性证书，6 家企业取得成熟度三级符合性证书。甘肃省主营业务收入超过 1 亿元的 19 家龙头骨干企业，合计收入已占甘肃全省业务收入的 63.8%。甘肃紫光、甘肃万维的营业收入继续领跑甘肃全省，甘肃信业科技、兰州大方电子、兰州北科维拓等企业营业收入增速分别为 53.1%、41.6%、34.3%。

（三）创新能力增强

鼓励龙头骨干企业建立研发机构，加大研发投入，构建产、学、研、用相结合的技术创新平台和支撑体系，支持以骨干企业为龙头建立技术、标准、产业和应用联盟，提高科研成果转化能力。甘肃万维公司全面推进“互联网+”平台化战略，建设的我国第一个“互联网+”精准扶贫平台——甘肃省精准扶贫大数据管理平台，成为国务院扶贫办唯一试点平台，已在全国 16 个省份得到了推广和应用，市场占有率超过了 41%，位居全国第一。北科维拓公司牵头制定的国家电子行业标准三维数字社会服务管理系统技术规范第一部分已发布，第 2～6 部分已顺利通过工业和信息化部 2017 年第一季度标准立项评审，该系统已在 16 个省份共计 30 多个县区推广应用。兰州飞天网景公司成功入围 2017 年智慧健康养老应用试点示范企业，并在全国范围内推广。

（四）融合支撑能力提升

强化软件支撑和定义制造的基础性作用，传统行业大力开展工业生产设备改造，推进装备智能化、网络化，推动技术突破和价值链升级；新兴行业重点推动生产方式向柔性、智能、精细转变，促进云计算、大数据技术在研发设计、生产制造、管理决策、销售服务等环节的综合集成应用。一批支撑两化融合公共服务的云计算、大数据平台陆续建成，西北中小企业云平台通过“以租代建、按需购买、即开即用”应用接入服务，面向全国提供云服务，目前已上线云主机、云管家、云销售等应用131项，服务甘肃本省中小企业2.1万多家。甘肃工大电子科技有限公司被中国两化融合服务联盟推荐为两化融合管理体系贯标咨询服务机构，在甘肃省内落地的具备国家授予资质的各类两化融合服务机构达到2家。

（五）产业聚集提速

“十三五”以来，甘肃省充分考虑自身软件和信息技术服务业的发展现状和特色，以兰州、天水、敦煌3个城市软件园区建设为重心点，带动甘肃省东、中、西部区域软件和信息技术服务业发展。甘肃省95%以上的软件企业集中在兰州市，初步形成了“一园三区”的发展格局，收入占甘肃省软件收入的95%以上；天水市以工业软件研发及应用为重心；敦煌市以文化创意产业园为平台，推进软件服务本地化发展。整体上产业集聚不断强化，产业链效应进一步增强。兰州三维数字社会服务管理系统联盟推广中心、甘肃紫光总部经济大厦、万华互联网创业创新大厦基本建成，产业发展的基础载体进一步夯实。

二、主要特点

（一）政策环境日趋完善

“十三五”以来，甘肃省积极贯彻落实国家相关产业扶持政策，先后出台了《甘肃省促进大数据发展三年行动计划（2017—2019 年）》《甘肃省大数据产业发展规划（2018—2020）》《甘肃省“十三五”信息产业发展规划》，明确了“十三五”期间甘肃省软件和信息技术服务业的指导思想和发展原则、目标、重点，提出了产业环境优化工程、产业集聚发展工程、信息应用示范工程、品牌塑造推广工程、产业活力提升工程等重大工作，引领行业发展。

（二）深化宣传推广

充分发挥甘肃省信息产业协会、省内高校院所、重点企业和专家学者等的作用，强化宣传引导，以召开会议、开展培训、座谈交流、撰写解读文章等方式，通过网站、微信公众号等各种媒体渠道，加强对产业政策的宣贯和解读，提高社会认知度、企业认同感和参与度，营造良好的发展氛围。组织甘肃省内15家企业积极参展第二十一届中国国际软件博览会，集中展示了甘肃省近几年在公共管理、智慧旅游、智能交通、电力、通信等领域取得的成果，宣传了甘肃省软件产业的新技术、新特色，树立了甘肃省软件产业的新形象。图博网络科技股份有限公司美丽乡村（新农村综合信息服务平台）获“第二十一届中国国际软件博览会金提名奖”，与摩拜共享单车智能锁软件等国内大企业产品同台亮相、共获殊荣。

（三）借力重大活动

借力第二届敦煌文博会，成功举办数字丝绸之路大数据论坛，着力宣传甘肃省在政策环境、资源禀赋、战略地位、向西开放等方面的优势，推进大数据产业项目落地。北京大学先进技术学院、浪潮集团、诺基亚贝尔、华为公司等机构大数据领域的专家、企业家围绕“丝路大数据、绿色新引擎”专题分别作精彩演讲，组织甘肃省政府与中国铁塔股份有限公司，甘肃省工业和信息化委员会与中国航天科工信息技术研究院，甘肃省工业和信息化委员会与中兴公司等方面的合作协议签约活动，签署合作协议 17 项，涵盖信息基础设施、大数据、云计算、智慧城市、文化旅游、两化融合等信息产业诸多领域，目前协议项目正有序推进。

（四）两化深度融合

2017 年，甘肃省新增 19 家国家级贯标试点企业，4 家企业通过工业和信息化部两化融合管理体系贯标，甘肃电投“基于融合发展下的大数据生态产业链构建及应用示范”项目获得全国制造业与互联网融合发展试点示范项目。立足扶贫攻坚，提升基础设施支撑水平。积极推动电信普遍服务试点工作，2017 年共争取国家资金 16.76 亿元，完成了 9567 个电信普遍服务试点行政村建设任务。甘肃省已有 15593 个行政村通光纤，覆盖率达 95.7%，其中，建档立卡贫困村光纤覆盖率达 97.5%。同时，甘肃省正在秦安县等 9 个深度贫困县 5267 个 20 户以上的自然村实施光纤宽带网络提升工程，为电子商务扶贫打下良好的基础。此外，甘肃省还统筹协调各方，专题研究白银至景泰黄河石林沿线和景区通信杆路迁改更换有关事宜，解决重大通信基础设施问题。

（五）着力推进丝绸之路信息港建设

深入贯彻实施国家“一带一路”倡议，推动开展丝绸之路信息港的建设工作，甘肃省丝绸之路信息港建设工作领导小组已获省政府批准成立，办公室设在甘肃省工业和信息化委员会，负责推进丝绸之路信息港的日常工作。在考察、借鉴中国—东盟信息港建设经验的基础上，结合甘肃省实际，组织编制《丝绸之路信息港工作方案》《丝绸之路信息港规划方案》《丝绸之路信息港建设方案》等一整套方案，已获省政府原则同意。“丝绸之路信息港股份有限公司”企业名称已获得国家工商总局预核准批复，丝绸之路信息港总体规划框架和公司组建方案工作已基本完成。

（六）重点做好工业控制安全工作

印发《甘肃省工业和信息化委员会贯彻落实〈省委网络安全和信息化领导小组 2017 年工作要点〉工作方案》。根据工业和信息化部《国家工业信息化安全研究中心通报的通知》，及时处理甘肃省信息安全隐患。对 2017 年工业控制系统信息安全检查工作进行安排部署，并实地对平凉、天水、陇南等地部分企业进行了实地抽查。为进一步加强工业控制安全领域的技术支撑，依托甘肃省烽侦网络安全研究院批复成立烽侦工控网络安全研究实验室。组织开展甘肃省 117 家企业的摸底检查工作，统计重要工业控制系统总数 552 套。

三、面临的问题

从总体上看，2017 年甘肃省软件和信息技术服务业呈现平稳、较快发展态势，但是发展中的困难和问题依然很多。一是产业规模总量较小，软件收入占全国软件总收入的比重偏低；二是软件企业数量少、规模小，超过一半的软件企业年收入在1000万元以下；三是创新能力不足，基础研究和核心技术开发能力较弱，基础软件产品数量偏少，应用创新和模式创新需要加强；四是产业供给结构有待优化，云计算、大数据等新兴产业发展不足，软件服务、嵌入式软件业务比重较低，信息技术服务与工业生产融合度不深。

四、下一步工作

2018年，甘肃省软件和信息技术服务业将以习近平新时代中国特色社会主义思想为指引，围绕制造强国和网络强国建设，进一步强化“软件定义”和“数据驱动”，创新发展的政策措施，深化“放管服”改革，突出抓好丝绸之路信息港建设等重点工程，着力构建工业互联网体系，深入推进信息化和实体经济融合，促进信息消费，提升发展质量，提高监管水平，大力发展云平台、云软件、云服务、云终端，推进软件产业集聚区和发展载体建设，培育和发展数据信息产业，加快网络强省、数字经济大省建设。

（一）完善政策扶持

贯彻落实国家和甘肃省发展软件和信息技术服务业的各项政策措施，进一步强化政策引导，完善保障措施，充分发挥战略、规划、政策的引领作用，结合甘肃省绿色发展规划和甘肃省数据信息产业绿色发展专项行动计划等的落地实施，加快出台配套政策措施，为推进丝绸之路信息港建设、打造“一带一路”信息制高点、建设网络强省和数字经济大省提供政策保障。

（二）全力推动丝绸之路信息港建设

加快丝绸之路信息港股份有限公司建设运营和信息港总体规划编制工作。近期重点实施“一带一路”互联互通南向信息专用通道、甘肃能源大数据平台、工业互联网创新体验中心、甘肃省宏观经济数据预警监测分析平台、数字文化资产与版权保护交易中心、智慧文博等大数据项目。

（三）提升创新水平

引导企业积极探索技术引进与自主开发相结合的发展模式，逐步形成自主发展的创新机制和创新能力，增强企业的竞争力。鼓励企业与国内外知名高校、研发机构合作建设研发中心、实验室，在数字经济领域建立创新战略联盟。

（四）深化宣传推广

承办好第三届文博会大数据论坛，创新办会理念和论坛模式，办成品牌，办出影响。组织好第二十二届中国国际软件博览会，组织企业走出去，宣传甘肃省软件和信息技术服务业的创新成果和比较优势，推介甘肃省优势企业和产品，助力紫光、万维、北科维托等企业向外拓展。

（五）加强应用推广

搭建软件企业和工业化企业相互交流、融合的平台，鼓励传统企业投入升级改造，引导软件企业转换发展思路，积极参与传统行业的转型升级。同时，结合甘肃省实际，确定好各行业重点领域，树立一批传统企业升级改造的成功和典型案例，建立一批示范项目，引导传统企业和软件企业进行参观学习、交流互动。

（六）强化协调服务

主动与工业和信息化部、省直相关部门联系，在政策制定、项目支持等方面借力使力，促进产业发展。结合工业和信息化部《关于软件和集成电路产业企业所得税优惠政策有关问题的通知》，加强与财税等部门的沟通，召开软件企业所得税优惠政策宣贯会，使软件产业企业优惠政策落到实处。

2017 年青海省软件和信息技术服务业发展概况

一、基本情况

2017 年，青海省立足特色优势产业基础，抢抓新一轮科技革命和产业变革发展机遇，坚持以深化制造业与互联网融合发展为主题，以推动企业数字化、网络化、智能化改造提升为主线，以制定措施、强化要素支撑、推动试点示范、夯实基础工作为主要路径，大力推进互联网、大数据、人工智能等新一代信息技术与工业实体经济融合发展，扩大和升级信息消费，着力培育大数据、特色电子信息和软件产业。截至 2017 年 12 月底，青海省 24 家规模以上骨干企业累计实现软件业务收入 8743 万元。软件和信息技术服务业正在成为推进青海省信息技术产业集聚发展和经济社会实现跨越式发展的积极动力，为引领和推动青海省经济社会更好、更快地发展发挥了良好作用。

二、主要特点

（一）培育软件产业，助力转型升级

1. 加强政策引领，促进应用发展

制定出台了《信息化和宽带青海建设办公室贯彻落实〈“十三五”国家信息化规划〉工作方案》，制定了《青海省关于进一步扩大和升级信息消费持续释放内需潜力的实施意见》。进一步明确了青海省软件和信息技术服务业的发展方向、目标任务和工作重点，政策保障体系不断加强和完善。同时，为推动青海省制造企业打造信息化环境下的新型竞争力，完成了《青海省智能工厂和数字化车间认定管理办法》的拟定和《青海省信息服务专项资金管理办法》的修订工作。电信运营企业推动工业园区和工业企业信息通信基础设施建设步伐显著加快；信息技术服务企业融入两化融合发展大局、助力工业信息化建设的积极性和主动性进一步提升。

2. 加强协调联动，带动产业发展

支持“光伏发电信息采集分析示范项目”“矿热炉运行优化节能控制系统”等软件项目研发，引导工业软件本地化研发应用，进一步强化软件对支撑和定义制造的基础性作用。同时，积极落实《关于软件和集成电路产业企业所得税优惠政策有关问题的通知》（财税〔2016〕49 号），为软件企业提供服务。

3. 加强产业融合，大数据产业加快发展

协调推动中国联通集团公司在青海省规划建设的国内第二个大数据中心抓紧实施，落实青海省现有云数据中心享受大工业电价优惠政策，夯实大数据产业发展的基础；联合工业和信息化部电子技术标准化研究院开展“青海省新能源大数据发展研究”课题研究，推动青海省大数据与新能源产业融合发展；重点支持“青藏高原国家云数据中心”“生态大数据平台研究开发与应用项目”等 3 项大数据应用项目；稳步推动青海省大数据产业研究院筹建，以逐

步形成集人才培养、大数据应用、大数据分析和交易于一体的产业链，实现研究、开发、产业化与孵化同步推进；推荐申报的“青海省旅游云数据平台项目”成功入选全国2017年度云计算优秀典型案例。

（二）推动两化融合，促进提质增效

1. 信息化与工业化融合发展的环境不断优化

建立了“以典型带应用，以应用促发展”的两化融合工作机制，两化融合发展政策环境进一步优化；工业企业对两化融合工作的认识切实提高；电信运营企业推动工业园区和工业企业信息通信基础设施建设的步伐显著加快；信息技术服务企业融入两化融合发展大局、助力工业信息化建设的积极性和主动性进一步提升。

2. 制造业与互联网融合专项行动全面启动

以推动企业数字化、网络化、智能化改造提升为主线，以优化政策环境、强化要素支撑、推动试点示范、夯实基础工作为主要路径，大力推进互联网、大数据、物联网等新一代信息技术与工业企业融合发展。规模以上工业企业关键工序数控化率达59.54%，生产装备数控化率达59.21%，电子商务应用率达47.7%，制造业与互联网融合各项指标较2016年大幅提升。

3.“互联网+”工业重点项目加快建设

“盐湖资源综合利用信息一体化”等信息技术改造提升项目推动传统产业降本增效取得显著成效，“晶体硅太阳能电池数字化生产车间”等两化融合重点项目助力新兴产业生产模式迭代创新，大美煤业智能工厂建设全面推进，西部矿业两化融合管理体系贯标重塑企业新型能力获得实质性进展。

4. 两化融合试点示范卓有成效

亚洲硅业等6家企业入围国家级两化融合管理体系贯标试点企业，盐湖股份等9家企业获评青海省制造业与互联网融合优秀企业，青海能发集团公司等5家企业被评为省级两化融合贯标试点企业，青海省测试计算中心等2家机构入选省级两化融合支撑服务机构，信息化推动工业转方式、调结构、增效益的倍增和带动作用不断显现。

（三）加强协调配合，推动社会信息化

1. 电信普遍服务深入推进

会同有关部门印发《青海省电信普遍服务试点项目实施方案》，推荐西宁市、海东市、海南州、海北州、海西州、果洛州、玉树州7个试点地区的1355个未通宽带的行政村和1170个已通宽带但接入能力低于12Mbps的行政村列入全国2017年度电信普遍服务试点地区，争取项目资金4.15亿元。有效推动农村及偏远地区的宽带建设，促进城乡基本公共服务均等化，带动农村经济社会和信息化水平不断提升。

2. 重点领域信息化建设成效显著

协调督促有关部门和单位做好“四朵云”建设，在电子政务、环保、交通、农牧等云平台建设方面取得积极进展，青海省政务云平台正式上线运行、青海环保云平台初见成效、青海省交通旅游服务大数据应用试点工程及“互联网+”高原特色智慧农牧业大数据平台建设稳步推进。

3. 积极开展工业控制系统信息安全防护工作

根据工业和信息化部《工业控制系统信息安全防护指南》，印发《关于开展2017年工业控制系统信息安全检查工作的通知》，积极开展联网工业控制系统的安全检查工作，完成《工业控制系统信息安全防护指南》贯彻落实情况的报告，确保工业控制系统的信息安全。转发工业和信息化部《工业控制系统信息安全事件应急管理工作指南》，提高青海省工业企业对工业控制系统信息安全事件的应急处置能力，保障工业生产正常运行。

4. 信息产业招商成果丰硕

落实青海省政府与浪潮集团的战略合作协议，推动浪潮集团投资建设省级一体化大数据中心、公共云服务平台、政府大数据共享与开放平台、大数据创新中心及双创空间，参与建设政务云、生态云、产业云、民生云。组织完成阿里巴巴与青海省政府签署的战略合作协议，阿里巴巴将在大数据、云计算、“互联网+”、智慧交通等方面进一步加强与青海省的合作。引进智业信息技术有限公司等科技型企业，夯实青海省信息产业发展的基础。目前，引进华为技术有限公司等国内信息技术骨干、知名企业落户青海省的工作正在有序推进。

三、存在的问题

一是产业基础研发能力仍然薄弱，自主创新能力不足，产业结构不合理，仍处于价值链中低端水平。二是融资困难，加之行业竞争日趋激烈，导致企业研发投入持续减少，无法实现重要技术的创新和高端产品的研发。三是人才缺乏。由于青海省经济发展相对落后，客观环境欠佳，使企业引进人才的难度加大。四是部分企业对“互联网+”认识还不到位，对移动互联网、云计算、大数据等新一代信息技术了解得还不够深入，新技术的应用推广存在一定难度。五是软件企业所得税优惠政策还面临落实不够到位的问题。

四、下一步重点工作

青海省将全面贯彻党的十九大精神，以习近平新时代中国特色社会主义思想为指导，以“做大总量、提升层次”为目标，以经济社会发展需求为导向，以信息产业发展为根本，加快推动新一代信息技术的应用，加快推动信息技术成果惠及广大人民群众，以创建大数据集聚区为突破口，加快推动互联网、大数据、人工智能和实体经济深度融合，促进青海省信息产业实现跨越式发展。

1. 着力提升服务能力，促进新技术与实体经济深度融合

制定并印发《青海省智能工厂和数字化车间认定管理办法》，培育一批智能工厂和数字化车间典型示范企业，打造工业企业在信息化环境下的发展新能力；加快推进互联网、大数据、云计算、物联网、电子商务、信息系统、虚拟仿真、增材制造、人工智能等新一代信息通信技术，在特色优势企业经营管理、生产制造等重点领域和关键环节的集成创新应用，加速工业企业向网络化、数字化、智能化发展。

2. 推进云平台建设，促进大数据产业发展

加快推进省级政府部门和市（州）政府应用系统向省级政务云整体迁移工作，充分发挥专家智库的作用，开展青海省大数据集聚区遴选、评估工作，确定省级大数据产业集聚区，

进一步优化资源配置，形成集聚效应，发挥辐射带动作用。实施大数据示范应用工程及企业大数据应用等综合服务平台建设，试点推动工业企业数据资源“上云”集聚，力争“产业云”初见成效。加快工业大数据平台建设，促进大数据技术在工业企业产品研发、生产制造、市场营销、售后服务、经营管理等全流程和产品全生命周期的示范应用。

3. 加强信息安全管理，提升风险防控能力

严格按照国家信息安全、云计算服务安全相关标准，规划采用云计算服务数据和业务范围。加强云计算服务网络安全防护管理、安全测评、电子认证、应急防范等信息安全基础性工作，加强对政府机关、金融、能源等重要信息系统的安全评估与监测，落实信息安全等级保护制度。建立健全云计算安全态势感知、安全事件预警预防及应急处置机制，督促涉密信息系统按照国家保密行政管理部门设立或者授权的保密测评机构进行检测评估。

4. 强化招商引资，加快信息产业集聚区建设

围绕大数据中心建设和“云”工程应用、产业链培育，积极引进华为等大型数据中心和国内电子百强企业落户青海省，推进大数据基础设施和信息资源共建共享。依托海东信息产业园，重点引进在大数据软、硬件一体化和大数据智能终端设备部件配套生产领域的核心企业，集聚一批零部件配套生产厂商，实现端产品制造与大数据应用服务互动发展，形成大项目带小项目、主体项目带配套项目、上游项目带下游项目的产业集聚新格局。

2017 年宁夏回族自治区软件和信息技术服务业发展概况

2017 年，宁夏回族自治区（以下简称宁夏）明确实施创新驱动战略，加快实施“互联网+”行动，促进软件和实体经济融合发展，软件和信息技术服务业取得较好的发展。

一、基本情况

2017 年，宁夏规模以上软件企业实现软件业务收入 15.6 亿元，同比增长 17.8%。其中，软件产品收入 4.6 亿元，同比降低 25.3%；信息技术服务收入 10.6 亿元，同比增长 71.7%；嵌入式系统软件收入 0.4 亿元，同比降低 55.9%；实现营业利润 1.5 亿元，同比降低 1.3%。

（一）企业规模逐步扩大

2017 年，宁夏共有软件和信息技术服务企业 300 多家，其中，软件业务收入 500 万元以上的企业有 80 家，新增 29 家，从业人员年末数为 5165 人，同比增长 25.8%；在“新三板”上市的企业共 15 家，新增 3 家。

（二）信息技术服务收入大幅增长

2017 年，宁夏软件企业快速向信息系统集成服务商转变，从单纯的软件产品开发服务，向网络、设备、软件整体性集成服务发展。宁夏共有具有信息系统集成及服务资质的企业 77 家，信息系统集成服务收入同比增长 71.7%，占软件业务收入的 68%。

（三）软件产品收入下降明显

随着微信、阿里、华为等云平台软件的广泛应用，传统软件产品市场开始萎缩。宁夏部分软件企业积极转型，集成互联网应用，向平台化、云端化发展，服务模式向信息技术服务转变。2017 年，宁夏软件产品收入同比减少 1.6 亿元，在软件业务收入中的占比降到 30%。

二、主要发展特点

（一）企业创新能力不断提升

本地软件企业已初步具备开发大数据、云计算产品的能力，并渗透到工业、商务、民生、医疗、教育、安全、交通等领域。宁夏电通物联网公司研发的电梯安全监管物联网系统接入近万部电梯，成功获批国家发改委“电梯物联网安全监管技术”国家地方联合工程研究中心。宁夏希望信息股份公司中标“新疆互联网+政务服务平台建设”，建设的“小事儿”平台用户突破 100 万户。银川方达电子公司是全国最早从事医疗社保信息系统研发的企业之一，建设的医疗社保一卡通平台每年完成医疗结算近 100 亿元，保障了全区人民就医结算。宁夏亚视电子科技公司自主研发的远程互动智慧课堂共享平台，得到了教育部陈宝生部长来宁视察时的肯定，并为宁夏引入中国台湾地区智慧课堂技术和理念。宁夏计算机软件和技术服务公司建设和运维的宁夏教育考试院，已连续 10 多年保障全区高考、研究生考试和录取工作。同时，宁夏本地软件企业在智慧城市、电子商务、互联网旅游、物联网、卫星导航等领域积极开拓创新。

（二）在云计算、大数据领域开始发力

亚马逊 AWS 数据中心一期 2.5 万台服务器已经上线运营；美利云数据中心一期已交付奇虎 360 公司 1.1 万台服务器；中国移动数据中心土建工程已完工，开始安装机电设备；中兴智慧银川大数据中心一期为智慧银川建设、互联网医院布局服务器约 1 万台。积极推进“互联网+”行动，通过制定互联网医院和医生管理办法，在银川市第一人民医院开始应用试点，吸引了全国 20 家互联网医院到宁夏发展，不仅方便了患者，使优质医疗资源普惠了更多群众，还得到了李克强总理的肯定和表扬。建设“宁夏工业大数据综合管理与应用系统”，为全区工业和信息化系统、工业园区、重点企业提供行业运行、项目申报、物联网技术应用等服务，为自治区提供决策支持。推荐的“区域性医疗集团一体化服务管理大数据平台”“智慧银川大数据基础服务平台”“宁夏工业大数据综合管理与应用系统”获评工业和信息化部大数据优秀服务和应用解决方案，“基于智慧银川大数据分析的企业云管理服务平台”“教育资源公共服务平台”获评工业和信息化部云计算优秀典型案例。

（三）工业与互联网深度融合持续深化

开展了 2017 年自治区互联网与工业融合创新试点示范工作，通过项目征集、专家评审、行业处室审核、综合评价等环节，在原材料、化工、装备、轻纺、食药和电子信息等行业遴选出宁夏钢铁（集团）互联网融合创新发展等 10 个互联网与工业融合创新试点示范项目，从而引导企业充分发挥互联网在企业生产组织、资源配置、产品形态和商业模式中的优化集成作用。积极争取国家各项试点示范企业，吴忠仪表服务型制造“双创”平台建设、宁夏如意“互联网+”数字化智能纺纱生产新模式、维尔铸造中国标准动车组铝合金枕梁生产制造 3 个项目被列为国家“双创”平台试点示范项目，通过项目的实施，激发了制造企业的创新活力、发展潜力和转型动力。

（四）信息产业园区特色初步形成

（1）宁夏中关村科技园西部云基地承载大数据存储和处理服务，亚马逊 AWS 数据中心一期 3 栋机房已建成；誉成云创数据中心一期 2 栋机房 4 万平方米已建成，二期 4 栋机房 6 万平方米已经封顶；中国移动宁夏数据中心开始安装调试服务器；炫云西部云渲染数据中心已经封顶；中国联通宁夏数据中心、风云气象卫星数据中心正在推进。

（2）银川 IBI 育成中心聚集了全区 75%的软件企业，一期 15 万平方米、二期 39 万平方米、三期 8 万平方米已全部建成，入驻宁夏希望信息产业、银川发达电子、宁夏计算机软件和技术、宁夏亚视电子等本地软件企业 200 多家，产值占宁夏软件业务收入的 70%以上。

（3）银川滨河新区智慧产业园吸引了城市管家、好大夫互联网医院、平安互联网医院等智慧城市建设和“互联网+”医疗服务企业；银川大数据中心一期 1 栋机房已建成，可承载 1 万台服务器，服务银川市行政审批和智慧城市建设，二期 2 栋机房已封顶；3 万平方米（14 层）的智慧产业研发大厦已经完工，装修已基本完成。

（4）银川中关村创新创业科技园由“一中心一基地”构成，一中心即银川中关村创新中心，是选址靠近银川市中心的 10 万平方米商业综合体，已经完成装修，已入驻银川博艾特互联网等 24 家企业；基地选址西夏区，规划土地富足，靠近大学城，人才充足，已经开工基础建设。

三、存在的主要问题

（一）软件和信息技术服务产业基础薄弱

宁夏软件和信息技术服务产业总体规模依然较小，企业数量有限，缺少龙头企业、知名企业、拳头产品；云计算、大数据应用较少，带动效应缓慢。

（二）整体创新能力不足

宁夏软件企业大多轻资产，贷款比较难，资金投入不足；缺乏云计算、大数据、信息安全、系统测试等方面的技术人才，以及管理经营、市场融资等人才。区内企业、高校和科研院所缺少技术中心、产学研联盟、开源社区等协同创新平台。

四、下一步重点工作

认真贯彻党的十九大精神，大力实施创新驱动战略和新兴产业提速工程，推进项目建设，做好精准招商，支撑工业转型升级，促进软件产业发展。

（一）紧盯工业，促进产业转型升级

积极争取工业和信息化部大数据产业试点示范项目支持，开展自治区工业大数据试点示范工作，支持宁夏菲麦森、银川汇成科技、宁夏华信智等软件企业参与工业自动化、数字化、智能化技术改造，帮助工业企业利用大数据技术，逐步实现个性化定制、研发设计、生产制造、经营管理、市场营销、售后服务等网络化协同制造模式，支撑工业智能制造、绿色制造。

（二）落实政策，注重降本增效、创新发展

用足、用好宁夏“降成本 30 条”“创新驱动 30 条”“云计算 11 条”等政策，加强同相关部门的沟通，调整云计算企业享受所得税的条件和程序。指导企业申报和利用企业技术中心、产业创新中心、工程研究中心、“双创”基地等创新平台。联合卫计委等部门做好“互联网+”健康养老调研，引导企业积极参与智慧健康养老等应用试点示范项目。

（三）加强管理，推进大数据产业聚集发展

加强统筹协调，支持中卫西部云基地、银川滨河新区智慧产业园、银川 IBI 育成中心发展，形成 1～2 个省级大数据产业聚集区，争取中卫市获批国家大数据综合试验区。发挥宁夏扶持云计算产业发展的税收、土地、气候、能源、网络等优势，吸引大型互联网企业落户和聚集发展，推进亚马逊数据中心、美利云数据中心、中兴智慧银川大数据中心的商业应用。

（四）牵线搭桥，拓宽招才引智渠道

发挥区内外大学科技教育的人才优势，通过联合立项、委托开发、远程指导等方式，开展政、用、产、学、研深入合作，成为智力资源跨省流动的突破口。促进自治区内外企业的交流协作，组织企业跨省交流合作，加快走出去、引进来的步伐，借助全国市场促进宁夏软件和信息技术服务业加快发展。

2017年新疆维吾尔自治区软件和信息技术服务业发展概况

2017年，新疆维吾尔自治区（以下简称新疆）软件和信息技术服务业紧紧围绕实现新疆社会稳定和长治久安的总目标，以信息化培育新动能，用新动能推动新发展，加快推进云计算、大数据产业发展，进一步优化产业发展环境，大力鼓励技术创新，积极引导企业向服务化方向发展，推动软件和信息技术服务业快速发展。

一、基本情况

2017年，新疆131家规模以上软件和信息技术服务业企业实现软件业务收入54.5亿元，同比下降25.7%；实现利润总额5.4亿元，同比下降9.6%；从业人员年末人数为10422人，同比下降28.3%。其中，软件产品收入保持快速增长，全年实现收入12.8亿元，同比增长21.5%；实现信息技术服务收入40.9亿元，同比下降34.7%。嵌入式系统软件实现收入7902万元，占软件业务收入的1%，同比增长553.1%。软件外包服务实现收入9644万元，同比增长10.1%。软件业务出口收入首次实现零的突破，达到278.7万美元。

新疆软件行业协会计算机信息系统集成企业年检数据显示，2017年新疆共完成4批计算机信息系统能力评估申报工作，新增175家，截至2017年年底，系统集成企业达726家，其中，甲级资质企业有125家，乙级资质企业有164家，丙级资质企业有334家，丁级资质企业有103家。

为了促进软件和信息技术服务业的发展，2017年新疆发布了《软件企业评估规范》《软件产品评估规范》。按照新的评估规范，2017年新疆共受理软件企业评估28家，截至2017年年底，累计共有软件企业148家，软件产品164件；登记软件著作权123件，累计登记软件著作权2978件。

二、主要特点

（一）出台促进产业发展的相关政策

1. 出台政策，力促软件产业发展

2017年10月，新疆出台《新疆维吾尔自治区关于大力发展软件和信息技术服务业　促进大数据与云计算应用的若干政策》，该政策在财政资金、人才培养、金融投资、技术创新、产业集聚、通信资费、用电等方面给予云计算、大数据产业支持。同时，新疆紧紧围绕国务院《关于深化制造业与互联网融合发展的指导意见》（国发〔2016〕28号）起草制定了《新疆维吾尔自治区制造业与互联网融合发展实施意见》，并已以自治区人民政府名义印发全疆。

2. 规范制度，力促软件产业发展

发布《新疆维吾尔自治区计算机信息系统集成企业能力评估》等 3 项团体标准，为进一步推进新疆计算机信息系统集成企业能力评估规范化、标准化，推动企业的能力提升，强化行业自律，充分发挥新疆软件行业协会作为社会组织的职能，为计算机信息系统集成企业能力评估工作的长期发展奠定基础，2017 年上半年，经征集各方意见，新疆制定了《计算机信息系统集成企业能力评估》（T/XJSIA 001—2017）等 3 项团体标准，并经专家评审会通过后正式发布。

（二）数据中心集群初具规模

推动已落地数据中心建设，华为云服务数据中心新投用机柜 75 个，累计投用机柜 330 个；中国移动（新疆）数据中心新投用机柜 10 个，累计投用机柜 300 个；新疆灾备中心已投用 3 个机柜；中国石油数据中心（克拉玛依）目前已投用 360 个机柜，主要承载中石油集团内部信息系统业务及昆仑银行的相关业务。阿勒泰华为专属云正式上线，开创了国内一个城市向另外一个城市提供云服务的先例，为“天山云”在全疆的应用推广做出了示范。

（三）云计算、大数据应用不断深化

推进重点领域和特色行业的云计算、大数据应用，不断完善政务云、媒体云、健康云等云计算应用示范建设，并取得一定效果。持续深化云计算、大数据在智慧油田、智能电网的应用，部分大数据业务已为油田、电力产业提供支撑服务，逐步实现工业技术软件化。推进企业电子商务、现代物流、中小企业信息化服务、商贸流通、节能减排等企业云计算、大数据应用服务。

三、面临的问题

一是产业结构不合理。新疆软件和信息技术服务业产业结构比较单一，软件产业整体处于价值链低端，尽管信息系统集成服务收入是软件业务收入的主要来源，但绝大多数企业的业务集中在安防工程、综合布线、复杂度低的较小规模的系统集成项目，千万元级以上系统集成项目大多被外省市企业抢占。此外，软件产品研发、信息安全产品研发、数据处理与运营服务、嵌入式软件等高附加值产业规模很小，尚未形成多元化发展的产业结构。

二是企业走出去能力不足。新疆多数软件企业规模偏小且创新能力不足，在产品开发、交付能力、市场开拓方面都力不从心，在国际市场的抗风险能力偏低。企业境外投资合作发展缺乏长期性、持续性、全局性布局，导致企业在全球市场竞争中缺乏后劲。缺乏有实力的从事跨国经营业务的软件龙头企业带动，在提升软件产业集群整体竞争优势、打响新疆软件产业国际知名度等方面处于不利地位。

三是人才结构性矛盾凸显。新疆软件和信息技术服务业人才缺乏，人才流失率高，软件人才资源在结构和层次方面还不能完全适应软件产业发展的新要求。在信息技术人才结构中，高层次创新创业领军人物，以及经验丰富的软件架构师、项目经理、企业高管等中高端人才严重缺乏。由于缺乏留住人才、吸引人才的用人机制等，很多新疆软件公司没有自己的技术研发团队，依靠内地企业做产品和技术支持，大大提高了售后服务的风险。

四是产业发展环境有待进一步优化。新疆针对软件和信息技术服务产业的扶持政策较少，企业获得的优惠力度不够大，发展动力不强。企业缺乏长远的发展战略和目标，不了解产业发展趋势和产业发展优惠政策，使得很多扶持政策企业都无法享受；云计算、大数据等产业的发展受到自治区领导的高度重视，但是真正重视和参与产业发展的信息技术企业并不多。

四、下一步工作

紧紧围绕新疆社会稳定和长治久安总目标，面向丝绸之路经济带核心区建设，深入推进信息化与实体经济融合发展，发展壮大数字经济，进一步扩大和升级新疆信息消费，实施一批重大云计算建设与应用项目，加快创建国家级大数据综合试验区，大力引导软件和信息技术服务业发展，切实做好信息技术标准化工作，不断增大数字经济在经济中的比重。

（一）加快推进国家大数据综合试验区的创建步伐

推动大数据和新疆实体经济深度融合，以“国家大数据（新疆——丝绸之路经济带核心区）试验区”启动建设为抓手，开展新疆大数据资源规划建设，推进政务、社会、工业、互联网等领域的大数据资源开发建设与应用，积极探索适应大数据创新发展的管理机制和发展模式。进一步加强与国家相关部门的沟通交流，争取尽早批复成为国家级大数据综合试验区。编制完成并发布《国家大数据（新疆——丝绸之路经济带核心区）试验区实施方案》。指导乌鲁木齐经济技术开发区（头屯河区）、乌鲁木齐高新技术产业开发区（新市区）、克拉玛依市、喀什经济开发区、霍尔果斯经济开发区等大数据发展重点地区制定本地大数据发展实施方案、启动相关重点项目建设、发展大数据产业。

（二）持续推进云计算、大数据发展，支撑传统产业改造升级

持续推进克拉玛依云计算产业园、乌鲁木齐云计算产业基地、新疆信息产业园园区建设，实施一批重大云应用项目，推进云计算、大数据在工业、农业、物流等领域的应用示范，促进产业融合发展；持续推进云计算、大数据在电子政务、电子商务、社会治理、医疗卫生等领域的应用示范，提升云计算、大数据的服务能力；启动并推进国家数据中心示范基地建设。

（三）加大对软件和信息技术行业企业的服务力度，营造产业发展氛围，提升企业服务能力，促进产业发展

宣贯和落实《新疆维吾尔自治区大力发展软件和信息技术服务业 促进大数据与云计算应用若干政策》，进一步培育、壮大软件和信息技术企业队伍，加大与重点企业和园区联系的工作力度，引导软件和信息技术企业积极向平台化、网络化、规范化、生态化等方向升级转型，推动工业软件发展。指导软件行业协会等单位，持续开展信息技术服务标准（ITSS）评估、计算机信息系统集成能力评估、软件企业和软件产品认定、云计算中心测评等第三方认证工作。

（四）切实做好软件和信息技术地方标准化工作

围绕信息技术开发、信息产品研制和信息系统开发建设、运行与管理，进一步建立和完

善信息技术标准化工作。做好国家有关软件和信息技术、云计算、大数据等标准的宣贯工作；结合实际，及时制定和发布有关地方标准。

（五）推动信息技术在制造业等领域的应用

深入实施工业互联网创新发展战略，大力推进制造业数字化、网络化、智能化，加快数字经济发展。推进大型制造企业建设基于互联网的“双创”平台，加快推进制造业重点行业骨干中小企业互联网“双创”平台发展，推动万家企业上云工程。促进信息消费，壮大数字经济。在生活类领域，重点发展线上线下融合（O2O）服务、数字创意内容和服务、交通旅游服务等便民、惠民新业态。积极推动跨境电子商务、农村电子商务、特色产品电子商务发展，培育一批有影响力的电子商务服务企业。在公共服务类领域，重点发展智慧健康养老、在线医疗、在线教育、在线旅游等。在行业类领域，大力发展面向行业信息消费全过程的网络支付、现代物流、供应链管理等支撑服务。在新型信息产品领域，大力推广中高端移动通信终端、可穿戴设备、数字家庭等产品，创新发展虚拟现实、智能网联汽车、智能服务机器人等前沿产品。

2017年大连市软件和信息技术服务业发展概况

2017年，大连市软件和信息技术服务业坚持“又高又新”的发展理念，创新驱动产业发展，深度融合服务经济，产业实现平稳、较好发展，规模继续扩大。

一、基本情况

2017年，大连市软件和信息技术服务业共有规模以上企业708家，其中，外资企业170家左右，近70家世界著名跨国公司在大连市设立了全资的研发中心和信息技术服务中心。全行业实现软件业务收入1197亿元，实现出口28.5亿美元，其中，对日本出口占比为41%，受2017年年初日元汇率下降影响，对日本出口占比相比2016年有所下降；欧美外包收入占总量的40%，与2016年相比有小幅增加。

截至2017年年底，大连市共有软件从业人员19余万人。在国内一线城市人力成本快速攀升的大背景下，因大连市人力成本相对较低，且IT人才聚集数量众多，大连市已成为众多IT企业降成本、转移研发业务的首选区域。

二、主要工作

（一）联合华为建设软件开发云平台，被定义为“大连模式”

大连市以华为软件开发云为重点，加快推动云计算产业发展，在政府补贴政策的落实和大力推广下，华为软件开发云在大连快速落地，在全国形成示范效应，其运营模式被定义为“大连模式”。2017年6月2日，大连市成功举办工业和信息化部云计算发展三年行动计划宣贯会暨云平台建设经验交流现场会，有力地促进了大连市乃至全国云计算产业的发展。

（二）推动产业开放合作成效显著

BAT互联网企业及华为公司在大连开展的信息技术服务业务有所增长，其中，以互联网共享类业务和金融保险领域为主的客服、技术支持等业务量明显增加。东北亚大数据中心和东北亚大数据研究中心落户大连，软银大连公司升级为中国区总部，IBM中国区最大的创新工作室揭牌，世界最大的医药开发企业美国科文斯公司医疗数据管理中心落户大连市高新区，爱尔兰世界领先的旅游科技及产品服务提供商OpenJaw入驻大连，Colt（科尚）集团、拜耳共享中心落户大连。随着各大型企业的落户，软件人才迅速在大连市聚集。

（三）支持兴办行业组织和产业联盟

受国家简政放权等大环境影响，政府编制缩减、权力下放，行业协会、技术联盟等社团组织快速发展起来，为产业发展创造了良好的氛围，成为产业发展的催化剂。2017年，中国工业软件产业发展联盟CAE分联盟、军民融合产业联盟等11个国家、省、市级产业创新联盟成立，大连软件行业协会、半导体协会的影响力不断扩大，围绕新技术的大数据协会、人工智能产业联盟、区块链联盟等纷纷成立，在活跃市场的同时，为企业提供了更丰富的服务。

（四）鼓励企业加快创新创业氛围初显

2017年是大连国家自主创新示范区建设的开局之年，大连市制定了《大连国家自主创新示范区三年行动计划（2017—2019 年）》，印发了《大连市支持科技创新若干政策措施》。涌现出一批创新企业和自主创新产品，秘阵科技公司在成立不到两年的时间里就申请和取得了19项国际、国内发明专利和软件著作权，其研发的安全身份认证系统入选“国家品牌创新工程”；英特仿真入选“2017年度中国工业软件十大优秀企业”，其研发的“通用多物理场耦合分析软件”获得“中国工业软件优秀产品奖”；华信公司大连云计算公共服务平台，荣获“2017年度云计算优秀典型案例”称号。

三、下一步工作

2018年，大连市将紧跟科技创新和产业变革步伐，围绕落实《中国制造2025大连行动计划》和对标上海等契机，瞄准工业软件、云计算、大数据、人工智能等重点领域，推动新兴技术的自主研发应用，全面提升产业竞争力，积极培育有自主创新能力的龙头骨干企业，加速推进软件和信息技术服务业转型升级。要重点做好以下6个方面的工作。

（一）继续培育软件和信息技术服务业服务于制造业的新模式

深入落实《中国制造2025大连行动计划》，对大连市软件企业进行持续梳理，整理更新服务于制造业的链条企业，成立服务制造业的联合团队，打造样板和示范工程，加大宣传、复制和推广，促进工业企业转型升级。支持研发工业软件产品，通过各类平台及会议等形式，做好宣传、推广工作，帮助本地工业软件企业走出去，扩大市场空间。

（二）加速推动大连云计算公共服务平台和云服务创新中心建设

加快推动华信、华为、联通、用友等公司在云计算基础设施方面的联合，充分发挥云计算公共服务平台建设单位的作用，整合大连市优秀的云计算资源，建设和运营好大连云计算公共服务平台，为大连市企业提供优质云计算服务。同时，重点做好华为大连软件开发云平台的推广使用，加快华为云服务创新中心的建设。推动更多专业云平台的建设，提升软件企业使用云计算资源和培育云提供商服务的能力，促进软件产业转型升级。

（三）充分发挥政府资金的引导、扶持和撬动作用

做好各级政府资金申报工作，充分发挥政府资金的引导、扶持和撬动作用，有针对性地进行扶持，支持企业间合作，培育重点业务骨干企业，构建产业核心支撑体系。统筹政策、资金、项目、市场等手段，逐步形成产业核心支撑企业队伍。做好2018年度大连市软件和信息技术服务业公共服务平台专项资金的申报工作。

（四）积极促进人工智能产业快速发展

深入开展调查摸底工作，建立健全人工智能企业和产品数据库，进一步明确人工智能产业的发展思路与重点发展领域。积极组织相关企业参加具有影响力的人工智能展会、论坛和研讨会，推动成立大连市人工智能行业协会，对大连市具有优势特点的人工智能企业和产品进行宣传、推广。

（五）不断加强行业统计管理与服务工作

对样本点企业进行调整，加强样本点企业跟踪，按时做好月报、年报统计工作，真实、客观地反映企业经营状况，准确把握行业经济运行动态。充分发挥行业协会的作用，利用好软件行业协会服务平台，及时了解产业和企业动向，做好企业服务工作。

（六）扎实做好产业招商和产品宣传、推广工作

积极促进重点项目引进与建设，按照大连市的统一部署安排，适时开展产业调研与项目招商工作。充分利用国际、国内有影响力的软件博览会、软交会及高峰论坛等契机，宣传、展示、推广大连市的创新成果和高端软件产品及行业解决方案，做好重点企业和项目的交流和对接。

2017年宁波市软件和信息技术服务业发展概况

2017年，宁波市认真落实国家、浙江省有关软件产业的政策要求，密切联系“中国制造2025试点示范城市”建设，积极做好产业发展推进和服务工作，软件和信息技术服务业保持良好发展势头，总体规模进一步扩大，产业特色进一步突出，骨干企业培育成效显著，综合竞争力不断提升。

一、基本情况

（一）产业规模迈上新台阶

2017年，宁波市实现软件业务收入540.6亿元，同比增长18.2%。软件业服务化、平台化趋势明显，信息技术服务收入287.2亿元，同比增长29.8%。其中，运营服务收入148.9亿元，同比增长31.3%；电子商务平台服务收入122.3亿元，同比增长30.5%，服务性收入增速高于行业平均增速，一云通、生意帮、纺织服装云、家电云、工业数据云等一批服务平台不断发展壮大。

（二）工业软件成为主要增长点

工业软件在实施“制造业+互联网”工程，推进工业物联网产业发展等“中国制造2025试点示范城市”建设中发挥了重要作用。其中，2017年实现嵌入式系统软件收入83亿元，占软件和信息技术服务业总规模的32%，在各软件细分行业中居第1位；在汽车、塑机、纺织服装等宁波市制造业重点领域，吉利汽车研究院、均胜电子、弘讯科技、海天驱动、云鸟软件等一批工业软件相关企业快速成长。

（三）集成电路设计业初具规模

宁波市集成电路设计业规模比较小、增长缓慢，2017年宁波市集成电路设计业实现收入9.3亿元，同比增长3.0%。2017年，宁波市着力构建包括集成电路设计业在内的集成电路完整产业链，在鄞州区布局“宁波微电子创新产业园”，占地面积约300亩，集聚集成电路设计企业，已签约中芯国际设计创新中心、安盾微电子、集创北方、芯卓微等12个项目，打造集成电路设计产业集聚区，未来集成电路设计业收入将会大幅增长。

（四）空间布局集中趋势明显

宁波市软件业区域分布相对集中，主要分布在鄞州区、高新区，2017年两地实现软件业务收入284.9亿元，占宁波市总收入的53.5%。软件业呈现进一步集聚的趋势，随着信息经济示范区建设的推进，示范区引领产业增长的势头明显，鄞州、余姚这两个已认定的省级信息经济示范区软件业收入增长较快，分别同比增长27.8%和38.5%，高于宁波市平均增长速度。此外，在杭州湾新区吉利汽车研究开发有限公司软件业务收入增长的带动下，慈溪市软件业务收入也突破百亿元。

（五）企业经济效益总体良好

宁波市软件企业具有创新能力强、资产轻量化的优势，企业经济效益总体良好。2017 年，宁波市软件企业实现利润总额 101 亿元，上缴税金 41 亿元，增势良好。

二、主要工作

2017 年，宁波市各级软件产业主管部门共同努力，采取措施扶持软件产业发展，在落实政策、项目实施、载体建设、产业对接等方面做了大量工作，取得了显著成效。

（一）落实软件企业所得税优惠政策

认真落实《关于软件和集成电路产业企业所得税优惠政策有关问题的通知》要求，与有关部门紧密协作，制定并发布了《享受企业所得税优惠的软件企业备案资料》，指导企业按要求规范报送材料，认真开展本地企业摸排梳理工作，有力地促进了企业技术创新能力的提升和快速成长、壮大。

（二）组织实施产业重点平台和项目

落实《关于印发宁波市推进“中国制造 2025”试点示范城市建设的若干意见的实施细则的通知》要求，开展制造业重点服务平台认定工作，认定 4 家制造业重点服务平台，重点培育平台 11 个，引导产业平台提升技术创新能力和服务水平，为行业企业提供服务，其中，软件企业承担了已认定的 4 家制造业重点服务平台中的 3 个；开展工业物联网应用试点示范，确定宁波市工业物联网应用试点项目 46 个，推进宁波市物联网智能终端产品在社会经济各领域的广泛应用。

（三）推动产业支撑载体建设

各区县（市）积极加强产业支撑载体建设，不断扩大载体空间和提升服务水平。保税区百度（宁波）云智基地成效明显，2017 年 2 月，百度（宁波）云智基地运营公司——云智（宁波）大数据产业运营服务有限公司成立，依托百度的资源，基地产业生态加快构建，已入驻基地企业 25 家。江北区推动江北工业物联网产业基地建设，制定了《宁波市工业物联网特色产业园发展规划》，柯力物联网基础平台建设初具规模，已具备一定的产业服务能力。慈溪市依托宁波大学科技学院创新创业园区，搭建家电产业互联网平台，提供家电研发、设计、销售和人才培训等服务。

（四）开展产业和技术对接交流活动

组织参展第二十一届中国国际软件博览会，举办主题为“软件定义智能”的展区，选择宁波市面向制造业提供软件和信息技术服务的宁波韵升智能等 13 家企业参展，分别展示了企业的技术、产品和服务。组织参加宁波·上海资本与企业对接会，宁波市软件及工业物联网相关领域的 25 家企业参加了此次对接会，与上海同行业企业进行对接和交流。组织参加 2017 年世界互联网大会，云朵网络、全网云医疗等 5 家企业展示了企业的技术和服务，宁波市软件产业主管部门及软件企业近400人到现场参观。

（五）加强产业统计和运行监测

落实工业和信息化部软件业统计制度，组织召开宁波市软件业统计工作会议，开展统计业务培训交流，印发《关于进一步做好软件业统计工作的通知》，指导各区县（市）做好数据报送工作。各地加强了对软件企业年报、月报填报工作的指导和督促，及时、准确地填报各项业务数据，其中，余姚市召开了软件及互联网统计工作会议；高新、慈溪、海曙等地进一步完善了统计工作体系，开展了统计业务的指导和培训。

三、下一步工作

（一）争创特色型中国软件名城

对照工业和信息化部《中国软件名城创建管理办法（试行）》，分析宁波市软件产业的现状、存在的差距，研究制定《宁波市特色型软件名城创建方案》；借鉴国内软件业发达城市的经验，研究制定园区规划及软件业扶持政策，着力打造国内领先、国际一流的宁波软件园。

（二）打造制造业重点服务平台

推进制造业重点服务平台建设，组织认定一批新的制造业重点服务平台，累计通过认定的制造业重点服务平台达到8个；加强对列入培育名单的平台企业的跟踪和服务，加快平台建设、提高服务水平；组织开展已认定制造业服务平台的验收、审核，支持制造业重点服务平台建设。

（三）推进工业物联网研发和应用

推动工业物联网产业发展和技术应用，组织实施新一批工业物联网试点示范项目，累计实施的工业物联网试点项目达到80个；开展工业物联网试点项目的验收、审核，兑现工业物联网产业扶持政策和资金；加强工业物联网试点项目的跟踪，梳理优秀和典型案例，做好宣传和推广工作。

（四）落实软件企业税收优惠政策

加强与工业和信息化部、浙江省经济和信息化委员会及宁波市相关部门的沟通与协作，提高政策组织实施的水平；开展政策宣贯，帮助企业理解政策，指导企业正确、完整地准备、提交相关申请材料；指导制造业企业向服务类转型或设立信息技术公司。

（五）引进和培育软件骨干企业

加快引进一批国内知名的智能制造云平台，做好航天科工、三一重工、信通院、浙大中控等在宁波市落地的服务工作；鼓励重点龙头企业发展众创空间、创新工场等新型创业孵化载体，加强软件业创业服务支撑；组织企业参加中国软博会、世界互联网大会、深圳电子博览会等对接活动。

（六）做好产业统计工作

加强对服务型制造、个性化定制、工业互联网等新的产业形态和商业模式的跟踪、分析，研究新型服务业企业的统计工作；对照统计制度，开展嵌入式软件、集成电路设计等细分行业的统计分析，进一步摸清宁波市软件业各细分行业的情况；加强对工业物联网龙头企业的跟踪服务和考核。

2017年厦门市软件和信息技术服务业发展概况

厦门市将软件和信息技术服务业列入厦门市十大千亿元产业链，实施千亿元产业链培育工程，3年来，厦门市软件产业规模持续保持较快增长，软件和信息技术服务业收入从2014年的749.2亿元增加到2017年的1275亿元，年均增速超过20%，为实现跨越式发展奠定了基础。

一、主要特点

2017年，厦门市软件和信息技术服务业保持快速、平稳的增长态势，产业发展质量提高，服务民生的特点鲜明，在动漫创意、互联网、信息安全等领域已初步形成特色，产业发展的成长空间较大。

（一）产业规模高速增长，收入规模超过1000亿元

2017年，厦门市软件和信息技术服务业实现软件业务收入1275亿元，同比增长15.7%。

（二）骨干企业培育成果显著

厦门市拥有符合国家规划布局内重点企业要求的企业10家，国家级动漫企业23家，5家企业入选2017年中国互联网百强企业，入选企业数占福建省入选企业总数的71.42%。

（三）运用资本能力不断提高，上市企业数量增多

2017年，厦门市软件和信息技术服务业拥有主板及创业板上市企业8家，香港上市企业2家，新三板上市软件企业超过60家。

（四）载体空间不断扩大，一体化发展格局初步形成

厦门市区联动，共同布局发展软件和信息技术服务业，形成了以软件园为核心载体，湖里区高新园、海沧区信息消费与数字产业园等区级园区为特色产业基地的空间布局。

（五）产业结构不断优化，新兴业态培育成果显著

2017年，信息服务业收入达763亿元，占软件业务总收入的比重高达56.6%，其中，信息技术咨询和管理服务、数据处理和运营服务等高附加值的高端业务全年增速约为25%，高端业务不断向服务化转型，以动漫游戏为代表的数据处理和运营服务发展保持较快增长势头。软件产业对传统产业的服务化渗透作用进一步加强，服务外包产业规模稳步扩大，突出的服务化转型成果使得动漫游戏、数据服务、智慧城市、云计算及应用、移动互联网等新兴业态不断涌现。

二、存在的主要问题

（一）骨干企业强而不大，领军人才十分缺乏

厦门市几家骨干企业以自身技术实力和产品（服务）跻身于国内行业前列，但企业规模太小、产值太低，没有像华为或者阿里巴巴这样的旗舰企业，缺乏产值上百亿元的领军软件企业。同时，厦门市拥有一批优秀的企业家、工程师，然出类拔萃者寥寥无几，无力向高端发起冲击。高端人才和实用人才较为缺乏，一是人才结构不够合理，尤其是高层次的专业技术人才、领军人物、行业带头人比较缺乏，高素质的技能型人才严重不足；二是高校人才培养的质量与企业实际需求存在较大差距，应届生缺乏有效的实践锻炼，学历教育的知识技能滞后于快速发展的产业应用技术，跨学科的复合型人才稀缺；三是区域间、企业间人才竞争激烈，人员流动性大，流向珠三角、长三角区域的优秀人才增多。

（二）自主创新能力不足，核心技术突破乏力，共享平台投入不足

厦门市少有从事行业核心技术研发和应用的企业和研发单位，80%～90%的企业在低端应用领域内重复开发，产品缺少核心竞争力。共享研发平台是促进技术开发、降低企业研发成本、吸引高端人才的载体，但厦门市缺乏高水平的技术平台，少数水平较高的平台运营机制效率低，没有发挥应有作用。大手笔建设高技术共享平台是所有先进地区共有的经验，没有大投入，不可能有大产出。IT 行业的竞争归根结底在于创意和创新的竞争。厦门市软件产业以应用为核心，在某些行业应用领域已在全国领先，但在许多核心信息技术的运用方面，厦门市的企业基本上还没有能力提供服务，在处于微笑曲线两端的高端软件产品和高端软件服务上，无法满足需求。随着经济和社会发展越来越依赖于软件和信息系统，对软件的支撑服务要求也越来越高，提升厦门市软件企业的自主创新能力和可持续发展能力迫在眉睫。此外，厦门市还缺乏能够提供行业发展咨询等高端咨询服务的机构，对行业发展趋势的研究亟待加强。

（三）行业渗透力不够

从厦门市登记软件企业著作权及参与软件产品评估的分类情况来看，2017 年行业管理类软件只占 16.6%，这意味着厦门市软件产业对传统行业的服务支撑能力还有待加强，行业渗透性还不够。厦门市的软件产业结构有进一步优化的空间，嵌入式软件的占比也低于全国水平，这说明厦门市的软件产业对制造业的支持不够，还有进一步提升的空间。

（四）发展环境有待完善

厦门市支持软件和信息技术服务业发展的资金、政策、人才等方面的力度与国内先进地区相比还存在一定差距，金融、风险投资等机构对软件产业发展的支持力度不够，公共技术服务平台对产业发展的服务和支撑能力还有待提高。

三、下一步工作

（一）支持重点项目建设，培育龙头骨干企业

把握国家推动战略性新兴产业发展的契机，加强与国家和福建省重大专项对接，积极争

取国家“核高基”专项重大课题。针对产业链关键环节，加强专项研究，积极开展重大项目招商引资，形成产业发展新的龙头。继续在动漫游戏、大数据、服务外包、云计算、移动互联网等领域策划实施一批重大项目，争取国家和福建省产业发展资金的支持。

把培育龙头企业作为首要任务，综合运用政策、规划、标准、资金、项目等措施，引导和支持优势企业兼并重组、做大做强，适时出台重大项目、骨干龙头的筛选机制，遴选出类似阿里巴巴、中国移动手机动漫基地这样的行业带动效应强、城市品牌效果好的龙头企业，在各类扶持资源上予以重点倾斜，不计成本地打造在国家软件竞争格局中能够扛旗的行业旗舰企业。促进龙头企业与中小企业协同发展，打造完善的产业链条，营造产业生态环境；倡导基于网络的开放式协同创新，建立产业联盟。集中资源着力培养一批技术创新能力强、产业带动性强的龙头骨干企业。加快培育一批管理水平先进、创新能力强、规模效益好、市场竞争力强的名牌企业，着力培育一批市场占有率高、用户口碑好的名牌软件产品和服务。充分发挥龙头企业的带动作用，以龙头企业为引领，形成良好的产业生态环境，提高中小企业专业化、区域化集聚发展能力，形成全产业链协同发展的局面。

（二）合理规划产业布局

加快园区建设，统筹规划，引导产业聚集发展。发挥区域特色和集聚效应，结合城市功能定位要求，形成聚散合理、分工互补的区域布局。充分发挥厦门软件园一期、二期的带动作用，带动各专业园区发展。从总体上构筑“三园多基地”的产业发展布局，形成厦门市共同发展软件和信息技术服务业的局面。

加快推进厦门软件园三期建设，在起步区已经投入使用的良好开端的基础上，力争在2018年年底全部建成投产，形成大型软件企业聚集区。加快高品质招商，吸引更多的国内外一流软件企业落户，力争到2018年引进500家国内外知名软件企业入驻，年产值超过500亿元，创造10万个就业机会，并带动关联行业60万人就业。通过上规模的、有引领作用的企业带动产业上下游发展，形成产业聚集发展的态势。探索科学合理的园区运作模式，引入国际领先的园区运营公司。加快智慧园区试点工作，力争成为全国园区的表率。加强园区宽带建设，保障电力、餐饮、交通等配套设施供应，运用云计算、物联网等新一代信息技术，加强园区智慧化建设与管理。

（三）集聚各方力量，建设特色产业化基地

加强市、区、街道三级互动，发动各级政府的积极性，以主题楼宇、小型园区为载体，引导产业聚集、培育产业生态环境，重点建设移动互联网、数字内容、电子商务、大数据、云计算等专业产业基地。

鼓励民营企业以“民办公助”的模式参与厦门市产业园区的建设、运营，在厦门市规划园区范围内，划定产业方向明确的园区交由龙头骨干民营企业运营，从规划、投资、设计、招商到运营各环节自主管理，建设产业特区。重点建设厦门网谷（深圳移盟产业园）、动漫全媒体数字出版基地（时代华亿基地）、鹭商园（厦门企业北京商会创新园）、云谷（移动互联网产业园）等特色软件产业园区。

立足现有产业结构，协调推动美图移动、易名中国、中国统计信息服务中心大数据研究服务基地等基础扎实、条件成熟的企业筹建、运营大数据产业园。酝酿成立园区发展基金，

专注载体建设。探索园区公共服务平台市场化、产业化道路，输血和造血并重，加速园区发展基金和产业基金的良性循环。

（四）加强中小微企业发展环境和孵化器建设

特别关注中小微企业的发展，深入剖析厦门产业环境，加大本土企业的培育力度，总结、宣传厦门市软件园荣膺中国十大创业园区的经验，扩大优势，继续鼓励和保护创业者在移动互联网、动漫游戏领域的创业热情，拓宽资本进入渠道，优化创业环境。办好创业周末、创业大赛等系列活动，主动发现和引进“海纳百川”的创业人才，跟踪企业落地服务。从入园审核、场地租金、税收优惠等方面全方位扶持孵化器建设，创办孵化器联盟，实现互通有无，重点建设百度、腾讯创业基地，以及商集创业园、中国青年天使会福建分会、微软手机游戏基地、爱特咖啡加速器等一批咖啡飘香、朝气蓬勃的创业集市。

2017 年青岛市软件和信息技术服务业发展概况

2017 年，青岛市贯彻落实《软件和信息技术服务业发展规划（2016—2020 年）》《关于深化“互联网+先进制造业”发展工业互联网的指导意见》等文件精神，围绕青岛市“十三五”信息化发展规划，深入推进两化融合，着力抓好软件信息技术产业发展，全面开展中国软件名城创建试点工作，青岛市软件和信息技术服务业实现了平稳、健康、快速发展。

一、基本情况

（一）软件业务收入实现较快增长

2017 年，青岛市共有规模以上软件企业 1697 家，实现软件业务收入 1874 亿元，同比增长 16.3%，高于全国平均增速。软件产品、信息服务、嵌入式软件分别实现收入 580 亿元、696 亿元、597 亿元，保持同比较快增长。海尔、海信分列 2017 年中国软件收入百强企业第 2 和第 5 位。推进海克斯康智慧产业园、浪潮大数据基地、科创慧谷等总投资 1000 亿元的 42 个重点软件项目建设，引进旷视科技、中软国际解放号等重点企业落户，东园西谷北城软件产业园区累计竣工 633 万平方米，入驻涉软企业 600 多家。

（二）大数据、云计算加速推广应用

2017 年，青岛市政府出台了《关于促进大数据发展的实施意见》，明确了大数据发展的总体思路、重点工程，并积极推动大数据、云计算应用，已投入运营的 IDC 机柜有近 2 万个，阿里巴巴、腾讯、百度、新浪等国内排名前 20 位的互联网企业均已入驻。青岛市在全国率先建成政务云计算与灾备一体化平台，为市政府部门提供基础设施、平台、应用等共享服务；率先建成青岛市中小企业云服务平台，将线上公益化与线下市场化相结合，可提供政务、融资、认证认可、检验检测等 12 类 450 多项服务。突出发展工业大数据示范应用，制定了《青岛市推进“企业上云”工作行动计划》，到 2020 年，青岛市新增“企业上云”企业将达到 5 万家以上。加快基础设施建设，率先建成光网城市，城市家庭光纤接入能力超过 100Mbps。建成 2G、3G、4G、WLAN 互为补充的无线网络，移动基站超过 4.7 万个，其中 CTE（4G）基站超过 2.6 万个，开通 AP 接入设备超过 13 万个，无线宽带业务在生产、生活等各领域深入应用，居全国领先水平。

（三）工业互联网加快融合发展

落实《青岛互联网工业发展行动方案》，建立互联网工业项目库，入库项目 354 个，启动互联网工业“555”试点示范专项行动，已累计认定 8 个互联网工业平台、16 个智能（互联）工厂项目、148 个数字车间和自动化生产线项目。海尔等 4 个企业项目入选工业和信息化部 2017 年制造业与互联网融合发展试点示范项目；中德生态园和海尔工业智能研究院中德智能制造培训基地入选中德智能制造试点示范项目；海信、软控等 7 个企业项目成功入围首

批省级智能制造试点示范项目；森麒麟、一汽解放青岛 2 个企业项目成为 2017 年度国家智能制造试点示范项目；中车四方股份等 4 个企业项目获批国家智能制造综合标准化与新模式项目，数量名列全国同类城市第 1 位。

（四）加快培育新业态

加快建设纵横兼容的产业创新平台和管控兼备的 CPS 产业技术平台，用互联网工业平台构建产品全生命周期、全价值链的产业生态体系。海尔集团将互联工厂通过软件云化成 COSMOPalt，构建了行业内首个具有自主知识产权的中国版 CPS 平台，成为企业实现智能制造转型升级管控一体的互联网工业平台。酷特智能打造酷特 C2M 平台，从服装定制领域拓展到其他行业应用，实现了消费者、设计者、供应商、制造商、物流商等相关方的互联互通，并完成了个性化产品的大规模定制，产成品在平台上实现了直销与配送。

二、主要特点

（一）抓顶层设计，总体谋划创新发展

陆续出台了《促进软件产业跨越式发展的意见》《智慧青岛战略发展规划（2013—2020 年）》《青岛市信息化“十三五”发展规划》《关于促进先进制造业加快发展的若干政策》《关于促进大数据发展的实施意见》《青岛市互联网工业发展行动方案》《青岛市推进“企业上云”工作行动计划》系列政策措施，明确重点领域发展导向，加快推进先进制造业基地和中国软件名城建设。

（二）抓品牌培育，企业实力持续提升

海尔、海信稳居中国软件收入百强企业前列，东软载波、鼎信通讯、海信网络科技、软控股份连续多年入选国家规划布局内重点软件企业，挂牌上市企业达 79 家，信息系统集成及服务、ITSS、CMMI 等资质标准企业数量达 246 家，企业竞争力持续增强，品牌效应逐步放大，以海尔 COSMO、酷特云蓝为代表的互联网工业青岛模式继续领跑全国，软件和信息技术服务在智能交通、轮胎制造管控、电力载波通信、农村信息化、信息安全、智慧医疗等领域的市场占有率居全国前列。

（三）抓典型示范，两化融合持续深入

以推进制造业与互联网融合创新发展为主线，加快建设软件定义的智能工厂，发展数据驱动的先进制造业，构筑平台支撑的产业生态，通过开展互联网工业“555”试点示范行动，引领、带动、辐射更多企业由制造向智造转型升级，累计有 7 个项目成为全国智能制造试点示范项目、11 个项目入围国家智能制造专项、5 个企业（项目、平台）入选工业和信息化部首批服务型制造示范企业（项目、平台）、4 个项目入围国家 2017 制造业与互联网融合发展试点示范项目、2 个项目入选中德智能制造试点示范项目，数量均居国内同类城市首位。

（四）抓人才招引，人才总量持续增加

深入实施国家“千人计划”“泰山人才计划”“青岛英才 211 计划”等人才战略，借助中

国青岛蓝色经济国际人才暨产学研合作洽谈会、2017 中国（青岛）国际软件融合创新博览会等平台，大力引进领军人才和创业团队，引进微软、东软、IBM、达内等多家国内外知名软件及服务外包企业在青岛开设培训机构，建设青岛软件科技城高端软件人才培训创业基地。在张瑞敏、周厚健等优秀企业家的带动下，涌现出一批优秀企业带头人和专业技能人，青岛市软件和信息技术服务业从业人数达 23 万人，软件相关专业在校生约 2 万人，相关职业教育培训机构 16 家，年培训规模近万人，高端人才形成一定储备。

三、存在的问题

经济发展进入新常态后，经济由高速增长阶段转向高质量发展阶段，更加注重产业结构调整，产业增速逐年趋缓，经济下行压力将对信息产业发展带来较大影响，反映出行业面临的主要问题。一是市场竞争加剧。智能交通行业市场容量萎缩 30%，产品价格战趋于白热化，新媒体、家用视听设备、智慧城市等行业更明显；信息制造业受钢铁、铜等原材料价格上涨影响，企业利润率下降明显。二是自主创新能力不足，影响企业发展后劲。青岛市在全国知名的软件企业和标志性软件产品较少，中国软件百强企业中一直没有新的青岛企业进入。三是人才缺乏问题突出，人才生态环境有待完善。深圳市以创新活力的城市大环境吸引软件人才，南京市有完整的软件产业链条，可满足专业人才在本市软件企业间流动，青岛市缺乏这方面的软件人才生态环境。

四、下一步工作

深入贯彻国务院《关于深化互联网+先进制造业 发展工业互联网的指导意见》，抓住山东省新旧动能转换综合试验区建设的契机，围绕中国软件名城创建，以推进供给侧结构性改革为主线，优化发展环境，加强政策引导，培育新兴业态，推动互联网、大数据、物联网、人工智能和实体经济深度融合，着力提升软件和信息技术服务业的规模、质量和效益。

（一）推进工业互联网创新发展

一是以网络为基础、以平台为核心、以安全为保障，推动制造业与互联网融合发展，围绕制造业“双创”、智能制造等领域，组织开展融合发展试点示范。围绕青岛市互联网工业发展“555”行动方案目标任务，继续完善项目库，推进面向重点行业的智能制造单元、智能生产线、智能车间、智能工厂建设。二是筹办第四届世界互联网工业大会，发挥互联网工业创新发展中心、服务商（国际）联盟的作用，开展企业智能化改造技术对接活动，培育壮大本地智能制造服务商。鼓励优势企业分离外包服务环节，培育总集成/总承包、远程运营维护等服务型制造新业态和新模式，壮大研发设计、咨询评估、检验检测认证等高端中介服务业，促进生产性服务业与制造业融合发展。三是支持和引导工业企业上云，推动生产设备、研发工具、业务系统等云化改造和云端迁移，支撑企业数字化、网络化、智能化转型。

（二）推进中国软件名城加快建设

一是按照部、省、市协同创建机制，抓好“五名”（名品、名企、名人、名园、名展）培育，印发《青岛市高标准建设中国软件名城工作意见》，全面启动中国软件名城创建试点工作。二是继续贯彻落实国家《软件和信息技术服务业“十三五”发展规划（2016—2020年）》《山东省关于支持首版次高端软件 加快推进软件产业创新发展的指导意见》等文件精神，支持基础软件、安全软件、工业嵌入式操作系统等关键技术突破，支持重点企业围绕大数据、云计算、虚拟现实、集成电路设计等新一代信息技术领域，加快研发关键软件产品和解决方案，推进软件产业创新发展。三是大力发展工业软件，实施工业技术软件化行动计划，面向特定行业、特定场景培育一批工业APP，组织软件企业同制造业企业对接。四是继续优化软件产业布局，加快产业园区建设，推进重点产业项目运营，完善园区服务管理体系，提高园区入驻率。

（三）推进青岛智慧城市加快创建

一是着力推进智慧青岛战略发展规划，突出推进跨行业、跨领域、跨区域的重点工程建设。扎实推进便捷支付城市建设工作，提升城市管理与服务水平。二是加快大数据、云计算基础设施建设，着力培育本地化龙头企业及从事研发应用等的配套企业，推动建设区域性的大数据和云计算研发中心、大数据测试中心、大数据创客中心、大数据交易中心。三是大力推进以各行业领域为主体组织项目，向以城市运行要素为主体组织项目转化，推动项目建设由以财政投资为主体、以政务领域应用为重点，向以社会投资为主体、以各行业领域深度应用和协调发展为重点演进，到2020年，基本建成城市建设与生态环境相适应、城市管理与社会服务相协调、城市品质与经济实力相促进的全国领军智慧城市。

（四）加大保障力度

一是加强政策保障。贯彻落实国家、山东省信息化和软件服务业有关文件、政策，落实青岛市《关于促进先进制造业加快发展若干政策》。继续深化软件行业改革，加快做强软件企业及品牌。二是加强技术保障。支持企业机构围绕云环境下的网络访问、终端接入、数据交换、数据安全保护等业务，开展技术研发和产业化，发展信息安全咨询、评估认证、运维管理、培训等信息技术服务。提升工业控制系统的安全保障能力，加快系统仿真测试、评估验证等关键共性技术平台建设，为互联网工业融合、安全发展提供保障。三是加强人才保障。完善人才引进、培养和使用配套政策，加速引进、培养高层次人才。鼓励选派优秀中青年技术人才出国进修、访问和进行学术交流，以人才的交流促进技术升级。通过产、学、研结合培养人才，实施科技重大专项造就人才，搭建创新平台凝聚人才，为青岛市软件和信息技术服务业的发展提供有力的支撑。

2017 年深圳市软件和信息技术服务业发展概况

一、基本情况

2017 年，深圳市实现软件业务收入 5555.7 亿元，同比增长 14.1%，软件产业总体规模继续保持全国大中城市前列。其中，信息技术服务收入 2788.9 亿元，同比增长 28.0%，占软件业务收入的比重达 50.2%；软件产品收入 863.4 亿元，同比增长 4.4%，占软件业务收入的比重达 15.5%；嵌入式系统软件收入 1903.5 亿元，同比增长 2.1%，占软件业务收入的比重达 34.3%。

2017 年，深圳市软件产业出口额平稳增长，实现软件出口额 238.2 亿美元，居全国第 1 位；软件产业实现利润 1103.6 亿元，同比增长 17%；软件企业研发投入经费 750.1 亿元，占软件业务收入的 13.5%；软件和信息技术产业贡献税收 405.8 亿元，同比增长 11.4%，软件产品实现退税 135 亿元；软件从业人员规模稳中有进，2017 年共有软件从业人员近 40 万人，同比增长 3.3%，人均实现软件收入达 139.2 万元。

二、主要特点

（一）骨干企业持续壮大

2017 年，深圳市新增境内外上市软件企业 14 家，累计上市相关软件企业 260 家。2017 年，深圳市软件收入超过 1000 万元的企业有 1361 家，新增 144 家；软件收入超过 1 亿元的企业有 316 家，新增 18 家；软件收入超过 10 亿元的企业有 32 家，软件收入超过 50 亿元的企业有 7 家，软件收入超过 100 亿元的企业有 4 家，软件收入超过 1000 亿元的企业有 1 家。

（二）品牌实力不断加强

2017 年，华为、中兴、腾讯、大族等知名企业不断加大产品技术研发力度，巩固市场地位。华为 2017 年销售收入为 6036 亿元，同比增长 16%， 实现净利润 475 亿元，同比增长 28.1%。目前，197 家世界 500 强企业、45 家世界 100 强企业选择华为作为数字化转型合作伙伴，其旗下智能手机 2017 年发货 1.53 亿台，全球份额突破 10%，稳居全球前 3 位。2017 年华为新成立的 Cloud BU 一级部门，已上线 14 类 99 个云服务，以及制造、医疗、电商、车联网、SAP、HPC、IoT 等 50 多个解决方案。腾讯视频用户和收入市场份额不断增长，成为中国网络视频平台中日均移动活跃用户及付费用户计算的第 1 名，并打造了《王者荣耀》等智能手机游戏爆款，其网络文学平台阅文集团 2017 年在我国香港地区上市。此外，大族激光 2017 年度营业收入突破 100 亿元，达 109.5 亿元，实现了 49.1%的高速增长；中兴通讯扭亏为盈，实现营业收入 1088.15 亿元，营业利润 66.81 亿元，在 5G 领域的技术领先优势得到巩固。

（三）技术创新能力不断加强

2017 年，深圳市新认定国家级高新技术软件企业 465 家，占深圳市新增国家高新技术企业数量的比例达 14.8%，累计国家级高新技术软件企业达 1609 家。深圳市专利申请量为 17.7 万件，授权量为 9.4 万件，分别同比增长 34.8%和 25.6%；发明专利申请量为 6 万件，授权量为 1.9 万件，分别同比增长 22.6%和 7.1%；PCT 国际专利申请量为 2 万件，占全国的 43.1%；有效发明专利维持 5 年以上的比例达 86.3%，居全国大中城市第 1 位；获中国专利金奖 5 项，占全国的 20%；获中国商标金奖 3 项，大疆、华为获马德里商标注册特别贡献奖；新登记计算机软件著作权 8.4 万件，占全国登记总量的 11.6%。

（四）重点领域不断突破

1. 5G 专利和技术商业化水平位列世界先进水平

2017 年，中兴 5G 战略布局专利全球超过 2000 件，并联合中国移动共同定义了 5G 预商用技术规范，建成广州 5G 预商用实验网，同时完成多项关键测试，验证了 3.5GHz 频段 5G 新空口样机的覆盖、速率、容量等多项系统性能指标和 5G 关键技术方案，成功打通了国内第一个 5G 电话，正式开通了端到端 5G 商用系统规模外场站点；华为占据全球大约 10%的关键性 5G 专利，Polar Code 方案已成为 5G 的控制信道 eMBB 场景的编码方案，并成功发布了首款符合 3GPP 标准（全球权威通信标准）的 5G 商用芯片（Balong5G01）和基于该芯片的首款 3GPP 标准 5G 商用终端华为 5GCPE，极大地推进了 5G 商用化进程。

2. 服务快速发展，重点服务提供商市场份额持续扩大

华为 Cloud BU 大力实施云战略，截至 2017 年年底，用户数和资源使用量都增长了 3 倍；腾讯云继续保持在云服务垂直领域（网络游戏和视频云服务）的市场领先地位，并扩大了在金融服务行业和政府机关的客户群；金蝶云服务同比增长 66.7%，在企业云 SaaS 服务、SaaS ERP、SaaS 财务云方面市场占有率处于全国领先位置；深信服集团 2017 年桌面云业务实现累计交付终端 30 多万个，应用案例涉及文化和旅游部、广东省人民检察院、证券交易所等 100 多家大型客户，营业收入达 3.36 亿元，同比增长 103.6%，在规模增长的同时，越来越多的面向垂直领域的创新云服务产品不断涌现，从基础设施云化向软件服务云化发展，从管理系统云化开始向更低层工具的云化发展：华为软件开发云将基础的软件开发工具拿上云端、腾讯云的 AI 解决方案实现了 AI 功能开放共享、深信服企业云以保障信息安全为特性、迅雷玩客云共享网络能力、蓝云软件实现了项目组合云管理等。

3. 大数据技术促进金融科技持续发展

金证、银之杰、赢时胜等金融 IT 类企业以大数据技术为基础，为深交所、招商银行、平安银行等金融企业提供数据分析和挖掘的金融解决方案。用户数超过 2000 万的深圳市乐信控股（“分期乐”母公司）2017 年年底成功赴美上市，成为分期电商第一股。旗下自主研发的“鹰眼”智能风控系统，实现了 95%的订单全自动审核，通过技术创新实现 180 天坏账核销率保持在 2%以下，低于中国主要消费金融机构的平均水平。深圳市索信达数据基于智能营销和金融反欺诈等核心技术产品，研发构建了一站式大数据采集、存储、分析、应用和运维的智能平台，企业可以基于该平台快速搭建和使用大数据系统。目前索信达已和招商银行、建设银行、平安银行、广发银行、光大银行等多家大型商业银行建立了合作关系，在金融行

业细分市场占有率居行业前列，并斩获中国财经“2017 行业影响力品牌”大奖。

4. 工业软件化水平持续提升，助力制造业转型升级

2017 年，深圳市工业软件实现收入 68.8 亿元，同比增长 36.8%，工业信息化程度的持续提升促进了软件产业与传统行业的深度融合，快速推动制造业转型升级。华制智能制造技术有限公司 2017 年推出三维智能工厂平台、工业大数据智能决策平台，成功运用于山西复晟铝业有限公司智能制造、昆明龙津药业股份有限公司智能制造，推进数字工厂建设，形成智能制造工厂标准，实现在线模拟仿真、设备管理和运维、品质在线检测等信息化改造，有效降低了企业的运营成本，提高了生产效率。

（五）国际化发展水平持续提升

围绕关键核心技术和海外研发人才队伍进行的国际投资并购成效显著，如中兴通讯收购土耳其最大的通信企业、华大基因收购美国 CG 公司、英飞拓收购全球智能 IP 视频方案供应商 March Networks，以及安防视频监控生产商 Swann Communications、大族激光收购以色列激光检测器械公司 Nextec 等。积极谋划布局境外研发中心，强化创新驱动能力，华为在俄罗斯、瑞典、芬兰、英国、美国、印度、韩国和日本等国家设立 40 多个海外研发中心和联合创新中心；中兴通讯在全球拥有 18 个研发中心，其中 7 个海外研发中心全部设在美国或欧洲，同时积极参与国际标准的制定，以谋求更多的国际话语权。重点企业海外市场占有率不断提升，华为、中兴、海能达、迈瑞、海普瑞、英飞拓、雄韬等企业海外市场贡献了 50%以上的营业收入，其中，华为海外收入占比为 60%，海普瑞、英飞拓海外收入占比超过 80%，中兴通讯在海外 160 多个国家和地区开展业务，国际业务收入接近 50%，欧美高端市场占比已达 25%。

三、面临的问题

（一）信息安全意识待加强

信息安全问题是信息产业高速发展必然面临的全新挑战。当前，深圳市大部分中小企业对信息安全的保护意识不强，信息安全标准和信息安全体系离散，顶层设计缺失的现象显著。同时，深圳市的信息安全产品多有重复，具有市场竞争力的产品数量不多，整体市场规模增长缓慢，对相关企业的培育有待重点加强。

（二）源头创新能力不足

高校和科研机构资源的稀缺，导致深圳市在“源头创新”能力上捉襟见肘，支撑不了深圳市的产业创新能力和产业升级的客观需要，急需现实的创新动力来解决未来的发展瓶颈问题。据统计，在 2017 年各创新领域 TOP100 中，北京有 260 家企业入围、上海有 90 家企业入围，而深圳仅有 46 家企业入围。此外，虽然深圳作为“创新型城市”，布局建设大学城、科研机构，并使之成为创新发展的新动力，但包括深圳企业和研究机构在内，人才流失问题依旧普遍。

（三）产业分化现象突出

深圳市龙头企业一业独大的特征较为突出，存在潜在风险。华为、腾讯、中兴等龙头企

业占深圳市收入结构的比重较大，并保持着较快增长，但单一个体风险对整体市场的影响程度较高。此外，中小企业经营情况相对较差，规模普遍偏小，且企业资源有限，系统整合能力不强，限制了中小企业对深圳市产业发展的贡献程度。

（四）核心技术瓶颈有待突破

在研发创新方面，企业多进行了“跟随式创新”，越来越多的企业在国际竞争中面临技术瓶颈，存在技术储备和技术来源不足、核心竞争力不强的突出问题。重要信息系统、关键基础设施中的核心技术产品和关键服务还依赖国外，软件、芯片、标准等方面的自主研发水平与发达国家相比还存在较大差距。

四、下一步工作

根据《软件和信息技术服务业“十三五”发展规划（2016—2020 年）》，深圳市将从持续贯彻落实软件企业税收优惠政策、优化软件产业扶持政策、继续做好软件企业统计运行监测、推进软件企业资质认证、扩展企业交流交易平台空间等方面着力，发挥财政资金的引导、鼓励、扶持、拉动作用，对中小企业和高速成长企业的技术创新给予有力支持，促进企业提高规范化、信息化水平，增强企业的核心竞争力，优化软件产业的营商环境，助力产业核心和关键技术攻关、创新基础能力建设、产品推广应用等，带动产业融合发展，提升创新发展能级。

（一）推进专项资金管理改革

构建以预算绩效为导向的产业扶持资金管理体系，逐步建立资金管理制度、项目预算管理、标准化工作、过程监督管理、绩效评估管理、信息公开工作六大体系。全面整合、优化相关专项资金类别和各个扶持计划，根据不同产业的发展特点、不同发展阶段的企业需求，确定不同的资助方式，形成点、线、面立体资助体系。突出资金和政策协同效应，依照产业政策导向目标，合理设置重点领域和重点对象资助标准。研究将部分资金审核环节集中办理，减少不必要的审核环节，降低行政成本、提高行政效率，将工作重心由事前审核转为事中、事后监管。

（二）进一步做好软件和信息技术服务业统计和运行分析监测工作

加强对重点企业的监测机制，贯彻执行工业和信息化部最新软件和信息技术服务业统计制度，及时跟踪重点企业的发展动态，搭建软件企业统计交流平台。全面了解产业运行情况及发展趋势，利于政府各产业主管部门了解深圳市在全国的地位及企业竞争能力，精准制定产业发展扶持政策。

2017年成都市软件和信息技术服务业发展概况

一、基本情况

2017年，成都市软件和信息技术服务业规模继续扩大，共有规模以上软件企业1682家，实现软件业务收入2665亿元，同比增长12.6%，总量占全国的4.8%、中西部地区的29.5%、西部地区的41.4%，持续居15个副省级城市的第5位；软件产品收入1016.2亿元，同比增长10.9%，占比为38.1%；信息技术服务收入1588.5亿元，同比增长11.3%，占比为59.6%；嵌入式系统软件收入60.3亿元，同比增长261.3%，占比为2.3%。

二、主要特点

（一）项目促建成效显著

2017年，12个亿元以上重大项目实际完成投资34.8亿元，占全年计划投资（25.2亿元）的138.1%。新签约斐讯全球总部基地、果小美总部基地、菜鸟网络西南运营中心、腾讯文创及电竞项目、新华三集团成都研究院、西门子工业软件全球研发（成都）中心和西门子智能制造（成都）创新中心等31个项目，总投资约为539.2亿元。

（二）市场主体实力增强

截至2017年12月底，新登记信息传输、软件和信息技术服务业市场主体25220家，增量居成都市各行业第5名，新增注册资本达1228.16亿元；信息传输、软件和信息技术服务业类贷款余额为144亿元，较2016年同期增加约22亿元，同比增长17.58%。截至2017年12月底，成都市服务外包离岸合同金额为157.2亿元，同比增长16.1%，其中，信息技术外包（ITO）离岸合同金额为107.3亿元，占比为68.3%；服务外包离岸合同执行金额为106.4亿元，同比增长5.4%。2017年，成都市营业收入达1亿元以上的企业有263家，较2016年新增3家；上市企业23家，新增3家；新三板企业129家，新增35家；入选中国软件百强的企业2家；市级以上创新机构258家，新增55家。普什宁江获国家科学技术进步奖二等奖，电子科技大学获国家技术发明奖二等奖。2017年，成都市软件著作权登记累计达6.8万件，新增约2.46万件，同比增长78.1%；2017年前三季度，软件类专利授权数量为7213件，同比增长18.9%。

（三）载体环境持续优化

涉软载体总建筑面积约1487万平方米。50亿元规模科技债权融资风险资金池、10亿元规模科创天使基金设立，投资参股青铜汇基金，国际基金小镇加快建设，建成全国首个金融双创载体——金融梦工厂，一批区块链、大数据征信团队纷纷入驻。崇州市获批工业和信息化部国家新型工业化产业示范（大数据）基地。成都高新区获批工业和信息化部产业集群（软件和信息技术服务业）区域品牌建设试点单位；武侯区、温江区被工业和信息化部、民政部、国家卫生计生委确定为智慧健康养老示范基地；“中德合作智能网联汽车、车联网标准及测试验证试点示范”项目四川试验基地签约龙泉驿区。

（四）发展氛围更加浓郁

成功举办第十五届中国国际软件合作洽谈会、全球大数据峰会、2017C3 安全峰会、2017（第 10 届）腾讯游戏嘉年华、第十一届中国成都国际软件设计与应用大赛、2017 数字世界博览会等大型产业活动，组织企业参展第二十一届中国国际软件博览会，首次引进举办 2017 腾讯全球合作伙伴大会、小米科技投资生态年会，承办工业和信息化部主导的全国软件产业发展指数解读培训会、国家信息技术标准组年会等。

（五）政策扶持更加有力

久远银海被工业和信息化部、民政部、国家卫生计生委确定为智慧健康养老示范企业；成都京东方第 6 代柔性 AMOLED 智能制造新模式应用、四川科伦高技术内涵医药智能工厂等 4 个项目获国家智能制造综合标准与新模式实践应用项目。落实产业新政 50 条，出台一系列实施细则，支持“成都造”首版次软件，工业云、工业大数据、工业互联网等信息消费，以及两化融合、智能制造、“互联网+”等试点示范。

（六）应用示范更加深入

交通运行协调中心（TOCC）系统平台、共享单车监管系统、健康成都平台、天府微环保综合门户、成都市扬尘监测在线管理平台、环城生态区生态用地动态监测系统、地名综合管理服务信息平台等一批社会民生、社会管理信息化应用平台启动建设和投入使用，引领“成都造”软件产品和信息技术服务示范应用。

三、存在的问题

成都市软件和信息技术服务业存在的问题主要表现在以下 3 个方面。一是缺乏核心技术引领。核心技术研发需要大量资金及时间的投入，且风险较高，导致成都市大部分软件和信息技术服务业企业没有自己的核心竞争力，软件产品以应用型为主，操作系统、数据库及办公系统等基础软件基本缺失，工业软件不具规模，嵌入式软件覆盖领域较窄，缺乏龙头企业。二是缺乏服务化平台运营。企业服务化平台建设初期一般投资较大，但企业缺乏资金、融资难的问题十分普遍。在信息服务领域，多数企业业务模式仍以项目制为主，实现服务化、平台化的意识还不强，软件即服务（SaaS）、数据即服务（DaaS）、平台即服务（PaaS）仍处于起步阶段，缺乏平台型、服务化、领军型、航母级企业。三是人才结构亟待优化。产、学、研结合缺乏有效的合作机制，软件产业人才分布呈“橄榄型”，结构不合理问题依然突出，高端、复合型人才匮乏，拥有跨境协同作业能力、精通国际业务规则、擅长运营管理的人才不足，工业软件、人工智能、操作系统、数据库等领域的拔尖人才急缺。

四、下一步工作

深刻把握新时代软件定义、数据驱动、平台支撑、服务增值、智能主导的特征，坚持软件和信息技术服务业量质并举、由大变强与强化战略支撑相统一，坚持创新发展与融合发展相统筹，促进技术、业态、应用和生态体系建设协同发展。着力提高产业基础能力，突破工业互联网、人工智能、工业 APP 等关键核心技术；着力推动工业企业上云，加快发展关键软件、行业解决方案和集成应用平台；着力鼓励平台型企业、平台型产业发展，培育壮大新兴业态；着力加强生态体系建设，培育创新型企业，打造特色优势产业集群。

（一）深化软件名城建设

根据《成都市世界软件名城发展评估指标体系》和《成都市中国软件名城示范区指标体系》，组织开展成都市发展评估和示范区发展评估，编制《成都市建设世界软件名城工作评估报告》，科学评价产业推进工作质量。

（二）加快推进项目“招引促建”

重点针对 IC 设计与测试、工业软件、工业互联网、大数据、人工智能、虚拟现实、云计算、区块链、信息系统集成、数字媒体、物联网等领域，积极弥补产业链短板，着力招引 10 家以上大型或潜力型软件服务企业、知名软件研发机构落户成都市。积极促进万国数据灾备中心项目（二期）等 5 个项目竣工投产，中国数码港成都大数据产业园等 20 个项目加快建设，斐讯全球总部基地项目、苏宁青白江智慧物流项目等 9 个项目开工建设。进一步服务好新登记市场主体，支持其尽快投入正常运转，促进提升注册资金实际到位率。

（三）实施人才招引行动

深入研究人才总量、分类体系、成本结构、人才与规划发展匹配度、人才成长需求、培养机构分布、流入及流出特点、人才发展环境等问题，编制《成都市软件人才发展专题研究报告》。打造线上大赛服务平台，办好第十二届中国（成都）国际软件设计与应用大赛，促进和优化软件人才的培养引进、评价管理和服务支撑体系。举办软件产业专题培训班，组织软件企业、有关区（市）县、有关市级部门等相关负责人赴先进地区学习考察、拓宽思路。围绕工业互联网、人工智能、工业软件等，针对性地引进领军团队，开展专场招聘活动，引导院校、企业、实训基地深化合作，促进人才层次、类型等结构不断优化。

（四）完善软件产业生态

优化软件和信息技术服务业产业生态圈顶层设计，修编《成都市建设世界软件名城规划纲要（2016—2025 年）》。不断提升产业承载能力，加强存量载体环境打造，优化公共配套服务；针对重点领域，前瞻性布局设立专业载体，强化新兴载体基础设施网络规划建设。着力推进院、校、地协同，加快构建环高校知识经济圈，促进人才培养、创新协同、应用推广等资源整合、渠道融通。积极支持企业上市融资，发挥“银企院校”四方对接平台、“科创通”创新创业服务平台和“壮大贷”“科创贷”“科创投”等投融资产品的作用，帮助软件和信息技术服务企业克服融资难、融资贵的困难。进一步鼓励和支持“青铜汇”等一批基金加大力度助推成都软件和信息技术服务业发展。加强与国家级产业研究机构的合作，实施企业上云、工业技术软件化（工业 APP）等专项行动，着力推动工业互联网平台落地做实。

（五）加大企业服务和政策支持力度

认真贯彻国家关于支持软件和集成电路产业发展相关税收政策，确保国家政策落地。加强与国家部委、省级有关部门工作的协调，贴心服务企业，积极支持企业争取承担大数据发展重大工程和“互联网+政务服务”示范工程、智慧健康养老示范、智能制造试点示范、两化融合体系试点等国家级项目，落实相关试点政策，加强落实“产业新政 50 条”和新经济发展政策，针对软件和信息技术服务业制定相应的实施细则，引导和促进软件和信息技术服务业加快发展。在人才聚集培育、技术创新供给、土地资源保障、财政金融服务、数据资源支撑、降低企业物流成本、降低制度性交易成本、企业走出去服务、国际化营商环境等方面，进一步加大产业发展要素的保障和支持力度。突出以用兴业，在经济发展、社会治理、民生服务等方面推进软件技术应用，推广“成都造”软件和信息技术服务品牌产品和整体解决方案，开展好创新应用示范，支持编制《虚拟现实技术在心理健康领域的应用指导规范》。

（六）加强对外交流合作

着力提升“成都软件”的品牌美誉度和影响力，拓展国际化交流合作的广度与深度，办好第十六届中国国际软件合作洽谈会、2018（第三届）数字世界博览会、2018C3 安全峰会、全球创新创业交易博览会、欧美同学会 2018 人工智能年会及虚拟现实应用峰会等大型产业活动，积极引进举办国际女子电子竞技锦标赛，组织企业参加中国西部国际博览会、第二十二届中国国际软件博览会等展会活动，做好产业宣传、氛围营造、投资推介和项目促进工作。

（七）强化行业统计分析和工作督导

加强两级行业统计工作统筹，落实好工业和信息化部、国家统计局制定的《软件和信息技术服务业统计报表制度》，做到应统尽统；研究制定智能经济和数字经济重点领域、分类体系及统计方法制度，客观评价和准确研判产业运行态势，做好产业发展战略、规划、政策的决策分析支撑，科学指导产业发展。制定出台《成都市关于推进智能经济发展的实施方案》和《成都市关于推进数字经济发展的实施方案》，将区（市）县推进发展软件和信息技术服务业纳入有关目标考核体系，按月通报载体建设、项目引进、项目促建、行业统计等有关情况。

II 综合统计

	企业数（个）	软件业务收入	其中：软件产品收入
软件企业合计	**34895**	**551031187**	**169835725**
一、按企业登记注册类型分列			
内资企业	32356	422609087	142855093
国有企业	646	36051251	10640316
集体企业	39	5072160	621538
股份合作企业	227	2688745	570763
联营企业	113	936120	295458
国有联营企业	39	319934	82192
集体联营企业	35	227469	65646
国有与集体联营企业	13	169157	40534
其他联营企业	26	219560	107086
有限责任公司	15977	255477596	87643559
国有独资公司	146	3714766	1159495
其他有限责任公司	12177	176878782	60036708
股份有限公司	3654	74884047	26447357
私营企业	14787	116333074	41214449
私营独资	1695	15352553	5662913
私营合伙	410	2203152	871937
私营有限责任公司	11477	87973494	30848531
私营股份有限公司	1205	10803875	3831069
其他内资企业	567	6050141	1869009
中国港、澳、台商投资企业	868	62329228	14178426
合资经营企业（中国港、澳、台资）	195	5479594	1251076
合作经营企业（中国港、澳、台资）	12	89117	63356
中国港、澳、台商独资经营企业	615	53565273	10313727
中国港、澳、台商投资股份有限公司	39	3168547	2546290
其他中国港、澳、台商投资企业	7	26696	3977
外商投资企业	1671	66092872	12802206
中外合资经营企业	430	12113976	2624538
中外合作经营企业	19	243469	49910

服务业主要指标汇总表（一）

单位：万元

		其中：
信息技术服务收入	嵌入式系统软件收入	软件外包服务收入
306037090	**75158372**	**22026631**
230146499	49607495	14352130
22065075	3345860	857466
3209297	1241324	65267
993266	1124716	43070
568487	72176	190465
178640	59103	111863
156071	5752	68941
122302	6321	6289
111473	1000	3372
138596073	29237964	9775533
2139967	415305	142470
98145572	18696503	6680474
38310534	10126156	2952589
61530222	13588403	3305710
7186079	2503561	434230
1231345	99870	310703
47509481	9615483	2170696
5603317	1369489	390080
3184079	997052	114620
43121302	5029500	686769
2890017	1338502	120410
3668	22093	
39846820	3404726	507598
358113	264144	55961
22684	35	2800
32769289	20521377	6987732
5860586	3628851	573337
170299	23260	7308

	企业数（个）	软件业务收入	其中：
			软件产品收入
外资企业	1150	49758206	9805577
外商投资股份有限公司	43	3485089	198251
其他外商投资企业	29	492132	123930
二、按控股经济分列			
国有控股	2349	91930253	30795846
集体控股	3381	68294229	23102055
私人控股	22432	225135921	74324104
中国港、澳、台商控股	654	52453581	10561005
外商投资	1302	55068345	12435183
其他	4777	58148858	18617532
三、按企业规模分列			
大型企业	2439	274810844	71055094
中型企业	12640	167651614	61228262
小型企业	17299	94473829	33084180
微型企业	2517	14094900	4468189
四、按行业分列			
软件产品行业	16025	187914867	144402298
信息技术服务行业	15220	268129945	17841101
嵌入式系统软件行业	3650	94986374	7592326
五、按跨国经营分列			
有并购境外企业	155	14958962	2840303
在境外有生产线的企业	288	48276478	8968361
在境外有研发中心的企业	293	26427971	5527787
在境外仅有销售网点的企业	875	33805611	10756312
未从事跨国经营活动的企业	33284	427562165	141742962
六、按区域分列			
东部地区	22929	435593580	127512527
中部地区	3750	27703944	11543442
西部地区	4850	60099187	19370424
东北地区	3366	27634476	11409332

服务业主要指标汇总表（一）

单位：万元

		其中：
信息技术服务收入	嵌入式系统软件收入	软件外包服务收入
23786672	16165957	5872559
2864398	422439	519691
87333	280869	14838
54482672	6651734	3010634
40745842	4446332	1972765
119135558	31676259	7338358
38075608	3816968	450552
24568719	18064443	5777476
29028691	10502635	3476846
154336935	49418815	11033113
93636193	12787159	7853674
49216917	12172732	2932222
8847046	779666	207622
40797094	2715476	9459464
248201238	2087607	11898838
17038759	70355289	668330
6030875	6087784	556881
17517770	21790347	1315705
13075620	7824565	2342606
18034026	5015273	1448727
251378800	34440403	16362713
239218102	68862950	11785997
14579567	1580936	920194
37583202	3145561	3718324
14656219	1568924	5602117

2017年软件和信息技术服务业主要指标汇总表（二）

单位：万美元

	软件业务出口收入	软件外包服务出口收入	嵌入式系统软件出口收入
软件企业合计	**5411643**	**1129262**	**2247241**
一、按企业登记注册类型分列			
内资企业	3597062	444172	1818789
国有企业	123205	33590	58724
集体企业	23222	1632	17421
股份合作企业	2001	974	195
联营企业	1305	1174	131
国有联营企业	591	474	117
集体联营企业	654	654	
国有与集体联营企业	46	46	
其他联营企业	14		14
有限责任公司	2947313	337974	1413624
国有独资公司	2083	1756	
其他有限责任公司	2214538	192408	984480
股份有限公司	730692	143810	429144
私营企业	393760	68314	227529
私营独资	61453	16822	27841
私营合伙	2548	219	556
私营有限责任公司	281985	48134	183705
私营股份有限公司	47775	3139	15427
其他内资企业	106255	513	101165
中国港、澳、台商投资企业	529946	58833	77791
合资经营企业（中国港、澳、台资）	164102	6060	12577
合作经营企业（中国港、澳、台资）	3532		273
中国港、澳、台商独资经营企业	190346	48859	63146
中国港、澳、台商投资股份有限公司	171966	3914	1795
其他中国港、澳、台商投资企业			
外商投资企业	1284636	626258	350661
中外合资经营企业	139421	31364	31821
中外合作经营企业	1008	905	
外资企业	1059176	552890	281478

2017年软件和信息技术服务业主要指标汇总表（二）

单位：万美元

	软件业务出口收入	软件外包服务出口收入	嵌入式系统软件出口收入
外商投资股份有限公司	50537	40301	3822
其他外商投资企业	34493	798	33540
二、按控股经济分列			
国有控股	359833	72665	81092
集体控股	190614	104985	32417
私人控股	2736793	271398	1247489
中国港、澳、台商控股	325925	42842	72969
外商投资	1182840	560297	386546
其他	615638	77074	426728
三、按企业规模分列			
大型企业	4022600	809646	1704704
中型企业	657445	183627	223173
小型企业	684416	120907	318363
微型企业	47182	15083	1000
四、按行业分列			
软件产品行业	1033275	482290	17668
信息技术服务行业	1211644	635120	10668
嵌入式系统软件行业	3166725	11852	2218905
五、按跨国经营分列			
有并购境外企业	284414	55080	172098
在境外有生产线的企业	2067693	40676	980781
在境外有研发中心的企业	598075	164276	379950
在境外仅有销售网点的企业	528300	121639	82472
未从事跨国经营活动的企业	1933161	747592	631940
六、按区域分列			
东部地区	4683992	660915	2194657
中部地区	102171	72645	6342
西部地区	304099	129634	36679
东北地区	321381	266068	9563

2017年软件和信息技术服务业主要指标汇总表（三）

单位：万元

	利润总额	流动资产平均余额	资产合计	负债合计	固定资产投资额
软件企业合计	**87548328**	**483862477**	**969659437**	**532770804**	**17875496**
一、按企业登记注册类型分列					
内资企业	56202582	370031513	758171964	449998567	12306714
国有企业	3569888	33347784	148400565	70296597	1592404
集体企业	400575	3610062	6296140	659324	12138
股份合作企业	324507	859775	9468050	3892007	116709
联营企业	146238	506003	982235	544473	24991
国有联营企业	36491	116653	259671	93584	20666
集体联营企业	26454	79527	153587	115949	2255
国有与集体联营企业	22672	64090	166391	87135	969
其他联营企业	60621	245734	402585	247805	1101
有限责任公司	35080277	242914468	434820440	288396494	7334917
国有独资公司	255371	3815894	7330580	3777416	89694
其他有限责任公司	21892658	142397712	228687715	195671377	4553793
股份有限公司	12932248	96700862	198802144	88947702	2691429
私营企业	15500884	86455534	150293070	82860134	3193449
私营独资	1611895	6561427	15034750	8488431	160799
私营合伙	412643	799338	2356158	968818	15128
私营有限责任公司	11885613	65989937	115191569	66501717	2780891
私营股份有限公司	1590733	13104832	17710593	6901168	236631
其他内资企业	1180212	2337888	7911464	3349537	32107
中国港、澳、台商投资企业	25204359	75646293	115006285	49066954	2190019
合资经营企业（中国港、澳、台资）	481103	4614340	10817628	5568310	102044
合作经营企业（中国港、澳、台资）	2787	60963	106574	39200	1929
中国港、澳、台商独资经营企业	23662862	65481353	96221071	39727567	2001562
中国港、澳、台商投资股份有限公司	1056005	5484086	7796276	3652054	80124
其他中国港、澳、台商投资企业	1602	5551	64735	79822	4361
外商投资企业	6141388	38184670	96481188	33705283	3378762
中外合资经营企业	1350987	7069496	33378607	5744521	2576466
中外合作经营企业	16925	115395	395642	54720	660
外资企业	4488383	29699323	51842237	26116100	717600

2017年软件和信息技术服务业主要指标汇总表（三）

单位：万元

	利润总额	流动资产平均余额	资产合计	负债合计	固定资产投资额
外商投资股份有限公司	259227	766124	9692190	931634	80745
其他外商投资企业	25866	534332	1172512	858309	3291
二、按控股经济分列					
国有控股	12361696	104809966	296695213	150394574	3763390
集体控股	8043680	53872393	93744180	43853902	1176625
私人控股	31237469	190645139	336680582	170769656	6549054
中国港、澳、台商控股	21372000	62040656	89839947	39374301	2015128
外商投资	6775659	29740430	61039965	27437467	858834
其他	7757824	42753893	91659550	100940904	3512465
三、按企业规模分列					
大型企业	48792712	262057410	447360580	225225925	7850653
中型企业	24686358	147786248	255849699	138969084	5600914
小型企业	12062490	66594571	158090439	122205021	4232038
微型企业	2006768	7424248	108358718	46370773	191890
四、按行业分列					
软件产品行业	43221645	180739600	334095681	148399782	6140524
信息技术服务行业	37300614	248325744	545457860	337738110	10598072
嵌入式系统软件行业	7026069	54797133	90105896	46632912	1136899
五、按跨国经营分列					
有并购境外企业	2050603	11981505	23994137	9525882	722649
在境外有生产线的企业	4409769	33543886	50434363	29088958	555461
在境外有研发中心的企业	4447290	21184661	58077516	14582788	2927130
在境外仅有销售网点的企业	7587593	44568945	81502608	40329663	1389140
未从事跨国经营活动的企业	69053073	372583479	755650813	439243513	12281116
六、按区域分列					
东部地区	75748465	408947200	729444410	420258174	14607802
中部地区	3733933	34619379	62097344	31668037	1739639
西部地区	5241920	34038892	155203265	73195318	1100356
东北地区	2824011	6257005	22914419	7649275	427699

2017年软件和信息技术服务业主要指标汇总表（四）

单位：万元

	主营业务税金及附加	年末所有者权益	年初所有者权益	应交增值税
软件企业合计	**10306376**	**436919460**	**380834656**	**15765979**
一、按企业登记注册类型分列				
内资企业	9209943	308204222	303201227	12557265
国有企业	491286	78103972	72450115	1186492
集体企业	56362	5636817	253404	30693
股份合作企业	63490	5576042	6993120	-47618
联营企业	12322	437762	366874	16215
国有联营企业	2657	166087	151699	5187
集体联营企业	3118	37639	70104	3382
国有与集体联营企业	3743	79256	78098	4289
其他联营企业	2804	154780	66974	3357
有限责任公司	5835689	146423955	169755853	7729416
国有独资公司	25965	3553164	2983273	100127
其他有限责任公司	2396172	33016345	72828974	5316799
股份有限公司	3413552	109854446	93943605	2312490
私营企业	2645328	67463744	52230374	3498910
私营独资	339453	6577108	5501944	338735
私营合伙	58369	1387340	468878	50932
私营有限责任公司	2094091	48689862	37612082	2745599
私营股份有限公司	153415	10809433	8647469	363645
其他内资企业	105466	4561930	1151487	143158
中国港、澳、台商投资企业	560469	65939329	55405678	2233337
合资经营企业（中国港、澳、台资）	35457	5249318	3734166	121420
合作经营企业（中国港、澳、台资）	2824	67374	58160	2941
中国港、澳、台商独资经营企业	474078	56493504	48143840	1877392
中国港、澳、台商投资股份有限公司	48030	4144222	3484732	231326
其他中国港、澳、台商投资企业	80	-15088	-15220	258
外商投资企业	535964	62775909	22227751	975376
中外合资经营企业	118655	27634089	6429039	251856
中外合作经营企业	7486	340922	62415	3785
外资企业	356610	25726138	15011216	659341

2017年软件和信息技术服务业主要指标汇总表（四）

单位：万元

	主营业务税金及附加	年末所有者权益	年初所有者权益	应交增值税
外商投资股份有限公司	46598	8760556	451561	17658
其他外商投资企业	6616	314204	273520	42736
二、按控股经济分列				
国有控股	1077797	146300646	131687953	3061323
集体控股	947710	49890278	34379298	1348668
私人控股	6390241	165941733	130241067	6950751
中国港、澳、台商控股	412557	50465645	43563976	1860256
外商投资	580774	33602500	19030600	1013549
其他	897296	-9281341	21931761	1531432
三、按企业规模分列				
大型企业	3533390	222134655	169876999	8224024
中型企业	4866246	116911411	94906225	4948050
小型企业	1449756	35885448	55831184	2248104
微型企业	456984	61987946	60220247	345801
四、按行业分列				
软件产品行业	3249002	185695924	150083908	7564906
信息技术服务行业	6217144	207750550	204943887	5805847
嵌入式系统软件行业	840230	43472986	25806860	2395226
五、按跨国经营分列				
有并购境外企业	2334153	14468256	8529885	202621
在境外有生产线的企业	347705	21345404	15433604	2033228
在境外有研发中心的企业	361285	43494729	14435137	528919
在境外仅有销售网点的企业	627292	41172945	26600649	1401592
未从事跨国经营活动的企业	6635941	316438126	315835382	11599618
六、按区域分列				
东部地区	7897611	309217068	277631465	12869232
中部地区	345964	30429300	24376513	927110
西部地区	1181681	82007947	70697468	1621797
东北地区	881120	15265145	8129209	347840

2017年软件和信息技术服务业主要指标汇总表（五）

单位：万元

	应交所得税	出口已退税额	研发经费	主营业务成本
软件企业合计	**11424567**	**1947459**	**56222822**	**480362138**
一、按企业登记注册类型分列				
内资企业	7964857	1042169	44385612	387337137
国有企业	765862	124673	3047793	40274653
集体企业	16579	2290	251740	3911540
股份合作企业	64710	1781	442784	2859179
联营企业	19089	409	94841	956166
国有联营企业	4588	52	26138	264929
集体联营企业	2484	255	23203	179334
国有与集体联营企业	3750	41	26584	141032
其他联营企业	8267	61	18916	370870
有限责任公司	4473032	569150	28891160	235245767
国有独资公司	55415	2430	283000	3520429
其他有限责任公司	2867738	285273	19927017	152478156
股份有限公司	1549879	281447	8681143	79247182
私营企业	2454056	342674	11135547	97618336
私营独资	240245	58842	982427	13492285
私营合伙	68440	11635	339915	1877156
私营有限责任公司	1966513	252896	8624233	73643143
私营股份有限公司	178857	19302	1188973	8605751
其他内资企业	171530	1191	521745	6471496
中国港、澳、台商投资企业	2577282	526599	7517011	29335831
合资经营企业（中国港、澳、台资）	78262	220157	847601	5011661
合作经营企业（中国港、澳、台资）	517	3253	10310	68317
中国港、澳、台商独资经营企业	2372244	166192	6124922	21007680
中国港、澳、台商投资股份有限公司	125981	136988	532600	3220877
其他中国港、澳、台商投资企业	279	9	1579	27295
外商投资企业	882428	378691	4320199	63689171
中外合资经营企业	137168	131643	726524	12138706
中外合作经营企业	3094	11	26175	226009
外资企业	701620	225987	3466286	46496130

2017年软件和信息技术服务业主要指标汇总表（五）

单位：万元

	应交所得税	出口已退税额	研发经费	主营业务成本
外商投资股份有限公司	39554	393	52294	4237502
其他外商投资企业	991	20658	48920	590823
二、按控股经济分列				
国有控股	2044937	299657	8869793	95826547
集体控股	922109	147304	6462898	55718121
私人控股	4384709	605667	24344963	206476974
中国港、澳、台商控股	2177883	382232	6867861	20182002
外商投资	827765	367783	3674970	47353761
其他	1067164	144816	6002337	54804733
三、按企业规模分列				
大型企业	5430764	1122379	29263736	220410533
中型企业	3971353	457926	17345379	160641057
小型企业	1770204	358443	8458622	89480734
微型企业	252246	8711	1155085	9829814
四、按行业分列				
软件产品行业	4761997	694896	25059168	139581951
信息技术服务行业	5801331	805616	25061321	270950693
嵌入式系统软件行业	861238	446947	6102334	69829495
五、按跨国经营分列				
有并购境外企业	124928	70965	816342	20793156
在境外有生产线的企业	609076	333555	5171505	39851672
在境外有研发中心的企业	383349	188581	2322722	24206335
在境外仅有销售网点的企业	982865	399150	4181103	39849000
未从事跨国经营活动的企业	9324349	955208	43731151	355661976
六、按区域分列				
东部地区	9427976	1750240	44243556	374819752
中部地区	505084	160756	3161644	30823718
西部地区	843159	17030	5786670	55736891
东北地区	648348	19433	3030953	18981778

2017年软件和信息技术服务业主要指标汇总表（六）

单位：万元

	应收账款	应付账款	本年折旧	本年应付职工薪酬
软件企业合计	**145966421**	**106463650**	**10931159**	**84011570**
一、按企业登记注册类型分列				
内资企业	122198452	87747179	7214964	63474141
国有企业	12928494	12761697	1291732	5771132
集体企业	127732	149004	23358	194670
股份合作企业	832007	496053	45659	239395
联营企业	129360	80443	12947	142590
国有联营企业	52316	32278	4131	40619
集体联营企业	49218	28921	3524	32908
国有与集体联营企业	1521	3175	2604	11905
其他联营企业	26305	16069	2688	57159
有限责任公司	80746095	58158356	4689708	40443473
国有独资公司	1481599	1166474	66263	610574
其他有限责任公司	45258055	36450723	3048983	25534831
股份有限公司	34006441	20541159	1574461	14298067
私营企业	26419179	15648791	1128817	16206232
私营独资	2018337	1539190	148172	1747928
私营合伙	391390	181132	26261	239141
私营有限责任公司	20322013	11317658	853409	12496891
私营股份有限公司	3687439	2610811	100976	1722273
其他内资企业	1015585	452834	22743	476649
中国港、澳、台商投资企业	10824965	8486049	1641898	9408437
合资经营企业（中国港、澳、台资）	1689484	1266111	75611	912262
合作经营企业（中国港、澳、台资）	11090	14631	1560	20425
中国港、澳、台商独资经营企业	7304705	5903654	1491812	7832069
中国港、澳、台商投资股份有限公司	1817073	1296121	70786	639651
其他中国港、澳、台商投资企业	2613	5532	2128	4030
外商投资企业	12943004	10230423	2074297	11128992
中外合资经营企业	3022769	1955579	149794	2467803
中外合作经营企业	28478	52609	9742	22235
外资企业	9090557	7337036	1795859	8189844

2017年软件和信息技术服务业主要指标汇总表（六）

单位：万元

	应收账款	应付账款	本年折旧	本年应付职工薪酬
外商投资股份有限公司	415735	717135	28618	369581
其他外商投资企业	385465	168064	90284	79529
二、按控股经济分列				
国有控股	36889784	35044787	2669145	15640039
集体控股	13891578	13310301	651678	10253611
私人控股	65820489	36969267	2972150	33358495
中国港、澳、台商控股	7102308	5588574	1485398	7891568
外商投资	9468878	6336205	1894163	8702853
其他	12793384	9214516	1258625	8165004
三、按企业规模分列				
大型企业	71797963	57043533	5393506	41265318
中型企业	47493259	34610468	2582245	25496943
小型企业	23189624	13017330	2612667	15118306
微型企业	3485575	1792320	342742	2131004
四、按行业分列				
软件产品行业	65638396	37325189	3560654	34932524
信息技术服务行业	60811252	54143592	6055822	42650128
嵌入式系统软件行业	19516773	14994869	1314684	6428918
五、按跨国经营分列				
有并购境外企业	3326962	3483138	344281	1953895
在境外有生产线的企业	11846626	7364613	447428	4741568
在境外有研发中心的企业	5739717	4432891	275606	4457639
在境外仅有销售网点的企业	12309943	10338859	919387	5227403
未从事跨国经营活动的企业	112743174	80844150	8944457	67631065
六、按区域分列				
东部地区	118598776	84865242	8022254	67390017
中部地区	13329700	12374444	1225591	5130736
西部地区	11225923	7651709	1518451	7977437
东北地区	2812022	1572255	164863	3513380

2017年软件和信息技术服务业主要指标汇总表（七）

单位：人

	从业人员年末数	软件研发人员	管理人员	硕士以上人员	大本人员	大专及以下人员
软件企业合计	**6175562**	**2368765**	**925105**	**644453**	**3350891**	**2180215**
一、按企业登记注册类型分列						
内资企业	5122263	2000707	756104	529053	2859611	1733607
国有企业	431066	138059	34983	61569	200536	168959
集体企业	26720	10421	2583	4129	12653	9938
股份合作企业	29346	11259	4790	2885	16006	10460
联营企业	15625	7506	1621	1136	10692	3794
国有联营企业	3730	2246	508	397	2767	562
集体联营企业	4330	2298	438	222	3464	645
国有与集体联营企业	2165	725	271	140	1319	706
其他联营企业	5400	2237	404	377	3142	1881
有限责任公司	3048675	1215753	474514	323476	1758961	966269
国有独资公司	47275	20841	7289	5105	26398	15771
其他有限责任公司	1865483	783391	304712	220705	1085368	559446
股份有限公司	1135917	411521	162513	97666	647195	391052
私营企业	1499079	589799	231539	128462	820047	550547
私营独资	210912	86474	20099	22196	112659	76055
私营合伙	31836	11529	4286	2898	19145	9793
私营有限责任公司	1095765	438835	178680	92963	601386	401424
私营股份有限公司	160566	52961	28474	10405	86857	63275
其他内资企业	71752	27910	6074	7396	40716	23640
中国港、澳、台商投资企业	423581	152027	84950	55654	197036	170881
合资经营企业（中国港、澳、台资）	76149	24271	18122	6258	31308	38580
合作经营企业（中国港、澳、台资）	1346	554	237	97	577	671
中国港、澳、台商独资经营企业	314616	113031	59069	44304	146779	123528
中国港、澳、台商投资股份有限公司	30988	13904	7462	4974	18026	7987
其他中国港、澳、台商投资企业	482	267	60	21	346	115
外商投资企业	629718	216031	84051	59746	294244	275727
中外合资经营企业	146487	46193	15020	10563	64530	71400
中外合作经营企业	2675	762	568	190	1211	1274
外资企业	438863	150899	65825	46736	204391	187733

2017年软件和信息技术服务业主要指标汇总表（七）

单位：人

	从业人员年末数	软件研发人员	管理人员	硕士以上人员	大本人员	大专及以下人员
外商投资股份有限公司	35458	15361	2071	2000	21192	12263
其他外商投资企业	6235	2816	567	257	2920	3057
二、按控股经济分列						
国有控股	1074748	388724	146906	139682	576208	358860
集体控股	722796	251353	78230	75250	408398	239140
私人控股	2810706	1138354	482686	252826	1580440	977474
中国港、澳、台商控股	314381	121225	73076	45820	142952	125597
外商投资	520768	207146	76572	52663	247371	220733
其他	732163	261963	67635	78212	395522	258411
三、按企业规模分列						
大型企业	2520863	1006805	376894	328422	1320446	871998
中型企业	2117894	815044	341611	201310	1238154	678437
小型企业	1402368	502006	188679	102179	717009	583153
微型企业	134437	44910	17921	12542	75282	46627
四、按行业分列						
软件产品行业	2506475	1044906	396067	291110	1457757	757574
信息技术服务行业	3125805	981743	486438	293464	1696509	1135832
嵌入式系统软件行业	543282	342116	42600	59879	196625	286809
五、按跨国经营分列						
有并购境外企业	205532	45668	12020	17968	127721	59841
在境外有生产线的企业	286195	147169	13983	53641	142583	89961
在境外有研发中心的企业	317957	111575	19003	39034	143219	135705
在境外仅有销售网点的企业	404213	165216	33412	44764	182751	176702
未从事跨国经营活动的企业	4961665	1899137	846687	489046	2754617	1718006
六、按区域分列						
东部地区	4517260	1625691	759956	458153	2365521	1693536
中部地区	521761	178214	53355	52992	328217	140554
西部地区	736845	285301	65557	77688	382283	276911
东北地区	399696	279559	46237	55620	274870	69214

2017年软件和信息技术服务业分产品完成情况

项　　目	企业数（个）	本年收入（万元）
软件业务收入明细合计	**34895**	**551031187**
软件产品行业（E6201）		
一、软件产品合计	22701	169835725
（一）基础软件	3780	27916730
1．操作系统	1141	8363009
2．数据库管理系统	647	3279564
3．中间件	343	3216960
4．办公软件	734	3160302
5．其他	915	9896895
（二）支撑软件	737	3035217
1．开发工具	292	1230110
2．测试工具软件	211	712768
3．其他支撑软件	234	1092340
（三）应用软件	11666	92793510
1．通用应用软件	4066	25257101
2．行业应用软件	7600	67536409
（1）通信行业软件	1067	18836159
（2）金融财税软件	404	4592071
（3）教育软件	546	1974652
（4）交通运输行业软件	591	4740360
（5）能源控制软件	438	4762151
（6）动漫游戏软件	428	6085389
（7）物流管理软件	183	583876
（8）医疗卫生领域软件	604	2537538
（9）其他行业应用软件	3339	23424213
（四）工业软件	1465	9997922
1．产品研发类软件	564	3159470
2．生产控制类软件	901	6838452
（五）嵌入式应用软件	1626	12438822
（六）信息安全产品	1213	7505689
1．基础类安全产品	220	1037724
2．终端与数字内容安全产品	144	778572
3．网络与边界安全产品	205	1972439

2017年软件和信息技术服务业分产品完成情况

项　　目	企业数（个）	本年收入（万元）
4．专用安全产品	176	1302823
5．安全测试评估与服务产品	53	275522
6．安全管理产品	152	936606
7．其他信息安全产品及相关服务	263	1202002
（七）移动应用软件（APP）	459	6830590
（八）软件定制服务	961	5849201
（九）平台软件	794	3468043
信息技术服务行业（E6202）		
二、信息技术服务行业合计	23912	306037090
（一）信息技术咨询设计服务	5688	45169997
1．信息化规划	407	3447998
2．信息系统设计	1757	16430438
3．信息技术管理咨询	2503	18334884
4．信息系统工程监理	312	3678346
5．测试评估	189	866555
6．信息技术培训	520	2411777
（二）信息系统集成实施服务	7285	79029559
1．基础环境集成实施服务	522	14555406
2．硬件集成实施服务	1526	17214326
3．软件集成实施服务	2060	11300822
4．安全集成实施服务	416	2188698
5．系统集成实施管理服务	2761	33770307
（三）运行维护服务合计	4406	20231855
1．基础环境运维服务	393	2241204
2．硬件运维服务	625	2374944
3．软件运维服务	1951	5798055
4．安全运维服务	346	1479359
5．运维管理服务	1091	8338293
（四）数据服务	1878	21368347
1．数据加工处理服务	1007	12921967
2．数字内容处理服务	871	8446380
（1）地理遥感信息服务	116	698159
（2）动漫、游戏数字内容服务	261	2483057

2017年软件和信息技术服务业分产品完成情况

项　　目	企业数（个）	本年收入（万元）
（3）其他数字内容处理服务	494	5265165
（五）运营服务	2889	73408501
1. 软件运营服务	800	12820687
2. 平台运营服务	1790	55656912
（1）物流管理服务平台	119	1990121
（2）在线信息平台	458	16784951
（3）在线娱乐平台	398	22617613
（4）在线教育平台	170	1279264
（5）其他在线服务平台	645	12984964
3. 基础设施运营服务	299	4930902
（六）电子商务平台技术服务	1129	44685164
1. 在线交易平台服务	883	39086549
2. 在线交易支撑服务	246	5598615
（七）集成电路设计	637	22143668
嵌入式系统软件行业（E6203）		
三、嵌入式系统软件合计	4816	75158372
（一）通信设备	1473	34049360
1. 通信传输设备	539	13710228
（1）光通信设备	207	7641436
（2）卫星通信设备	80	1224283
（3）无线通信设备	252	4844508
2. 通信交换设备	140	882678
（1）数字程控交换机	71	451238
（2）软交换机	34	144470
（3）光交换机	35	286970
3. 移动通信设备	78	11511689
（1）基站	54	11399195
（2）直放站	24	112494
4. 网络设备	716	7944765
（1）网络控制设备	393	4343238
（2）网络接口和适配器	103	822124
（3）网络连接设备	159	2498579
（4）网络优化设备	61	280824

2017年软件和信息技术服务业分产品完成情况

项　　目	企业数（个）	本年收入（万元）
（二）数字家用视听产品	130	2887677
1. 电视接收机顶盒	64	1033555
2. 家庭网关中心	66	1854122
（三）计算机应用产品	918	11740695
1. 金融、商业、税务电子应用产品	105	710052
（1）银行自助服务终端	39	194919
（2）POS机	41	348663
（3）税控机	25	166470
2. 汽车电子	228	4942747
（1）传动系控制系统	54	1086993
（2）行驶系控制系统	38	130057
（3）车身控制系统	70	2821736
（4）安全控制系统	66	903962
3. 智能交通	50	112078
（1）交通信号控制机	50	112078
4. 医疗电子设备	186	831334
（1）医用电子仪器设备	153	734676
（2）医学影像设备	33	96658
5. 智能识别装置	218	4059616
6. 自动检售票设备	40	58250
7. 超大屏幕控制器	91	1026617
（四）信息系统安全产品	181	3379184
1. 边界防护类设备和系统	58	279177
2. 密钥管理类设备和系统	123	3100007
（五）装备自动控制产品	2114	23101456
1. 集散控制系统	727	15953451
2. 电气传动及控制系统	564	2649074
3. 装备制造工控系统	823	4498932

出口国家和地区	**一、软件产品合计**	（一）基础软件	1．操作系统	2．数据库管理系统	3. 中间件	（二）支撑软件
中国香港	189587	36375	1535	1875	836	892
中国台湾	62090	1807	459	167		133
韩国	30142	2726	320	2188		87
美国	403144	189505	2338	2483	6731	5864
日本	179719	54218	1557	342	35918	754
德国	9208	4539	3975			60
法国	5247	328	130			
英国	6046	273	273			175
印度	5956	130	110			528
墨西哥	3192	1049	429			
巴西	5716	130	15		47	
俄罗斯	2612	140	25			860
南美洲其他国家	10193					
大洋洲	2672					
亚洲其他国家	117325	2043	92	1755	56	743
西欧其他国家	23900	2134			4	
东欧其他国家	8898	75	75			
非洲	3726	15	15			53

出口国家和地区表（一）

单位：万美元

（三）应用软件	1. 通用应用软件	2. 行业应用软件	（四）工业软件	1. 产品研发类软件	2. 生产控制类软件	（五）嵌入式应用软件
130758	35146	95612	1394	742	653	7679
9140	1831	7309	368	218	150	41498
17086	2929	14156	539	329	210	6501
148705	11853	136852	9034	2704	6330	27203
71318	43374	27944	2805	2151	655	14683
1748	574	1174				885
2112		2112	294	245	49	1167
4606	588	4018	541		541	44
510	23	487	128	75	53	1920
724		724	205	205		950
1230	251	979	711	643	67	3031
623	324	299	60		60	44
432	152	280	352	36	316	542
2385	682	1703	27		27	
26999	16405	10594	21502	1832	19670	61095
15069	13482	1587	2408		2408	2726
3837	3837		2587		2587	229
1486	445	1041	948	190	758	432

出口国家和地区	（六）信息安全产品	（七）移动应用软件（APP）	（八）软件定制服务	（九）平台软件	**二、信息技术服务合计**
中国香港	3489	4259	4134	606	459198
中国台湾	5	3229	5911		89449
韩国	1249	1694	261		64671
美国	4006	92	15930	2804	288094
日本	7462	505	27888	85	91406
德国	1503	168	306		5516
法国	589	177		581	7578
英国		346		60	86875
印度	2620			120	16033
墨西哥		12	214	38	318
巴西	550	66			3125
俄罗斯	478	363	44		217
南美洲其他国家		8818		49	3547
大洋洲	260				1069
亚洲其他国家	3775		1147	21	60784
西欧其他国家	746	122	594	101	23354
东欧其他国家	154	164	1620	232	42471
非洲	43		749		12962

出口国家和地区表（二）

单位：万美元

（一）信息技术咨询设计服务	（二）信息系统集成实施服务	（三）运行维护服务	（四）数据服务	（五）运营服务	（六）电子商务平台服务
12517	36785	461	3575	5839	65974
4535	33227	1109	22788	174	2100
3461	2913	2412	1450	158	535
72841	6900	5893	56048	27722	4346
36187	9322	15336	17913	5033	221
2262	385	216	983	1143	
522		3994		15	
26580	1882	530	56443	478	
12604	14	70	1744	1342	46
	36		255	2	25
131	1480	88		12	
	5		38	164	10
	288	64	396	2800	
355		50	210	455	
11836	1446	3908	1641	2400	395
7267	12297		2874		
	30026		4201		
1650	1209	10036	67		

出口国家和地区	（七）集成电路设计	三、嵌入式系统软件合计	（一）通信设备	（二）数字家用视听产品
中国香港	334048	280150	142447	1064
中国台湾	25516	273022	100477	1393
韩国	53743	37941	30615	13
美国	114344	108424	30254	40788
日本	7394	40162	16201	9827
德国	526	18403	60	
法国	3047	7566	6671	
英国	962	24606	200	1065
印度	213	23569	13406	31
墨西哥		1707	1082	
巴西	1414	3054	1938	
俄罗斯		10645	6089	
南美洲其他国家		2567	756	1054
大洋洲		968	1	
亚洲其他国家	39158	44766	19240	7867
西欧其他国家	916	127826	121218	772
东欧其他国家	8244	12474	5533	5340
非洲		383871	376154	5782

出口国家和地区表（三）

单位：万美元

（三）计算机应用产品	1．金融、商业、税务电子应用产品	2．汽车电子	（四）信息系统安全产品	（五）装备自动控制产品
92463	129	20	59	44118
136683		27	19530	14939
539		329	240	6535
28247	5068	5650	3963	5173
6897		2842		7238
13112		12315		5232
470			394	32
288	288			23053
8871	156	20	4	1257
				625
205				912
2338				2218
41		41		716
434				533
1630		1256		16030
584	276	120		5251
551				1049
1009	188	618		927

2017年各省市软件和信息技术

	企业数（个）	软件业务收入	其中：1. 软件产品收入
软件企业合计	**34895**	**551031187**	**169835725**
（一）按省市分列			
北京市	3026	78366516	28780763
天津市	353	13519355	3310194
河北省	218	2378557	369809
山西省	94	298862	124380
内蒙古自治区	61	157280	50385
辽宁省	1957	19901517	8770757
吉林省	914	5837083	1961384
黑龙江省	495	1895876	677192
上海市	1497	43414756	13750869
江苏省	4903	89364545	22433473
浙江省	1669	43404221	12163301
安徽省	269	3411238	1294735
福建省	2926	24965223	8828089
江西省	152	1066180	365199
山东省	3741	42331438	15998763
河南省	188	3066831	881947
湖北省	2622	15311988	7486686
湖南省	425	4548845	1390495
广东省	4414	96812075	21620008
广西壮族自治区	174	813490	228208
海南省	182	1036894	257258
重庆市	1457	12129036	2859348
四川省	1731	27822349	10495827
贵州省	225	1297262	191095
云南省	170	776749	178010
陕西省	686	15935959	5063900
甘肃省	121	457531	126134

服务业主要指标汇总表（一）

单位：万元

2. 信息技术服务收入	3. 嵌入式系统软件收入	软件外包服务收入
306037090	**75158372**	**22026631**
49410450	175303	1599217
9526638	682523	221099
1972130	36618	17158
150155	24327	
91260	15635	1398
10522326	608434	4488829
3072615	803084	51311
1061278	157406	1061977
28147610	1516278	1138094
38733310	28197762	1903658
28622850	2618070	452960
1682503	433999	45078
13983811	2153323	219263
687610	13371	42181
18843275	7489401	3801304
2101417	83467	11804
7186115	639187	335243
2771766	386584	485888
49198710	25993356	2425065
570873	14409	11037
779318	317	8179
7831006	1438682	1320269
16686669	639853	644856
1027137	79031	8881
593341	5398	46580
9938248	933810	1670156
325800	5598	3658

2017年各省市软件和信息技术

	企业数（个）	软件业务收入	其中：1. 软件产品收入
青海省	14	8744	3720
宁夏回族自治区	80	155508	46186
新疆维吾尔自治区	131	545280	127611
（二）按副省级城市分列			
大连市	708	10533847	4203132
宁波市	635	5406095	1703819
厦门市	1349	12750270	3478751
青岛市	1697	18736154	5804881
深圳市	1955	55557338	8633857
沈阳市	1144	9067032	4446196
长春市	597	3932039	1456820
哈尔滨市	449	1632868	595714
南京市	2473	39258551	15904386
杭州市	642	36184716	9942306
济南市	1649	21503058	9669734
武汉市	2577	15233917	7459177
广州市	1955	31141991	10773166
成都市	1682	26650015	10162222
西安市	686	15935959	5063900
（三）其他省会城市分列			
石家庄市	90	501980	138695
太原市	68	249488	97333
呼和浩特市	42	121592	38206
合肥市	200	2634261	1031078
福州市	1521	12020094	5261547
南昌市	110	921112	336198
郑州市	144	933443	329455
长沙市	322	3419212	479372
南宁市	141	619985	70752

服务业主要指标汇总表（一）

单位：万元

2. 信息技术服务收入	3. 嵌入式系统软件收入	软件外包服务收入
3648	1376	
105454	3868	1844
409766	7903	9645
5807970	522744	3973591
2872027	830249	95095
7637849	1633670	176474
6960338	5970935	136824
27888805	19034675	653423
4591402	29435	509985
1807732	667487	37132
892747	144407	918774
20865112	2489053	1029335
24787420	1454990	303201
10799413	1033911	3475741
7143184	631556	333337
19193023	1175802	1402928
15885248	602545	636724
9938248	933810	1670156
353334	9951	7407
132780	19375	
69139	14248	1398
1229398	373785	32145
6240765	517782	42464
572299	12615	41742
537270	66718	11804
2579130	360710	452262
539659	9574	11031

2017年各省市软件和信息技术

	企业数（个）	软件业务收入	其中：1. 软件产品收入
海口市	133	598521	145597
贵阳市	170	1014671	141130
昆明市	169	775538	177838
兰州市	104	395171	105852
西宁市	12	7336	3180
银川市	74	145309	45321
乌鲁木齐市	119	510862	118377

服务业主要指标汇总表（一）

单位：万元

2. 信息技术服务收入	3. 嵌入式系统软件收入	软件外包服务收入
452607	317	1612
804426	69115	7308
592302	5398	46580
284893	4426	1592
2781	1376	
96120	3868	1714
384583	7903	9645

2017年各省市软件和信息技术服务业主要指标汇总表（二）

单位：万美元

	软件业务出口收入	软件外包服务出口收入	嵌入式系统软件出口收入
软件企业合计	**5411643**	**1129262**	**2247241**
（一）按省市分列			
北京市	249843	249570	241
天津市	55913	23236	22950
河北省	1086	265	
山西省			
内蒙古自治区	218	218	
辽宁省	306795	255041	8889
吉林省	9421	6213	324
黑龙江省	5165	4815	350
上海市	344604	89313	
江苏省	621901	84273	319052
浙江省	344547	25411	26668
安徽省	8198	1502	3997
福建省	43891	19432	9034
江西省	9235	79	
山东省	240015	31161	175677
河南省	302		
湖北省	22592	9326	2315
湖南省	61845	61738	30
广东省	2781020	137935	1641035
广西壮族自治区	6		
海南省	1173	319	
重庆市	16681	1502	14946
四川省	147169	23701	7174
贵州省	3694		2560
云南省	200	200	
陕西省	135853	104013	12000
甘肃省			
青海省			
宁夏回族自治区			
新疆维吾尔自治区	279		

2017年各省市软件和信息技术服务业主要指标汇总表（二）

单位：万美元

	软件业务出口收入	软件外包服务出口收入	嵌入式系统软件出口收入
（二）按副省级城市分列			
大连市	285181	250222	8581
宁波市	64882	2025	18973
厦门市	31579	17646	8115
青岛市	187682	8291	148260
深圳市	2381536	9319	1414931
沈阳市	20200	4064	16
长春市	5914	4265	324
哈尔滨市	4499	4149	350
南京市	48844	25803	12423
杭州市	267876	22488	1295
济南市	26058	21392	2627
武汉市	22536	9270	2315
广州市	97330	85593	1360
成都市	147012	23550	7168
西安市	135853	104013	12000
（三）其他省会城市分列			
石家庄市			
太原市			
呼和浩特市	218	218	
合肥市	7256	1502	3495
福州市	12140	1786	920
南昌市	9235	79	
郑州市	285		
长沙市	61845	61738	30
南宁市	6		
海口市	230	71	
贵阳市	3694		2560
昆明市	200	200	
兰州市			
西宁市			
银川市			
乌鲁木齐市	279		

2017年各省市软件和信息技术服务业主要指标汇总表（三）

单位：万元

	利润总额	流动资产平均余额	资产合计	负债合计	固定资产投资额
软件企业合计	**87548328**	**483862477**	**969659437**	**532770804**	**17875496**
（一）按省市分列					
北京市	9686849	91011106	161439056	82334681	1771215
天津市	1402357	11364312	22032954	14393872	221462
河北省	414077	1311122	3950425	2376682	189398
山西省	50524	474238	775212	336024	4185
内蒙古自治区	18984	159437	304103	135786	3286
辽宁省	2044629	4795919	19557604	6630447	190019
吉林省	513992	1140292	2131394	783997	81134
黑龙江省	265390	320794	1225422	234830	156547
上海市	5564234	51668683	80840902	46843796	725289
江苏省	13937599	53145917	159062702	121925671	4937214
浙江省	16654679	47223463	73875579	28984066	2214468
安徽省	671503	4258873	7592849	3608156	147374
福建省	2856197	20618626	34875620	24238867	1370830
江西省	196590	1009665	2140115	1054423	15835
山东省	6449096	30683941	44266966	23392835	902684
河南省	327125	4500856	6611282	3641861	96663
湖北省	1802595	19257175	32874826	16935438	1148111
湖南省	685597	5118572	12103059	6092136	327472
广东省	18710355	100105045	145783292	73919987	2254202
广西壮族自治区	154890	661466	1544300	679188	9818
海南省	73023	1814984	3316913	1847718	21039
重庆市	902533	6359541	20476099	8050191	225986
四川省	3107219	11951346	99512903	44413549	357957
贵州省	171690	1395675	4643710	3546692	169261
云南省	34330	855992	1366420	696597	36814
陕西省	733925	11304979	24726533	14277569	230877
甘肃省	43780	542863	1135594	540440	27861
青海省	581	26943	43254	21074	1186
宁夏回族自治区	17580	143603	317158	144190	28178
新疆维吾尔自治区	56407	637046	1133191	690041	9134

2017年各省市软件和信息技术服务业主要指标汇总表（三）

单位：万元

	利润总额	流动资产平均余额	资产合计	负债合计	固定资产投资额
（二）按副省级城市分列					
大连市	810198	3095400	9315800	5321239	106640
宁波市	1011254	4296314	9227762	5096088	309730
厦门市	1676371	5250645	15819308	11259724	181523
青岛市	1321139	18366474	13796557	4344556	111024
深圳市	11036268	63522509	84684600	47821921	770342
沈阳市	1200978	1167819	9182424	942857	71257
长春市	350024	948089	1779079	653592	33634
哈尔滨市	230258	302568	1079666	217635	142605
南京市	8232354	27298537	60581275	93835969	1068039
杭州市	15349771	41395463	61902232	22651143	1832124
济南市	4692186	10074778	24281473	16241860	649270
武汉市	1788963	19131905	32597969	16824915	1142364
广州市	5715359	27059158	50812357	21593140	1242532
成都市	3030542	10507496	97328868	43105721	341346
西安市	733925	11304979	24726533	14277569	230877
（三）其他省会城市分列					
石家庄市	89861	585867	1119513	467311	14733
太原市	41425	382663	644458	288123	2521
呼和浩特市	12819	127205	238867	100560	3206
合肥市	498761	3744281	6552041	3120518	130902
福州市	1159293	15304342	18635127	12782351	1185332
南昌市	135278	900432	1852355	967578	14258
郑州市	186044	1392836	2310843	785851	70602
长沙市	297194	4587141	8678897	4970059	258501
南宁市	86115	582009	1077560	528024	9053
海口市	55230	1579773	2739862	1574299	13907
贵阳市	134948	1168221	3506469	2610535	125246
昆明市	34284	854871	1365030	695604	36799
兰州市	32089	431939	707217	345662	21552
西宁市	474	26681	37941	19697	363
银川市	16630	134921	298329	140840	27672
乌鲁木齐市	50914	524556	958370	577646	4115

2017年各省市软件和信息技术服务业主要指标汇总表（四）

单位：万元

	主营业务税金及附加	年末所有者权益	年初所有者权益	应交增值税
软件企业合计	**10306376**	**436919460**	**380834656**	**15765979**
（一）按省市分列				
北京市	515565	79104375	71148789	2244560
天津市	116850	7669871	5522592	268162
河北省	19061	1573743	1304704	117443
山西省	2652	439188	398682	17070
内蒙古自治区	1493	168317	211019	7713
辽宁省	752523	12927156	6151634	271880
吉林省	96847	1347397	1059462	27410
黑龙江省	31750	990591	918113	48550
上海市	297364	33997107	27025216	888798
江苏省	3485140	37137075	50910552	2101610
浙江省	471543	44891513	36610314	1541588
安徽省	27488	3984693	3289094	143841
福建省	827729	10636752	8709350	562857
江西省	9319	1085692	917499	24625
山东省	975339	20874131	13963073	1409382
河南省	25197	2969417	2607872	84480
湖北省	211904	15939388	11416937	494343
湖南省	69404	6010922	5746429	162751
广东省	1182892	71863305	61303380	3713802
广西壮族自治区	7592	865112	549703	27933
海南省	6128	1469196	1133495	21029
重庆市	178326	12425909	10376596	441799
四川省	841512	55099355	51169436	753810
贵州省	15211	1097018	820445	47853
云南省	5400	669823	573686	29711
陕西省	114239	10448963	5904827	271918
甘肃省	6423	595153	509252	13951
青海省	568	22180	21137	904
宁夏回族自治区	1753	172968	160534	6578
新疆维吾尔自治区	9163	443150	400832	19627

2017年各省市软件和信息技术服务业主要指标汇总表（四）

单位：万元

	主营业务税金及附加	年末所有者权益	年初所有者权益	应交增值税
（二）按副省级城市分列				
大连市	260006	3994562	3744831	221831
宁波市	57281	4131674	3138274	215493
厦门市	188234	4559585	3959266	62678
青岛市	377152	9452001	2960791	663670
深圳市	486743	36862679	32295872	2239080
沈阳市	483836	8239567	1817423	40516
长春市	62399	1125487	900169	20827
哈尔滨市	27907	862031	801396	42541
南京市	2957189	-33254662	24941847	1481110
杭州市	398577	39251090	32347843	1252467
济南市	556877	8039613	8283210	678213
武汉市	211049	15773054	11265265	489078
广州市	562592	29219217	24813217	1058420
成都市	837214	54223147	50339101	739534
西安市	114239	10448963	5904827	271918
（三）其他省会城市分列				
石家庄市	3816	652202	527466	23674
太原市	2189	356335	319286	14253
呼和浩特市	1121	138307	180955	5637
合肥市	21165	3431523	2857255	114313
福州市	637779	5852775	4556984	478796
南昌市	7428	884777	796158	19048
郑州市	8817	1524988	1320304	73992
长沙市	48500	3708837	3714879	60260
南宁市	5539	549535	398038	19961
海口市	3906	1165563	870723	14825
贵阳市	12571	895934	655601	37705
昆明市	5389	669426	573327	29635
兰州市	2466	361555	322262	11735
西宁市	562	18243	17376	867
银川市	1692	157489	146840	6085
乌鲁木齐市	8514	380725	344654	15916

2017年各省市软件和信息技术服务业主要指标汇总表（五）

单位：万元

	应交所得税	出口已退税额	研发经费	主营业务成本
软件企业合计	**11424567**	**1947459**	**56222822**	**480362138**
（一）按省市分列				
北京市	1447273		8411837	45908657
天津市	214426	49691	633875	17718770
河北省	60500	2122	84185	2363025
山西省	5671		44964	341358
内蒙古自治区	3912		10496	176556
辽宁省	582915	13737	2596551	13547106
吉林省	46008	4328	179512	4012143
黑龙江省	19425	1368	254890	1422529
上海市	851025	257924	4011542	32649972
江苏省	2122579	614890	4964675	112449709
浙江省	1475536	436459	4739843	27862385
安徽省	84272	16064	383499	4047815
福建省	137267	50960	2168214	22076333
江西省	13292	1982	96278	1174707
山东省	876086	17355	6022106	41605311
河南省	48907	1209	180222	2968195
湖北省	252500	133357	2078332	15874728
湖南省	100442	8143	378350	6416915
广东省	2222947	320837	13151161	71283171
广西壮族自治区	20498	853	55086	920885
海南省	20336	2	56116	902420
重庆市	322179	4213	1982242	15119020
四川省	332034	3316	2093334	21129188
贵州省	24123	1	84024	1853031
云南省	8709		85141	925360
陕西省	111721	8199	1401257	14047057
甘肃省	8801	51	31432	585801
青海省	163		342	31081
宁夏回族自治区	2771		17527	158296
新疆维吾尔自治区	8249	396	25789	790615

2017年各省市软件和信息技术服务业主要指标汇总表（五）

单位：万元

	应交所得税	出口已退税额	研发经费	主营业务成本
（二）按副省级城市分列				
大连市	177082	9371	472347	7518855
宁波市	138191	163145	397753	6952643
厦门市	50856	30449	800066	12713665
青岛市	57963	11735	2033074	13314434
深圳市	1332149	136885	7501364	33906324
沈阳市	398832	32	2109283	5663255
长春市	40966	657	134803	2757351
哈尔滨市	16795	1158	212233	1221047
南京市	1307348	214209	3012885	51129878
杭州市	1303326	262788	4184173	18961003
济南市	711849	3607	3775353	24109079
武汉市	251283	133348	2068877	15780944
广州市	693457	16283	4834245	29969664
成都市	318051	2971	2010269	18220270
西安市	111721	8199	1401257	14047057
（三）其他省会城市分列				
石家庄市	10918	508	42687	736993
太原市	4676		37512	290994
呼和浩特市	2364		8232	133987
合肥市	75728	15589	316120	3102822
福州市	78945	19678	1354125	9144755
南昌市	13529	139	79164	1030366
郑州市	21364	1190	110464	1119643
长沙市	30587	7304	209968	5001833
南宁市	14362		37079	789318
海口市	8413	2	29015	577030
贵阳市	17683		67113	1499622
昆明市	8700		85119	921938
兰州市	7390	51	27595	437724
西宁市	163		129	30038
银川市	2611		13947	150042
乌鲁木齐市	7452	199	21000	711082

2017年各省市软件和信息技术服务业主要指标汇总表（六）

单位：万元

	应收账款	应付账款	本年折旧	本年应付职工薪酬
软件企业合计	**145966421**	**106463650**	**10931159**	**84011570**
（一）按省市分列				
北京市	23768242	15715665	1754558	17653228
天津市	5239016	3198713	148003	894893
河北省	1086487	751709	64273	795203
山西省	267473	143259	6634	51779
内蒙古自治区	83913	54107	3618	27610
辽宁省	2252822	1203929	95008	3001059
吉林省	421462	256003	48049	285004
黑龙江省	137739	112323	21806	227317
上海市	11803733	13728274	446362	7005920
江苏省	27400292	9478815	2725102	14554428
浙江省	8619417	7783841	963085	5425226
安徽省	1681577	1291568	100711	553513
福建省	5986978	8925979	106386	2889101
江西省	451861	311166	48750	209045
山东省	6842187	4183951	589650	3577357
河南省	2263531	1888046	36077	413676
湖北省	7018595	5719098	746559	3318282
湖南省	1646663	3021305	286859	584441
广东省	27489633	20886905	1208254	14391148
广西壮族自治区	340404	203839	9233	194758
海南省	362792	211390	16581	203511
重庆市	3361083	2594903	186727	1238846
四川省	4508004	2512207	433774	3712453
贵州省	615591	835748	449429	200797
云南省	336039	272856	25694	169796
陕西省	1127453	537479	383131	2202929
甘肃省	285544	180181	13692	78583
青海省	14025	9782	276	6245
宁夏回族自治区	99254	55992	5400	37220
新疆维吾尔自治区	454614	394616	7477	108201

2017年各省市软件和信息技术服务业主要指标汇总表（六）

单位：万元

	应收账款	应付账款	本年折旧	本年应付职工薪酬
（二）按副省级城市分列				
大连市	1440590	823656	72750	1980472
宁波市	1507029	1820457	125141	812893
厦门市	3689353	4752665	647	1611235
青岛市	759974	597416	5968	1074262
深圳市	16906170	11162939	642012	6863313
沈阳市	537535	268494	15243	985224
长春市	316611	214299	29197	215472
哈尔滨市	117534	102317	17988	201205
南京市	15630152	7946434	379511	7096302
杭州市	6492230	5553123	810002	4296294
济南市	5152870	2962968	516089	2114716
武汉市	6955955	5683724	743871	3306287
广州市	8027690	7966024	364344	6310268
成都市	4119052	2188305	416162	3647890
西安市	1127453	537479	383131	2202929
（三）其他省会城市分列				
石家庄市	292159	203531	10091	90383
太原市	218559	129307	4989	42526
呼和浩特市	62087	41061	3093	19736
合肥市	1459064	1109404	92678	472898
福州市	2214662	4118860	46362	1250197
南昌市	397603	282272	27148	186017
郑州市	551373	278554	18235	276434
长沙市	849454	2578036	69779	431556
南宁市	314904	190160	8689	169473
海口市	213423	129064	5561	123126
贵阳市	549636	769362	441501	166990
昆明市	335856	272490	25684	169418
兰州市	215389	152765	4909	54616
西宁市	13547	9260	191	6155
银川市	93127	55171	5078	31598
乌鲁木齐市	383092	346091	5121	89571

2017年各省市软件和信息技术服务业主要指标汇总表（七）

单位：人

	从业人员年末人数	软件研发人员	管理人员	硕士及以上人员	大本人员	大专及以下人员
软件企业合计	**6175562**	**2368765**	**925105**	**644453**	**3350891**	**2180215**
（一）按省市分列						
北京市	739216	321375	417841	88443	391092	259681
天津市	64538	17724	6459	4793	32422	27324
河北省	38076	8830	2662	3303	19733	15041
山西省	8475	3992	1145	438	4689	3349
内蒙古自治区	4469	2101	562	128	2689	1652
辽宁省	321676	239050	36618	47751	219781	54154
吉林省	47881	18336	5393	5960	31071	10850
黑龙江省	30139	22173	4226	1909	24018	4210
上海市	354812	110967	28099	56213	214193	84407
江苏省	1108113	256143	87784	91722	510515	505861
浙江省	377325	115888	31355	36647	182013	158656
安徽省	54443	19974	5171	5431	33559	15458
福建省	304042	134121	37437	17750	163210	123084
江西省	27260	5298	3593	1396	12281	13582
山东省	510167	130868	47623	56932	311755	141472
河南省	32943	10703	3931	2805	17938	12203
湖北省	327551	117352	29556	35377	220391	71776
湖南省	71089	20895	9959	7545	39359	24186
广东省	999463	525463	99076	101524	528777	369139
广西壮族自治区	24732	4402	3315	666	12571	11495
海南省	21508	4312	1620	826	11811	8871
重庆市	169577	46130	12747	16664	105304	47622
四川省	303480	62316	28444	31303	154549	117649
贵州省	25738	5669	3024	3260	13705	8773
云南省	18650	7478	2470	588	10083	7979
陕西省	161177	150375	11128	24077	66686	70418
甘肃省	12496	2796	1457	439	7444	4613
青海省	777	135	138	26	364	387
宁夏回族自治区	5132	1854	889	196	3214	1721
新疆维吾尔自治区	10617	2045	1383	341	5674	4602

2017年各省市软件和信息技术服务业主要指标汇总表（七）

单位：人

	从业人员年末人数	软件研发人员	管理人员	硕士及以上人员	大本人员	大专及以下人员
（二）按副省级城市分列						
大连市	200653	153442	19250	25955	138256	36447
宁波市	106789	14331	10848	1909	29434	75442
厦门市	156272	30568	20140	9818	71884	74570
青岛市	166043	31193	10019	18369	90211	57490
深圳市	399089	243746	42448	63264	198270	137535
沈阳市	112981	82691	16336	21376	78201	13405
长春市	33512	14470	3828	4005	22105	7402
哈尔滨市	26613	19616	3689	1729	20971	3911
南京市	499375	159703	49216	72140	307261	119975
杭州市	235579	92594	17107	33751	139329	62497
济南市	288221	91049	34335	35576	200645	51965
武汉市	324741	116388	29144	35294	219107	70333
广州市	497671	243165	50768	32442	284275	180960
成都市	294433	59566	26984	30365	149934	114156
西安市	161177	150375	11128	24077	66686	70418
（三）其他省会城市分列						
石家庄市	13761	4083	1253	416	7595	5750
太原市	6772	3236	937	379	3756	2636
呼和浩特市	3146	1223	406	96	2106	944
合肥市	43905	17062	4691	4946	27331	11635
福州市	144057	102598	16674	7852	89269	46938
南昌市	23468	4461	3155	1249	10870	11348
郑州市	19480	6499	1999	1394	11603	6484
长沙市	51535	14850	7350	5388	29587	16562
南宁市	21829	3280	3050	577	11049	10203
海口市	18022	3209	1295	446	9695	7881
贵阳市	22197	4734	2550	3122	11728	7347
昆明市	18595	7461	2456	588	10078	7929
兰州市	8626	2559	1162	380	5540	2706
西宁市	741	109	131	24	338	379
银川市	4668	1639	710	179	2859	1629
乌鲁木齐市	9223	1685	1175	264	4696	4263

III　三资企业统计

	企业数（个）	软件业务收入	其中：
			1. 软件产品收入
软件企业合计	**2539**	**128422100**	**26980632**
一、按企业登记注册类型分列			
中国港、澳、台商投资企业	868	62329228	14178426
合资经营企业（中国港、澳、台资）	195	5479594	1251076
合作经营企业（中国港、澳、台资）	12	89117	63356
中国港、澳、台商独资经营企业	615	53565273	10313727
中国港、澳、台商投资股份有限公司	39	3168547	2546290
其他中国港、澳、台商投资企业	7	26696	3977
外商投资企业	1671	66092872	12802206
中外合资经营企业	430	12113976	2624538
中外合作经营企业	19	243469	49910
外资企业	1150	49758206	9805577
外商投资股份有限公司	43	3485089	198251
其他外商投资企业	29	492132	123930
二、按控股经济分列			
国有控股	104	5138287	2991786
集体控股	304	13954267	4695846
私人控股	281	6265446	2243408
中国港、澳、台商控股	582	47775197	6800386
外商投资	1097	48574192	9561979
其他	171	6714712	687226
三、按企业规模分列			
大型企业	508	84189524	16763722
中型企业	848	22403322	6064780
小型企业	1094	19830671	3589421
微型企业	89	1998583	562709
四、按行业分列			
软件产品行业	958	43082633	24671855
信息技术服务行业	975	56433308	829438
嵌入式系统软件行业	606	28906158	1479339

主要指标汇总表（一）

单位：万元

		其中：
2. 信息技术服务收入	3. 嵌入式系统软件收入	软件外包服务收入
75890591	**25550877**	**7674501**
43121302	5029500	686769
2890017	1338502	120410
3668	22093	
39846820	3404726	507598
358113	264144	55961
22684	35	2800
32769289	20521377	6987732
5860586	3628851	573337
170299	23260	7308
23786672	16165957	5872559
2864398	422439	519691
87333	280869	14838
1453304	693196	303484
7957185	1301235	726181
2907589	1114449	1259055
37444719	3530092	394337
21516343	17495870	4846540
4611451	1416035	144904
51185040	16240762	4675059
12636799	3701743	2184682
10845111	5396139	713349
1223641	212232	101411
18199831	210948	3140074
55487623	116247	4416663
2203137	25223682	117764

	企业数（个）	软件业务收入	其中：1. 软件产品收入
五、按省市分列			
北京市	476	24949760	9173512
天津市	27	3571485	264038
河北省	3	92602	74402
山西省	1	34185	13356
内蒙古自治区	1	1398	
辽宁省	177	5095526	1425319
吉林省	28	723917	51408
黑龙江省	16	77970	16383
上海市	236	13819386	3654233
江苏省	645	30392546	2622028
浙江省	119	21912012	3426094
安徽省	8	39622	7980
福建省	131	3659954	817248
江西省	5	90673	78918
山东省	94	952385	379653
河南省	1	23041	
湖北省	81	701626	460785
湖南省	2	37497	36674
广东省	277	13211804	2469963
广西壮族自治区			
海南省	4	12752	6563
四川省	33	558570	172334
贵州省	100	2682931	1511795
云南省			
重庆市	3	8938	7830
陕西省	70	5770725	309846
甘肃省	1	796	270
青海省			
宁夏回族自治区			
新疆维吾尔自治区			

主要指标汇总表（一）

单位：万元

		其中：
2. 信息技术服务收入	3. 嵌入式系统软件收入	软件外包服务收入
15766522	9726	1083386
2792427	515020	71092
18200		1768
20829		
1398		1398
3472167	198040	3575277
227848	444661	9464
59673	1914	64426
9043933	1121221	820718
10057535	17712983	418388
18007693	478225	144553
21392	10250	4598
1118273	1724433	62530
10859	896	2590
450247	122485	199156
	23041	
202022	38819	18051
	823	
7958370	2783470	673289
6190		5608
266173	120063	54958
1007931	163205	172038
1108		1435
5379325	81553	289780
477	49	

	企业数（个）	软件业务收入	其中：1. 软件产品收入
六、按副省级城市分列			
大连市	164	4404792	1373146
宁波市	72	1001431	250140
厦门市	88	2944933	444414
青岛市	47	330740	134577
深圳市	110	7854817	1263561
沈阳市	11	682409	52173
长春市	15	655254	30105
哈尔滨市	15	62771	11112
南京市	151	2315517	934949
杭州市	34	20766400	3122933
济南市	44	612141	244559
武汉市	81	701626	460785
广州市	112	3306721	1107902
成都市	100	2682931	1511795
西安市	70	5770725	309846

主要指标汇总表（一）

单位：万元

		其中：
2. 信息技术服务收入	3. 嵌入式系统软件收入	软件外包服务收入
2833606	198040	3442804
343841	407450	3947
1030063	1470456	58014
96491	99672	2
5818743	772512	132349
630236		127497
180489	444661	8445
49745	1914	54498
701196	679371	220471
17637745	5722	129878
344769	22813	197806
202022	38819	18051
2012593	186225	451794
1007931	163205	172038
5379325	81553	289780

2017年三资企业主要指标汇总表（二）

单位：万美元

	软件业务出口收入	软件外包服务出口收入	嵌入式系统软件出口收入
软件企业合计	**1814581**	**685091**	**428452**
一、按企业登记注册类型分列			
中国港、澳、台商投资企业	529946	58833	77791
合资经营企业（中国港、澳、台资）	164102	6060	12577
合作经营企业（中国港、澳、台资）	3532		273
中国港、澳、台商独资经营企业	190346	48859	63146
中国港、澳、台商投资股份有限公司	171966	3914	1795
其他中国港、澳、台商投资企业			
外商投资企业	1284636	626258	350661
中外合资经营企业	139421	31364	31821
中外合作经营企业	1008	905	
外资企业	1059176	552890	281478
外商投资股份有限公司	50537	40301	3822
其他外商投资企业	34493	798	33540
二、按控股经济分列			
国有控股	170895	4147	1319
集体控股	106780	79009	8872
私人控股	68111	33950	8255
中国港、澳、台商控股	320644	42185	69328
外商投资	1069261	513688	330754
其他	78890	12111	9924
三、按企业规模分列			
大型企业	1059841	507589	124778
中型企业	272013	111758	49233
小型企业	467962	57671	254441
微型企业	14765	8073	
四、按行业分列			
软件产品行业	518121	250747	
信息技术服务行业	794535	425957	2800
嵌入式系统软件行业	501925	8387	425652

2017年三资企业主要指标汇总表（二）

单位：万美元

	软件业务出口收入	软件外包服务出口收入	嵌入式系统软件出口收入
五、按省市分列			
北京市	169265	169240	25
天津市	32906	9956	22950
河北省	992	262	
山西省			
内蒙古自治区	218	218	
辽宁省	248341	224274	7419
吉林省	1596	1279	
黑龙江省	2077	1945	132
上海市	303298	75510	
江苏省	510139	41010	287072
浙江省	236374	16648	12661
安徽省	1207	116	338
福建省	20825	7620	8202
江西省	9156		
山东省	12654	8653	991
河南省			
湖北省	3003	2173	
湖南省			
广东省	172012	70478	81827
广西壮族自治区			
海南省	831	71	
四川省	9		9
贵州省	47235	18523	6826
云南省			
重庆市	200	200	
陕西省	42243	36914	
甘肃省			
青海省			
宁夏回族自治区			

2017年三资企业主要指标汇总表（二）

单位：万美元

	软件业务出口收入	软件外包服务出口收入	嵌入式系统软件出口收入
新疆维吾尔自治区			
六、按副省级城市分列			
大连市	240353	220256	7419
宁波市	28791	405	12343
厦门市	17735	7221	8115
青岛市	3008		991
深圳市	62727	7008	40017
沈阳市	7233	3263	
长春市	1290	1124	
哈尔滨市	1922	1790	132
南京市	23335	21311	2
杭州市	206517	15508	
济南市	9437	8443	
武汉市	3003	2173	
广州市	54714	53004	7
成都市	47235	18523	6826
西安市	42243	36914	

2017年三资企业主要指标汇总表（三）

单位：万元

	主营业务税金及附加	利润总额	流动资产平均余额	资产合计	负债合计
软件企业合计	**1096433**	**31345746**	**113830963**	**211487474**	**82772237**
一、按企业登记注册类型分列					
中国港、澳、台商投资企业	560469	25204359	75646293	115006285	49066954
合资经营企业（中国港、澳、台资）	35457	481103	4614340	10817628	5568310
合作经营企业（中国港、澳、台资）	2824	2787	60963	106574	39200
中国港、澳、台商独资经营企业	474078	23662862	65481353	96221071	39727567
中国港、澳、台商投资股份有限公司	48030	1056005	5484086	7796276	3652054
其他中国港、澳、台商投资企业	80	1602	5551	64735	79822
外商投资企业	535964	6141388	38184670	96481188	33705283
中外合资经营企业	118655	1350987	7069496	33378607	5744521
中外合作经营企业	7486	16925	115395	395642	54720
外资企业	356610	4488383	29699323	51842237	26116100
外商投资股份有限公司	46598	259227	766124	9692190	931634
其他外商投资企业	6616	25866	534332	1172512	858309
二、按控股经济分列					
国有控股	59419	1390356	7326212	11595211	4771733
集体控股	99173	2171151	13779431	21343225	9850146
私人控股	109623	653513	3699130	8966718	4183524
中国港、澳、台商控股	375215	20982597	60682622	87844997	38447533
外商投资	393574	5602204	26873380	54307265	24178524
其他	59429	545926	1470188	27430057	1340777
三、按企业规模分列					
大型企业	713771	25627562	86085372	134223460	58223668
中型企业	201774	3250512	17041757	29285367	15407658
小型企业	151012	1889710	9963555	45688502	8100618
微型企业	29876	577962	740279	2290145	1040293
四、按行业分列					
软件产品行业	449637	17037074	43578758	70141663	25566951
信息技术服务行业	529893	12351409	56643225	118997458	45541103
嵌入式系统软件行业	116903	1957263	13608981	22348352	11664183

2017年三资企业主要指标汇总表（三）

单位：万元

	主营业务税金及附加	利润总额	流动资产平均余额	资产合计	负债合计
五、按省市分列					
北京市	168189	4717111	31613361	45221402	22424443
天津市	44886	392936	1213658	3822395	1747644
河北省	2841	87474	394325	436308	96221
山西省	165	7611	47940	109690	45549
内蒙古自治区	7	57	557	2048	549
辽宁省	94731	317670	844007	2514504	1542679
吉林省	9970	52958	31407	34949	14849
黑龙江省	1660	9953	4397	23831	1353
上海市	50300	2276419	12751902	19496074	8779407
江苏省	156198	3061888	14060784	57755997	12156806
浙江省	204412	13311092	26729925	38491644	11631713
安徽省	271	5282	32660	44094	17923
福建省	43172	321736	2960357	3987681	2721447
江西省	1614	11703	128696	180154	123767
山东省	25955	169438	638197	844138	607584
河南省	333	10466	33364	45600	5935
湖北省	7419	161847	766453	1621575	695540
湖南省	308	6913	46276	69581	15818
广东省	117210	5030796	19498105	23705499	13882825
广西壮族自治区					
海南省	487	248	7126	15311	7059
四川省	7207	34459	237853	826597	403619
贵州省	119862	1226163	782482	3938418	1309746
云南省					
重庆市	51	979	2977	10422	3331
陕西省	39179	130522	1004155	8287981	4535946
甘肃省	5	25		1581	485
青海省					
宁夏回族自治区					
新疆维吾尔自治区					

2017年三资企业主要指标汇总表（三）

单位：万元

	主营业务税金及附加	利润总额	流动资产平均余额	资产合计	负债合计
六、按副省级城市分列					
大连市	67152	290297	843865	2056934	1532431
宁波市	10983	291009	883310	1507444	691709
厦门市	22516	232308	2513683	3044543	2438012
青岛市	9124	23768	345054	143105	72166
深圳市	68785	4395547	15387656	17274207	10866650
沈阳市	27311	26513	141	455792	9593
长春市	9372	45579	26054	22726	9058
哈尔滨市	1441	6962	2405	18715	1138
南京市	28690	439017	1612963	3062111	1469370
杭州市	192603	12991437	25692203	36779271	10872771
济南市	16826	144612	289732	692206	530463
武汉市	7419	161847	766453	1621575	695540
广州市	39917	512034	3068163	4685249	2202453
成都市	119862	1226163	782482	3938418	1309746
西安市	39179	130522	1004155	8287981	4535946

2017年三资企业主要指标汇总表（四）

单位：万元

	年末所有者权益	年初所有者权益	应交所得税	应交增值税	出口已退税额
软件企业合计	**128715238**	**77633429**	**3459710**	**3208713**	**905290**
一、按企业登记注册类型分列					
中国港、澳、台商投资企业	65939329	55405678	2577282	2233337	526599
合资经营企业（中国港、澳、台资）	5249318	3734166	78262	121420	220157
合作经营企业（中国港、澳、台资）	67374	58160	517	2941	3253
中国港、澳、台商独资经营企业	56493504	48143840	2372244	1877392	166192
中国港、澳、台商投资股份有限公司	4144222	3484732	125981	231326	136988
其他中国港、澳、台商投资企业	-15088	-15220	279	258	9
外商投资企业	62775909	22227751	882428	975376	378691
中外合资经营企业	27634089	6429039	137168	251856	131643
中外合作经营企业	340922	62415	3094	3785	11
外资企业	25726138	15011216	701620	659341	225987
外商投资股份有限公司	8760556	451561	39554	17658	393
其他外商投资企业	314204	273520	991	42736	20658
二、按控股经济分列					
国有控股	6823479	5762232	156241	268984	124853
集体控股	11493079	7661415	195325	152816	10435
私人控股	4783194	3091424	211665	169251	10689
中国港、澳、台商控股	49397462	42744450	2122174	1640663	375023
外商投资	30128743	17498225	719454	914620	365207
其他	26089281	875683	54852	62380	19084
三、按企业规模分列					
大型企业	75999792	57535283	2571478	2230405	616923
中型企业	13877708	12703928	643666	674240	167268
小型企业	37587886	6651548	161119	190729	120371
微型企业	1249852	742670	83448	113339	728
四、按行业分列					
软件产品行业	44574712	34275296	1558547	1705135	204111
信息技术服务行业	73456356	39207977	1731071	1365083	483441
嵌入式系统软件行业	10684171	4150157	170093	138495	217738

2017年三资企业主要指标汇总表（四）

单位：万元

	年末所有者权益	年初所有者权益	应交所得税	应交增值税	出口已退税额
五、按省市分列					
北京市	22796959	20221081	696295	812549	
天津市	2074751	1890959	90712	69103	26175
河北省	340087	321520	23516	21681	403
山西省	64141	57672	1141	781	
内蒙古自治区	1499	1463	14	43	
辽宁省	971824	505873	105709	72823	5764
吉林省	20101	16421	22472	1748	
黑龙江省	22478	20805	580	1856	523
上海市	10716667	9196939	233759	175577	222365
江苏省	45599193	5511048	257256	232400	394649
浙江省	26859932	21875613	1101056	822000	168886
安徽省	26171	21402	396	1206	347
福建省	1266234	1113043	14671	22617	5062
江西省	56387	72402	1735	84	1843
山东省	236554	165196	131398	26411	540
河南省	39665	32956	1340	2410	
湖北省	926035	656907	23500	28050	4994
湖南省	53763	35620	920	1605	655
广东省	9822674	10958520	567454	575106	70886
广西壮族自治区					
海南省	8251	5076	195	379	2
四川省	422977	366953	12551	91441	4
贵州省	2628673	1638814	150798	229025	1384
云南省					
重庆市	7091	6436	115	413	
陕西省	3752035	2939641	22122	19356	807
甘肃省	1096	1071	6	48	
青海省					
宁夏回族自治区					
新疆维吾尔自治区					

2017年三资企业主要指标汇总表（四）

单位：万元

	年末所有者权益	年初所有者权益	应交所得税	应交增值税	出口已退税额
六、按副省级城市分列					
大连市	524503	483586	62981	72056	5764
宁波市	815735	604279	30467	42705	34305
厦门市	606531	605242	6307	6300	2265
青岛市	70939	45042	419	6356	128
深圳市	6407557	7432275	462093	437827	16492
沈阳市	446199	21246	42491	603	
长春市	13668	10029	22457	722	
哈尔滨市	17577	17029	325	1522	423
南京市	1592740	1404097	74581	73143	81905
杭州市	25906500	21149428	1065547	775469	131428
济南市	161743	117160	130818	19735	412
武汉市	926035	656907	23500	28050	4994
广州市	2482796	2807518	82643	113885	748
成都市	2628673	1638814	150798	229025	1384
西安市	3752035	2939641	22122	19356	807

2017年三资企业主要指标汇总表（五）

单位：万元

	研发经费	固定资产投资额	本年折旧	本年应付职工薪酬
软件企业合计	**11837210**	**5568782**	**3716195**	**20537429**
一、按企业登记注册类型分列				
中国港、澳、台商投资企业	7517011	2190019	1641898	9408437
合资经营企业（中国港、澳、台资）	847601	102044	75611	912262
合作经营企业（中国港、澳、台资）	10310	1929	1560	20425
中国港、澳、台商独资经营企业	6124922	2001562	1491812	7832069
中国港、澳、台商投资股份有限公司	532600	80124	70786	639651
其他中国港、澳、台商投资企业	1579	4361	2128	4030
外商投资企业	4320199	3378762	2074297	11128992
中外合资经营企业	726524	2576466	149794	2467803
中外合作经营企业	26175	660	9742	22235
外资企业	3466286	717600	1795859	8189844
外商投资股份有限公司	52294	80745	28618	369581
其他外商投资企业	48920	3291	90284	79529
二、按控股经济分列				
国有控股	603238	80379	73525	817920
集体控股	761438	150889	128079	2152553
私人控股	509517	72560	154661	1052539
中国港、澳、台商控股	6480180	1995445	1474260	7457722
外商投资	3277699	769064	1852052	7803697
其他	205139	2500445	33619	1252999
三、按企业规模分列				
大型企业	8301862	2184445	1740697	13204062
中型企业	2317204	741493	541207	4049512
小型企业	1112698	2614781	1413063	3138935
微型企业	105446	28063	21228	144920
四、按行业分列				
软件产品行业	4726504	1742162	1126982	7695679
信息技术服务行业	6512379	3550939	2005045	10800332
嵌入式系统软件行业	598328	275681	584169	2041417

2017年三资企业主要指标汇总表（五）

单位：万元

	研发经费	固定资产投资额	本年折旧	本年应付职工薪酬
五、按省市分列				
北京市	3149734	585364	668493	7027070
天津市	98134	34486	41561	216001
河北省	5762	2410	3813	27287
山西省	2217	254	1060	2161
内蒙古自治区			91	749
辽宁省	488239	54348	41393	919024
吉林省	7411	3377	3586	17885
黑龙江省	9168	1030	465	15395
上海市	1271390	143587	148815	2404054
江苏省	837206	2872030	1655423	4007001
浙江省	2873524	1439577	703668	1941954
安徽省	4152	666	717	10674
福建省	249356	22116	12261	292059
江西省	8026	4058	3104	22439
山东省	163817	26317	13928	84975
河南省	1646	6088	322	3004
湖北省	85682	51299	47243	124048
湖南省	2747	154	437	2803
广东省	2195394	292372	218232	2701598
广西壮族自治区				
海南省	2072	602	22	3155
四川省	123669	2099	88606	62397
贵州省	171208	18897	20329	445082
云南省				
重庆市	1633	5	26	1132
陕西省	85004	7646	42591	205352
甘肃省	20		12	130
青海省				
宁夏回族自治区				
新疆维吾尔自治区				

2017年三资企业主要指标汇总表（五）

单位：万元

	研发经费	固定资产投资额	本年折旧	本年应付职工薪酬
六、按副省级城市分列				
大连市	246474	51787	41393	877851
宁波市	64576	42181	25264	126468
厦门市	174531	13870		164086
青岛市	47635	1833		23945
深圳市	1289059	154623	151795	1459459
沈阳市	241765	2551		39777
长春市	6883	1398	2267	13826
哈尔滨市	6385	120	311	14197
南京市	166979	94839	31600	433818
杭州市	2789642	1393603	674559	1801671
济南市	115511	22845	13547	59657
武汉市	85682	51299	47243	124048
广州市	840457	123022	52151	1067675
成都市	171208	18897	20329	445082
西安市	85004	7646	42591	205352

2017年三资企业主要指标汇总表（六）

单位：人

	从业人员年末人数	软件研发人员	管理人员	硕士及以上人员	大本人员	大专及以下人员
软件企业合计	**1053299**	**368058**	**169001**	**115400**	**491280**	**446608**
一、按企业登记注册类型分列						
中国港、澳、台商投资企业	423581	152027	84950	55654	197036	170881
合资经营企业（中国港、澳、台资）	76149	24271	18122	6258	31308	38580
合作经营企业（中国港、澳、台资）	1346	554	237	97	577	671
中国港、澳、台商独资经营企业	314616	113031	59069	44304	146779	123528
中国港、澳、台商投资股份有限公司	30988	13904	7462	4974	18026	7987
其他中国港、澳、台商投资企业	482	267	60	21	346	115
外商投资企业	629718	216031	84051	59746	294244	275727
中外合资经营企业	146487	46193	15020	10563	64530	71400
中外合作经营企业	2675	762	568	190	1211	1274
外资企业	438863	150899	65825	46736	204391	187733
外商投资股份有限公司	35458	15361	2071	2000	21192	12263
其他外商投资企业	6235	2816	567	257	2920	3057
二、按控股经济分列						
国有控股	49484	21384	5841	7548	28789	13148
集体控股	118229	31180	8209	15571	69248	33408
私人控股	87593	40557	11191	5856	45696	36041
中国港、澳、台商控股	283574	110098	71241	40954	126756	115854
外商投资	439175	154109	69664	42199	201321	195654
其他	75244	10730	2855	3272	19470	52503
三、按企业规模分列						
大型企业	573131	216207	106906	78168	297325	197644
中型企业	226977	84742	41951	23614	113614	89735
小型企业	244010	63060	19184	12277	74575	157152
微型企业	9181	4049	960	1341	5766	2077
四、按行业分列						
软件产品行业	327899	143180	62142	49147	193573	85179
信息技术服务行业	534336	169933	99983	61029	247589	225718
嵌入式系统软件行业	191064	54945	6876	5224	50118	135711

2017年三资企业主要指标汇总表（六）

单位：人

	从业人员年末人数	软件研发人员	管理人员	硕士及以上人员	大本人员	大专及以下人员
五、按省市分列						
北京市	210133	94702	115431	33897	110917	65319
天津市	14431	3957	1769	1215	6209	7006
河北省	3311	937	34	46	888	2377
山西省	416	84	42	16	154	246
内蒙古自治区	107	100	7	2	105	
辽宁省	77094	61173	7482	8958	57716	10420
吉林省	3019	685	170	497	1730	793
黑龙江省	2416	2071	198	102	1530	783
上海市	101502	21327	3813	21337	61688	18477
江苏省	340853	37335	13699	8460	83286	249094
浙江省	77865	30482	4424	16502	42043	19322
安徽省	1250	293	177	66	744	439
福建省	25687	20978	2423	2047	12590	11053
江西省	2135	285	27	100	517	1518
山东省	11977	3227	1138	1260	8303	2414
河南省	227	127	20	28	189	11
湖北省	12391	5616	1312	1381	9157	1848
湖南省	227	87	23	39	98	90
广东省	116675	60277	13181	13579	64706	38384
广西壮族自治区						
海南省	321	81	4	27	170	124
四川省	8045	1919	713	507	4676	2866
贵州省	27357	8900	1952	3650	16412	7299
云南省						
重庆市	184	122	35	14	160	10
陕西省	15623	13286	924	1669	7247	6708
甘肃省	53	7	3	1	45	7
青海省						
宁夏回族自治区						
新疆维吾尔自治区						

2017年三资企业主要指标汇总表（六）

单位：人

	从业人员年末人数	软件研发人员	管理人员	硕士及以上人员	大本人员	大专及以下人员
六、按副省级城市分列						
大连市	70785	57499	6948	8306	52862	9617
宁波市	16320	2720	1199	340	4217	11765
厦门市	12866	3422	1783	1249	5613	6005
青岛市	3873	389	199	382	2456	1035
深圳市	49966	26758	7237	8519	29223	12221
沈阳市	5733	3669	517	651	4832	250
长春市	2265	541	139	400	1223	643
哈尔滨市	2228	1943	176	84	1360	783
南京市	42950	10959	5008	3923	19819	19206
杭州市	60422	26930	3087	16091	37264	7067
济南市	7816	2712	915	864	5634	1318
武汉市	12391	5616	1312	1381	9157	1848
广州市	48882	28554	4947	4698	30243	13940
成都市	27357	8900	1952	3650	16412	7299
西安市	15623	13286	924	1669	7247	6708

2017年三资企业软件和信息技术服务业分产品完成情况

项　　目	企业数（个）	本年收入　（万元）
软件业务收入明细合计	**2539**	**128422100**
软件产品行业（E6201）		
一、软件产品合计	1239	26980632
（一）基础软件	165	6050212
1．操作系统	33	1552397
2．数据库管理系统	27	1051109
3．中间件	14	164940
4．办公软件	23	355834
5．其他	68	2925934
（二）支撑软件	32	135094
1．开发工具	13	60693
2．测试工具软件	12	62175
3．其他支撑软件	7	12226
（三）应用软件	628	13688396
1．通用应用软件	204	2902492
2．行业应用软件	424	10785903
（1）通信行业软件	81	3593591
（2）金融财税软件	34	408603
（3）教育软件	21	200089
（4）交通运输行业软件	28	536502
（5）能源控制软件	24	482071
（6）动漫游戏软件	27	1579503
（7）物流管理软件	7	36078
（8）医疗卫生领域软件	26	119357
（9）其他行业应用软件	176	3830109
（四）工业软件	93	903383
1．产品研发类软件	34	354177
2．生产控制类软件	59	549205
（五）嵌入式应用软件	139	2408800
（六）信息安全产品	45	573754
1．基础类安全产品	8	45366
2．终端与数字内容安全产品	8	35442

2017年三资企业软件和信息技术服务业分产品完成情况

项　　目	企业数（个）	本年收入　（万元）
3．网络与边界安全产品	9	83025
4．专用安全产品	5	228098
5．安全测试评估与服务产品	3	121030
6．安全管理产品	6	36853
7．其他信息安全产品及相关服务	6	23942
（七）移动应用软件（APP）	24	1714290
（八）软件定制服务	97	1335960
（九）平台软件	16	170743
信息技术服务行业（E6202）		
二、信息技术服务行业合计	1372	75890591
（一）信息技术咨询设计服务	336	7727753
1．信息化规划	21	214191
2．信息系统设计	73	2785793
3．信息技术管理咨询	186	2674956
4．信息系统工程监理	15	1299473
5．测试评估	19	250574
6．信息技术培训	22	502766
（二）信息系统集成实施服务	283	8793543
1．基础环境集成实施服务	14	281093
2．硬件集成实施服务	104	2633804
3．软件集成实施服务	62	545142
4．安全集成实施服务	7	200300
5．系统集成实施管理服务	96	5133203
（三）运行维护服务合计	170	1388734
1．基础环境运维服务	14	47694
2．硬件运维服务	22	132682
3．软件运维服务	84	627310
4．安全运维服务	10	128686
5．运维管理服务	40	452362
（四）数据服务	137	4383334
1．数据加工处理服务	95	3331716
2．数字内容处理服务	42	1051618

2017年三资企业软件和信息技术服务业分产品完成情况

项　　目	企业数（个）	本年收入　（万元）
（1）地理遥感信息服务	4	27857
（2）动漫、游戏数字内容服务	9	169747
（3）其他数字内容处理服务	29	854014
（五）运营服务	166	19722109
1．软件运营服务	34	3203832
2．平台运营服务	117	16200640
（1）物流管理服务平台	4	279922
（2）在线信息平台	35	7993891
（3）在线娱乐平台	28	6275843
（4）在线教育平台	15	155966
（5）其他在线服务平台	35	1495018
3．基础设施运营服务	15	317637
（六）电子商务平台技术服务	63	17894007
1．在线交易平台服务	52	17737638
2．在线交易支撑服务	11	156369
（七）集成电路设计	217	15981112
嵌入式系统软件行业（E6203）		
三、嵌入式系统软件合计	655	25550877
（一）通信设备	205	6038187
1．通信传输设备	68	1678471
（1）光通信设备	26	627595
（2）卫星通信设备	12	133485
（3）无线通信设备	30	917392
2．通信交换设备	9	59217
（1）数字程控交换机	5	47178
（2）软交换机	4	12039
（3）光交换机		
3．移动通信设备	8	76633
（1）基站	6	66869
（2）直放站	2	9763
4．网络设备	120	4223866
（1）网络控制设备	46	1921804

2017年三资企业软件和信息技术服务业分产品完成情况

项　　目	企业数（个）	本年收入　（万元）
（2）网络接口和适配器	33	501135
（3）网络连接设备	34	1756080
（4）网络优化设备	7	44846
（二）数字家用视听产品	14	1411677
1．电视接收机顶盒	9	313822
2．家庭网关中心	5	1097855
（三）计算机应用产品	112	6234388
1．金融、商业、税务电子应用产品	9	214313
（1）银行自助服务终端	3	34442
（2）POS机	4	164143
（3）税控机	2	15728
2．汽车电子	48	2294500
（1）传动系控制系统	12	342619
（2）行驶系控制系统	5	35974
（3）车身控制系统	23	1394838
（4）安全控制系统	8	521069
3．智能交通		
（1）交通信号控制机		
4．医疗电子设备	20	520423
（1）医用电子仪器设备	16	513921
（2）医学影像设备	4	6501
5．智能识别装置	29	2719584
6．自动检售票设备		
7．超大屏幕控制器	6	485568
（四）信息系统安全产品	20	2808375
1．边界防护类设备和系统	3	161450
2．密钥管理类设备和系统	17	2646925
（五）装备自动控制产品	304	9058250
1．集散控制系统	162	7609295
2．电气传动及控制系统	69	617760
3．装备制造工控系统	73	831195

IV 内资企业统计

2017年内资企业

	企业数（个）	软件业务收入	其中：1. 软件产品收入
软件企业合计	**32356**	**422609087**	**142855093**
一、按企业登记注册类型分列			
内资企业	32356	422609087	142855093
国有企业	646	36051251	10640316
集体企业	39	5072160	621538
股份合作企业	227	2688745	570763
联营企业	113	936120	295458
国有联营企业	39	319934	82192
集体联营企业	35	227469	65646
国有与集体联营企业	13	169157	40534
其他联营企业	26	219560	107086
有限责任公司	15977	255477596	87643559
国有独资公司	146	3714766	1159495
其他有限责任公司	12177	176878782	60036708
股份有限公司	3654	74884047	26447357
私营企业	14787	116333074	41214449
私营独资	1695	15352553	5662913
私营合伙	410	2203152	871937
私营有限责任公司	11477	87973494	30848531
私营股份有限公司	1205	10803875	3831069
其他内资企业	567	6050141	1869009
二、按控股经济分列			
国有控股	2245	86791966	27804060
集体控股	3077	54339962	18406208
私人控股	22151	218870475	72080696
中国港、澳、台商控股	72	4678385	3760619
外商投资	205	6494152	2873204
其他	4606	51434147	17930306
三、按企业规模分列			
大型企业	1931	190621320	54291372
中型企业	11792	145248291	55163482

主要指标汇总表（一）

单位：万元

		其中：
2. 信息技术服务收入	3. 嵌入式系统软件收入	软件外包服务收入
230146499	**49607495**	**14352130**
230146499	49607495	14352130
22065075	3345860	857466
3209297	1241324	65267
993266	1124716	43070
568487	72176	190465
178640	59103	111863
156071	5752	68941
122302	6321	6289
111473	1000	3372
138596073	29237964	9775533
2139967	415305	142470
98145572	18696503	6680474
38310534	10126156	2952589
61530222	13588403	3305710
7186079	2503561	434230
1231345	99870	310703
47509481	9615483	2170696
5603317	1369489	390080
3184079	997052	114620
53029368	5958538	2707149
32788657	3145097	1246583
116227968	30561811	6079304
630889	286876	56215
3052376	568573	930937
24417240	9086601	3331942
103151895	33178053	6358054
80999393	9085416	5668992

2017年内资企业

	企业数 （个）	软件业务收入	其中： 1. 软件产品收入
小型企业	16205	74643159	29494760
微型企业	2428	12096317	3905479
四、按行业分列			
软件产品行业	15067	144832234	119730443
信息技术服务行业	14245	211696637	17011662
嵌入式系统软件行业	3044	66080216	6112987
五、按省市分列			
北京市	2550	53416755	19607251
天津市	326	9947870	3046156
河北省	215	2285955	295408
山西省	93	264677	111024
内蒙古自治区	60	155883	50385
辽宁省	1780	14805991	7345438
吉林省	886	5113167	1909976
黑龙江省	479	1817906	660809
上海市	1261	29595370	10096636
江苏省	4258	58971999	19811445
浙江省	1550	21492209	8737207
安徽省	261	3371615	1286755
福建省	2795	21305269	8010841
江西省	147	975507	286281
山东省	3647	41379053	15619110
河南省	187	3043790	881947
湖北省	2541	14610362	7025901
湖南省	423	4511348	1353821
广东省	4137	83600271	19150045
广西壮族自治区	174	813490	228208
海南省	178	1024142	250696
四川省	1424	11570467	2687014
贵州省	1631	25139417	8984032
云南省	225	1297262	191095

主要指标汇总表（一）

单位：万元

		其中：
2. 信息技术服务收入	3. 嵌入式系统软件收入	软件外包服务收入
38371807	6776592	2218873
7623404	567434	106211
22597263	2504528	6319390
192713615	1971360	7482174
14835621	45131607	550566
33643928	165576	515831
6734212	167503	150008
1953930	36618	15390
129326	24327	
89862	15635	
7050159	410394	913551
2844767	358423	41847
1001605	155493	997551
19103676	395057	317376
28675775	10484779	1485270
10615157	2139845	308407
1661111	423749	40480
12865538	428890	156732
676751	12475	39591
18393027	7366916	3602148
2101417	60426	11804
6984093	600368	317192
2771766	385761	485888
41240340	23209886	1751776
570873	14409	11037
773129	317	2571
7564834	1318619	1265311
15678738	476647	472818
1027137	79031	8881

	企业数（个）	软件业务收入	其中：1. 软件产品收入
重庆市	167	767811	170180
陕西省	616	10165234	4754053
甘肃省	120	456735	125864
青海省	14	8744	3720
宁夏回族自治区	80	155508	46186
新疆维吾尔自治区	131	545280	127611
六、按副省级城市分列			
大连市	544	6129055	2829986
宁波市	563	4404664	1453679
厦门市	1261	9805337	3034337
青岛市	1650	18405414	5670305
深圳市	1845	47702521	7370296
沈阳市	1133	8384623	4394023
长春市	582	3276785	1426715
哈尔滨市	434	1570097	584602
南京市	2322	36943034	14969437
杭州市	608	15418316	6819373
济南市	1607	20892437	9425533
武汉市	2496	14532291	6998392
广州市	1843	27835270	9665264
成都市	1582	23967083	8650427
西安市	616	10165234	4754053

主要指标汇总表（一）

单位：万元

		其中：
2. 信息技术服务收入	3. 嵌入式系统软件收入	软件外包服务收入
592233	5398	45145
4558923	852258	1380376
325323	5549	3658
3648	1376	
105454	3868	1844
409766	7903	9645
2974365	324704	530786
2528186	422799	91148
6607786	163214	118460
6863847	5871263	136821
22070062	18262163	521074
3961165	29435	382488
1627243	222827	28688
843002	142494	864276
20163915	1809682	808864
7149675	1449268	173323
10455806	1011098	3277934
6941162	592737	315286
17180430	989576	951134
14877317	439340	464686
4558923	852258	1380376

2017年内资企业主要指标汇总表（二）

单位：万美元

	软件业务出口收入	软件外包服务出口收入	嵌入式系统软件出口收入
软件企业合计	**3597062**	**444172**	**1818789**
一、按企业登记注册类型分列			
内资企业	3597062	444172	1818789
国有企业	123205	33590	58724
集体企业	23222	1632	17421
股份合作企业	2001	974	195
联营企业	1305	1174	131
国有联营企业	591	474	117
集体联营企业	654	654	
国有与集体联营企业	46	46	
其他联营企业	14		14
有限责任公司	2947313	337974	1413624
国有独资公司	2083	1756	
其他有限责任公司	2214538	192408	984480
股份有限公司	730692	143810	429144
私营企业	393760	68314	227529
私营独资	61453	16822	27841
私营合伙	2548	219	556
私营有限责任公司	281985	48134	183705
私营股份有限公司	47775	3139	15427
其他内资企业	106255	513	101165
二、按控股经济分列			
国有控股	188937	68518	79773
集体控股	83835	25976	23545
私人控股	2668682	237448	1239234
中国港、澳、台商控股	5281	657	3641
外商投资	113580	46609	55791
其他	536747	64963	416804
三、按企业规模分列			
大型企业	2962759	302057	1579926
中型企业	385432	71868	173940

2017年内资企业主要指标汇总表（二）

单位：万美元

	软件业务出口收入	软件外包服务出口收入	嵌入式系统软件出口收入
小型企业	216454	63236	63922
微型企业	32417	7010	1000
四、按行业分列			
软件产品行业	515154	231544	17668
信息技术服务行业	417109	209163	7868
嵌入式系统软件行业	2664799	3465	1793253
五、按省市分列			
北京市	80578	80330	216
天津市	23007	13280	
河北省	94	3	
山西省			
内蒙古自治区			
辽宁省	58454	30767	1470
吉林省	7826	4934	324
黑龙江省	3088	2870	218
上海市	41306	13803	
江苏省	111762	43263	31980
浙江省	108173	8763	14007
安徽省	6991	1386	3659
福建省	23066	11811	833
江西省	79	79	
山东省	227361	22508	174686
河南省	302		
湖北省	19589	7153	2315
湖南省	61845	61738	30
广东省	2609008	67457	1559208
广西壮族自治区	6		
海南省	342	248	
四川省	16672	1502	14937
贵州省	99934	5178	347
云南省	3694		2560

2017年内资企业主要指标汇总表（二）

单位：万美元

	软件业务出口收入	软件外包服务出口收入	嵌入式系统软件出口收入
重庆市			
陕西省	93609	67099	12000
甘肃省			
青海省			
宁夏回族自治区			
新疆维吾尔自治区	279		
六、按副省级城市分列			
大连市	44828	29966	1162
宁波市	36091	1620	6630
厦门市	13844	10425	
青岛市	184674	8291	147269
深圳市	2318809	2311	1374914
沈阳市	12967	801	16
长春市	4624	3141	324
哈尔滨市	2577	2359	218
南京市	25509	4492	12421
杭州市	61359	6980	1295
济南市	16621	12949	2627
武汉市	19533	7097	2315
广州市	42616	32589	1353
成都市	99778	5027	342
西安市	93609	67099	12000

2017年内资企业主要指标汇总表（三）

单位：万元

	主营业务税金及附加	利润总额	流动资产平均余额	资产合计	负债合计
软件企业合计	**9209943**	**56202582**	**370031513**	**758171964**	**449998567**
一、按企业登记注册类型分列					
内资企业	9209943	56202582	370031513	758171964	449998567
国有企业	491286	3569888	33347784	148400565	70296597
集体企业	56362	400575	3610062	6296140	659324
股份合作企业	63490	324507	859775	9468050	3892007
联营企业	12322	146238	506003	982235	544473
国有联营企业	2657	36491	116653	259671	93584
集体联营企业	3118	26454	79527	153587	115949
国有与集体联营企业	3743	22672	64090	166391	87135
其他联营企业	2804	60621	245734	402585	247805
有限责任公司	5835689	35080277	242914468	434820440	288396494
国有独资公司	25965	255371	3815894	7330580	3777416
其他有限责任公司	2396172	21892658	142397712	228687715	195671377
股份有限公司	3413552	12932248	96700862	198802144	88947702
私营企业	2645328	15500884	86455534	150293070	82860134
私营独资	339453	1611895	6561427	15034750	8488431
私营合伙	58369	412643	799338	2356158	968818
私营有限责任公司	2094091	11885613	65989937	115191569	66501717
私营股份有限公司	153415	1590733	13104832	17710593	6901168
其他内资企业	105466	1180212	2337888	7911464	3349537
二、按控股经济分列					
国有控股	1018377	10971340	97483753	285100002	145622840
集体控股	848537	5872530	40092962	72400955	34003756
私人控股	6280618	30583956	186946009	327713863	166586131
中国港、澳、台商控股	37343	389403	1358034	1994951	926768
外商投资	187200	1173455	2867049	6732700	3258943
其他	837867	7211898	41283705	64229493	99600127
三、按企业规模分列					
大型企业	2819619	23165151	175972037	313137121	167002257
中型企业	4664471	21435845	130744490	226564333	123561426

2017年内资企业主要指标汇总表（三）

单位：万元

	主营业务税金及附加	利润总额	流动资产平均余额	资产合计	负债合计
小型企业	1298744	10172780	56631016	112401938	114104403
微型企业	427108	1428806	6683969	106068573	45330480
四、按行业分列					
软件产品行业	2799365	26184571	137160842	263954018	122832831
信息技术服务行业	5687251	24949205	191682520	426460402	292197006
嵌入式系统软件行业	723327	5068806	41188152	67757544	34968729
五、按省市分列					
北京市	347376	4969738	59397745	116217654	59910238
天津市	71963	1009420	10150653	18210559	12646228
河北省	16221	326603	916797	3514117	2280460
山西省	2487	42913	426298	665522	290475
内蒙古自治区	1486	18927	158880	302055	135237
辽宁省	657792	1726959	3951912	17043100	5087768
吉林省	86877	461034	1108885	2096444	769148
黑龙江省	30091	255437	316398	1201590	233478
上海市	247064	3287815	38916781	61344829	38064389
江苏省	3328942	10875711	39085133	101306706	109768865
浙江省	267132	3343587	20493538	35383935	17352354
安徽省	27217	666220	4226213	7548755	3590233
福建省	784556	2534461	17658270	30887939	21517420
江西省	7705	184887	880969	1959961	930656
山东省	949384	6279658	30045744	43422828	22785251
河南省	24864	316659	4467492	6565683	3635927
湖北省	204485	1640748	18490722	31253251	16239897
湖南省	69096	678684	5072296	12033479	6076318
广东省	1065682	13679559	80606941	122077792	60037162
广西壮族自治区	7592	154890	661466	1544300	679188
海南省	5641	72775	1807858	3301603	1840658
四川省	171119	868074	6121688	19649503	7646572
贵州省	721650	1881056	11168864	95574485	43103803
云南省	15211	171690	1395675	4643710	3546692

2017年内资企业主要指标汇总表（三）

单位：万元

	主营业务税金及附加	利润总额	流动资产平均余额	资产合计	负债合计
重庆市	5349	33351	853015	1355998	693266
陕西省	75059	603403	10300824	16438551	9741623
甘肃省	6418	43755	542863	1134013	539955
青海省	568	581	26943	43254	21074
宁夏回族自治区	1753	17580	143603	317158	144190
新疆维吾尔自治区	9163	56407	637046	1133191	690041
六、按副省级城市分列					
大连市	192854	519902	2251535	7258867	3788808
宁波市	46299	720244	3413004	7720319	4404379
厦门市	165718	1444063	2736962	12774765	8821712
青岛市	368028	1297371	18021420	13653452	4272390
深圳市	417958	6640721	48134853	67410393	36955271
沈阳市	456525	1174466	1167677	8726632	933264
长春市	53027	304445	922035	1756353	644534
哈尔滨市	26466	223296	300164	1060951	216497
南京市	2928500	7793337	25685575	57519164	92366599
杭州市	205974	2358334	15703260	25122961	11778372
济南市	540071	4547936	9796941	23601915	15714273
武汉市	203630	1627117	18365452	30976394	16129375
广州市	522676	5203325	23990995	46127109	19390687
成都市	717352	1804379	9725015	93390450	41795975
西安市	75059	603403	10300824	16438551	9741623

2017年内资企业主要指标汇总表（四）

单位：万元

	年末所有者权益	年初所有者权益	应交所得税	应交增值税	出口已退税额
软件企业合计	**308204222**	**303201227**	**7964857**	**12557265**	**1042169**
一、按企业登记注册类型分列					
内资企业	308204222	303201227	7964857	12557265	1042169
国有企业	78103972	72450115	765862	1186492	124673
集体企业	5636817	253404	16579	30693	2290
股份合作企业	5576042	6993120	64710	-47618	1781
联营企业	437762	366874	19089	16215	409
国有联营企业	166087	151699	4588	5187	52
集体联营企业	37639	70104	2484	3382	255
国有与集体联营企业	79256	78098	3750	4289	41
其他联营企业	154780	66974	8267	3357	61
有限责任公司	146423955	169755853	4473032	7729416	569150
国有独资公司	3553164	2983273	55415	100127	2430
其他有限责任公司	33016345	72828974	2867738	5316799	285273
股份有限公司	109854446	93943605	1549879	2312490	281447
私营企业	67463744	52230374	2454056	3498910	342674
私营独资	6577108	5501944	240245	338735	58842
私营合伙	1387340	468878	68440	50932	11635
私营有限责任公司	48689862	37612082	1966513	2745599	252896
私营股份有限公司	10809433	8647469	178857	363645	19302
其他内资企业	4561930	1151487	171530	143158	1191
二、按控股经济分列					
国有控股	139477166	125925722	1888695	2792339	174805
集体控股	38397199	26717883	726785	1195852	136869
私人控股	161158539	127149643	4173044	6781500	594978
中国港、澳、台商控股	1068183	819526	55709	219593	7209
外商投资	3473757	1532375	108311	98929	2577
其他	-35370622	21056078	1012312	1469052	125732
三、按企业规模分列					
大型企业	146134863	112341716	2859286	5993619	505457
中型企业	103033703	82202297	3327687	4273809	290658

2017年内资企业主要指标汇总表（四）

单位：万元

	年末所有者权益	年初所有者权益	应交所得税	应交增值税	出口已退税额
小型企业	-1702438	49179636	1609085	2057375	238072
微型企业	60738094	59477577	168798	232461	7983
四、按行业分列					
软件产品行业	141121212	115808613	3203451	5859771	490785
信息技术服务行业	134294195	165735910	4070260	4440764	322176
嵌入式系统软件行业	32788815	21656704	691146	2256731	229209
五、按省市分列					
北京市	56307416	50927708	750978	1432011	
天津市	5595121	3631633	123714	199060	23516
河北省	1233657	983184	36984	95762	1719
山西省	375047	341010	4530	16289	
内蒙古自治区	166818	209556	3898	7670	
辽宁省	11955332	5645761	477206	199057	7973
吉林省	1327296	1043042	23536	25662	4328
黑龙江省	968113	897308	18845	46694	845
上海市	23280440	17828277	617267	713221	35559
江苏省	-8462118	45399505	1865324	1869210	220241
浙江省	18031581	14734701	374480	719588	267573
安徽省	3958522	3267693	83876	142635	15717
福建省	9370518	7596307	122596	540240	45898
江西省	1029305	845097	11557	24541	139
山东省	20637577	13797877	744688	1382971	16816
河南省	2929752	2574916	47567	82070	1209
湖北省	15013353	10760030	229000	466292	128363
湖南省	5957159	5710809	99522	161146	7487
广东省	62040631	50344861	1655493	3138695	249950
广西壮族自治区	865112	549703	20498	27933	853
海南省	1460944	1128420	20142	20650	
四川省	12002931	10009642	309628	350358	4209
贵州省	52470682	49530621	181236	524785	1933
云南省	1097018	820445	24123	47853	1

2017年内资企业主要指标汇总表（四）

单位：万元

	年末所有者权益	年初所有者权益	应交所得税	应交增值税	出口已退税额
重庆市	662732	567250	8594	29298	
陕西省	6696928	2965186	89599	252562	7391
甘肃省	594057	508181	8795	13903	51
青海省	22180	21137	163	904	
宁夏回族自治区	172968	160534	2771	6578	
新疆维吾尔自治区	443150	400832	8249	19627	396
六、按副省级城市分列					
大连市	3470059	3261245	114101	149775	3607
宁波市	3315940	2533995	107724	172788	128840
厦门市	3953053	3354024	44550	56378	28183
青岛市	9381062	2915749	57544	657314	11607
深圳市	30455122	24863597	870056	1801253	120392
沈阳市	7793368	1796177	356341	39913	32
长春市	1111820	890140	18509	20105	657
哈尔滨市	844453	784367	16470	41018	735
南京市	-34847403	23537750	1232767	1407966	132304
杭州市	13344590	11198415	237779	476998	131360
济南市	7887643	8175591	581053	658614	3196
武汉市	14847018	10608359	227783	461027	128355
广州市	26736421	22005699	610814	944535	15535
成都市	51594475	48700287	167252	510509	1587
西安市	6696928	2965186	89599	252562	7391

2017年内资企业主要指标汇总表（五）

单位：万元

	研发经费	固定资产投资额	本年折旧	本年应付职工薪酬
软件企业合计	**44385612**	**12306714**	**7214964**	**63474141**
一、按企业登记注册类型分列				
内资企业	44385612	12306714	7214964	63474141
国有企业	3047793	1592404	1291732	5771132
集体企业	251740	12138	23358	194670
股份合作企业	442784	116709	45659	239395
联营企业	94841	24991	12947	142590
国有联营企业	26138	20666	4131	40619
集体联营企业	23203	2255	3524	32908
国有与集体联营企业	26584	969	2604	11905
其他联营企业	18916	1101	2688	57159
有限责任公司	28891160	7334917	4689708	40443473
国有独资公司	283000	89694	66263	610574
其他有限责任公司	19927017	4553793	3048983	25534831
股份有限公司	8681143	2691429	1574461	14298067
私营企业	11135547	3193449	1128817	16206232
私营独资	982427	160799	148172	1747928
私营合伙	339915	15128	26261	239141
私营有限责任公司	8624233	2780891	853409	12496891
私营股份有限公司	1188973	236631	100976	1722273
其他内资企业	521745	32107	22743	476649
二、按控股经济分列				
国有控股	8266556	3683010	2595620	14822119
集体控股	5701459	1025736	523600	8101058
私人控股	23835447	6476495	2817489	32305956
中国港、澳、台商控股	387682	19683	11138	433846
外商投资	397271	89770	42111	899156
其他	5797198	1012020	1225006	6912005
三、按企业规模分列				
大型企业	20961873	5666208	3652809	28061256
中型企业	15028175	4859421	2041038	21447431
小型企业	7345924	1617257	1199604	11979370

2017年内资企业主要指标汇总表（五）

单位：万元

	研发经费	固定资产投资额	本年折旧	本年应付职工薪酬
微型企业	1049639	163827	321513	1986084
四、按行业分列				
软件产品行业	20332664	4398362	2433672	27236844
信息技术服务行业	18548942	7047133	4050777	31849796
嵌入式系统软件行业	5504006	861219	730515	4387501
五、按省市分列				
北京市	5262103	1185851	1086065	10626158
天津市	535741	186977	106442	678891
河北省	78423	186988	60460	767916
山西省	42747	3931	5574	49618
内蒙古自治区	10496	3286	3527	26860
辽宁省	2108312	135670	53615	2082035
吉林省	172101	77757	44463	267119
黑龙江省	245722	155517	21341	211923
上海市	2740153	581702	297547	4601866
江苏省	4127469	2065184	1069680	10547428
浙江省	1866319	774892	259418	3483272
安徽省	379347	146708	99994	542839
福建省	1918858	1348714	94125	2597042
江西省	88252	11777	45646	186606
山东省	5858289	876367	575722	3492383
河南省	178576	90575	35756	410673
湖北省	1992650	1096812	699316	3194233
湖南省	375603	327318	286422	581638
广东省	10955768	1961829	990022	11689550
广西壮族自治区	55086	9818	9233	194758
海南省	54043	20436	16558	200357
四川省	1858573	223886	98121	1176449
贵州省	1922126	339060	413446	3267371
云南省	84024	169261	449429	200797
重庆市	83508	36809	25668	168664
陕西省	1316253	223231	340540	1997577

2017年内资企业主要指标汇总表（五）

单位：万元

	研发经费	固定资产投资额	本年折旧	本年应付职工薪酬
甘肃省	31412	27861	13680	78453
青海省	342	1186	276	6245
宁夏回族自治区	17527	28178	5400	37220
新疆维吾尔自治区	25789	9134	7477	108201
六、按副省级城市分列				
大连市	225873	54852	31357	1102621
宁波市	333177	267548	99877	686425
厦门市	625535	167653	647	1447149
青岛市	1985440	109191	5968	1050317
深圳市	6212305	615719	490216	5403854
沈阳市	1867518	68706	15243	945447
长春市	127919	32236	26930	201646
哈尔滨市	205848	142485	17676	187009
南京市	2845906	973201	347911	6662484
杭州市	1394531	438520	135444	2494623
济南市	3660822	626451	502591	2056276
武汉市	1983196	1091065	696628	3182239
广州市	3993788	1119510	312193	5242592
成都市	1839061	322449	395833	3202808
西安市	1316253	223231	340540	1997577

2017年内资企业主要指标汇总表（六）

单位：人

	从业人员年末人数	软件研发人员	管理人员	硕士及以上人员	大本人员	大专及以下人员
软件企业合计	**5122263**	**2000707**	**756104**	**529053**	**2859611**	**1733607**
一、按企业登记注册类型分列						
内资企业	5122263	2000707	756104	529053	2859611	1733607
国有企业	431066	138059	34983	61569	200536	168959
集体企业	26720	10421	2583	4129	12653	9938
股份合作企业	29346	11259	4790	2885	16006	10460
联营企业	15625	7506	1621	1136	10692	3794
国有联营企业	3730	2246	508	397	2767	562
集体联营企业	4330	2298	438	222	3464	645
国有与集体联营企业	2165	725	271	140	1319	706
其他联营企业	5400	2237	404	377	3142	1881
有限责任公司	3048675	1215753	474514	323476	1758961	966269
国有独资公司	47275	20841	7289	5105	26398	15771
其他有限责任公司	1865483	783391	304712	220705	1085368	559446
股份有限公司	1135917	411521	162513	97666	647195	391052
私营企业	1499079	589799	231539	128462	820047	550547
私营独资	210912	86474	20099	22196	112659	76055
私营合伙	31836	11529	4286	2898	19145	9793
私营有限责任公司	1095765	438835	178680	92963	601386	401424
私营股份有限公司	160566	52961	28474	10405	86857	63275
其他内资企业	71752	27910	6074	7396	40716	23640
二、按控股经济分列						
国有控股	1025264	367340	141065	132134	547419	345712
集体控股	604567	220173	70021	59679	339150	205732
私人控股	2723113	1097797	471495	246970	1534744	941433
中国港、澳、台商控股	30807	11127	1835	4866	16196	9743
外商投资	81593	53037	6908	10464	46050	25079
其他	656919	251233	64780	74940	376052	205908
三、按企业规模分列						
大型企业	1947732	790598	269988	250254	1023121	674354
中型企业	1890917	730302	299660	177696	1124540	588702

2017年内资企业主要指标汇总表（六）

单位：人

	从业人员年末人数	软件研发人员	管理人员	硕士及以上人员	大本人员	大专及以下人员
小型企业	1158358	438946	169495	89902	642434	426001
微型企业	125256	40861	16961	11201	69516	44550
四、按行业分列						
软件产品行业	2178576	901726	333925	241963	1264184	672395
信息技术服务行业	2591469	811810	386455	232435	1448920	910114
嵌入式系统软件行业	352218	287171	35724	54655	146507	151098
五、按省市分列						
北京市	529083	226673	302410	54546	280175	194362
天津市	50107	13767	4690	3578	26213	20318
河北省	34765	7893	2628	3257	18845	12664
山西省	8059	3908	1103	422	4535	3103
内蒙古自治区	4362	2001	555	126	2584	1652
辽宁省	244582	177877	29136	38793	162065	43734
吉林省	44862	17651	5223	5463	29341	10057
黑龙江省	27723	20102	4028	1807	22488	3427
上海市	253310	89640	24286	34876	152505	65930
江苏省	767260	218808	74085	83262	427229	256767
浙江省	299460	85406	26931	20145	139970	139334
安徽省	53193	19681	4994	5365	32815	15019
福建省	278355	113143	35014	15703	150620	112031
江西省	25125	5013	3566	1296	11764	12064
山东省	498190	127641	46485	55672	303452	139058
河南省	32716	10576	3911	2777	17749	12192
湖北省	315160	111736	28244	33996	211234	69928
湖南省	70862	20808	9936	7506	39261	24096
广东省	882788	465186	85895	87945	464071	330755
广西壮族自治区	24732	4402	3315	666	12571	11495
海南省	21187	4231	1616	799	11641	8747
四川省	161532	44211	12034	16157	100628	44756
贵州省	276123	53416	26492	27653	138137	110350
云南省	25738	5669	3024	3260	13705	8773

2017年内资企业主要指标汇总表（六）

单位：人

	从业人员年末人数	软件研发人员	管理人员	硕士及以上人员	大本人员	大专及以下人员
重庆市	18466	7356	2435	574	9923	7969
陕西省	145554	137089	10204	22408	59439	63710
甘肃省	12443	2789	1454	438	7399	4606
青海省	777	135	138	26	364	387
宁夏回族自治区	5132	1854	889	196	3214	1721
新疆维吾尔自治区	10617	2045	1383	341	5674	4602
六、按副省级城市分列						
大连市	129868	95943	12302	17649	85394	26830
宁波市	90469	11611	9649	1569	25217	63677
厦门市	143406	27146	18357	8569	66271	68565
青岛市	162170	30804	9820	17987	87755	56455
深圳市	349123	216988	35211	54745	169047	125314
沈阳市	107248	79022	15819	20725	73369	13155
长春市	31247	13929	3689	3605	20882	6759
哈尔滨市	24385	17673	3513	1645	19611	3128
南京市	456425	148744	44208	68217	287442	100769
杭州市	175157	65664	14020	17660	102065	55430
济南市	280532	88391	33437	34722	195106	50669
武汉市	312350	110772	27832	33913	209950	68485
广州市	448789	214611	45821	27744	254032	167020
成都市	267076	50666	25032	26715	133522	106857
西安市	145554	137089	10204	22408	59439	63710

2017年内资企业软件和信息技术服务业分产品完成情况

项　　目	企业数（个）	本年收入（万元）
软件业务收入明细合计	**32356**	**422609087**
软件产品行业（E6201）		
一、软件产品合计	21462	142855093
（一）基础软件	3615	21866518
1. 操作系统	1108	6810612
2. 数据库管理系统	620	2228456
3. 中间件	329	3052020
4. 办公软件	711	2804468
5. 其他	847	6970962
（二）支撑软件	705	2900123
1. 开发工具	279	1169417
2. 测试工具软件	199	650593
3. 其他支撑软件	227	1080114
（三）应用软件	11038	79105115
1. 通用应用软件	3862	22354609
2. 行业应用软件	7176	56750506
（1）通信行业软件	986	15242567
（2）金融财税软件	370	4183469
（3）教育软件	525	1774563
（4）交通运输行业软件	563	4203859
（5）能源控制软件	414	4280079
（6）动漫游戏软件	401	4505885
（7）物流管理软件	176	547798
（8）医疗卫生领域软件	578	2418181
（9）其他行业应用软件	3163	19594104
（四）工业软件	1372	9094539
1. 产品研发类软件	530	2805292
2. 生产控制类软件	842	6289247
（五）嵌入式应用软件	1487	10030022
（六）信息安全产品	1168	6931935
1. 基础类安全产品	212	992358
2. 终端与数字内容安全产品	136	743131

2017年内资企业软件和信息技术服务业分产品完成情况

项　　目	企业数（个）	本年收入（万元）
3．网络与边界安全产品	196	1889414
4．专用安全产品	171	1074726
5．安全测试评估与服务产品	50	154493
6．安全管理产品	146	899753
7．其他信息安全产品及相关服务	257	1178060
（七）移动应用软件（APP）	435	5116300
（八）软件定制服务	864	4513241
（九）平台软件	778	3297300
信息技术服务行业（E6202）		
二、信息技术服务行业合计	22540	230146499
（一）信息技术咨询设计服务	5352	37442245
1．信息化规划	386	3233807
2．信息系统设计	1684	13644645
3．信息技术管理咨询	2317	15659927
4．信息系统工程监理	297	2378873
5．测试评估	170	615981
6．信息技术培训	498	1909011
（二）信息系统集成实施服务	7002	70236016
1．基础环境集成实施服务	508	14274313
2．硬件集成实施服务	1422	14580522
3．软件集成实施服务	1998	10755680
4．安全集成实施服务	409	1988398
5．系统集成实施管理服务	2665	28637104
（三）运行维护服务合计	4236	18843121
1．基础环境运维服务	379	2193510
2．硬件运维服务	603	2242261
3．软件运维服务	1867	5170746
4．安全运维服务	336	1350672
5．运维管理服务	1051	7885932
（四）数据服务	1741	16985013
1．数据加工处理服务	912	9590251
2．数字内容处理服务	829	7394762

2017年内资企业软件和信息技术服务业分产品完成情况

项　　目	企业数（个）	本年收入（万元）
（1）地理遥感信息服务	112	670302
（2）动漫、游戏数字内容服务	252	2313309
（3）其他数字内容处理服务	465	4411151
（五）运营服务	2723	53686392
1. 软件运营服务	766	9616855
2. 平台运营服务	1673	39456272
（1）物流管理服务平台	115	1710199
（2）在线信息平台	423	8791059
（3）在线娱乐平台	370	16341770
（4）在线教育平台	155	1123298
（5）其他在线服务平台	610	11489946
3. 基础设施运营服务	284	4613265
（六）电子商务平台技术服务	1066	26791157
1. 在线交易平台服务	831	21348911
2. 在线交易支撑服务	235	5442246
（七）集成电路设计	420	6162555
嵌入式系统软件行业（E6203）		
三、嵌入式系统软件合计	4161	49607495
（一）通信设备	1268	28011173
1. 通信传输设备	471	12031756
（1）光通信设备	181	7013842
（2）卫星通信设备	68	1090798
（3）无线通信设备	222	3927117
2. 通信交换设备	131	823461
（1）数字程控交换机	66	404060
（2）软交换机	30	132431
（3）光交换机	35	286970
3. 移动通信设备	70	11435056
（1）基站	48	11332326
（2）直放站	22	102730
4. 网络设备	596	3720899
（1）网络控制设备	347	2421433

2017年内资企业软件和信息技术服务业分产品完成情况

项　　目	企业数（个）	本年收入（万元）
（2）网络接口和适配器	70	320989
（3）网络连接设备	125	742499
（4）网络优化设备	54	235978
（二）数字家用视听产品	116	1476000
1. 电视接收机顶盒	55	719733
2. 家庭网关中心	61	756267
（三）计算机应用产品	806	5506307
1. 金融、商业、税务电子应用产品	96	495739
（1）银行自助服务终端	36	160477
（2）POS机	37	184521
（3）税控机	23	150742
2. 汽车电子	180	2648247
（1）传动系控制系统	42	744375
（2）行驶系控制系统	33	94083
（3）车身控制系统	47	1426898
（4）安全控制系统	58	382892
3. 智能交通	50	112078
（1）交通信号控制机	50	112078
4. 医疗电子设备	166	310911
（1）医用电子仪器设备	137	220755
（2）医学影像设备	29	90157
5. 智能识别装置	189	1340032
6. 自动检售票设备	40	58250
7. 超大屏幕控制器	85	541049
（四）信息系统安全产品	161	570809
1. 边界防护类设备和系统	55	117727
2. 密钥管理类设备和系统	106	453082
（五）装备自动控制产品	1810	14043206
1. 集散控制系统	565	8344155
2. 电气传动及控制系统	495	2031314
3. 装备制造工控系统	750	3667737